V&R Academic

Religiöse Kulturen im Europa der Neuzeit

Herausgegeben von
Miloš Havelka, Friedrich Wilhelm Graf, Przemysław Matusik
und Martin Schulze Wessel

Band 11

Vandenhoeck & Ruprecht

David Schick

Vertrauen, Religion, Ethnizität

Die Wirtschaftsnetzwerke jüdischer Unternehmer im späten Zarenreich

Vandenhoeck & Ruprecht

Lektorat: Marcel Müller, Leipzig

Mit 9 Abbildungen, 3 Diagrammen und 7 Tabellen

Umschlagabbildung:
Die Weberei Poznańskis (um 1890). In: Fabryčnyje i častnyja postrojki vozvedennyja po proektam i rukovodstvom architektora I. V. Maevskago [Fabrik- und Privatgebäude errichtet nach den Plänen und unter der Leitung des Architekten H. Majewski]. Universitätsbibliothek Łódź. URI: oai:bcul.lib.uni.lodz.pl:25976

Bibliografische Information der Deutschen Nationalbibliothek

Die Deutsche Nationalbibliothek verzeichnet diese Publikation in der Deutschen Nationalbibliografie; detaillierte bibliografische Daten sind im Internet über http://dnb.d-nb.de abrufbar.

ISSN 2198-7238
ISBN 978-3-525-31049-6

Weitere Ausgaben und Online-Angebote sind erhältlich unter: www.v-r.de

Der Druck dieses Buches wurde ermöglicht durch einen Druckkostenzuschuss aus Mitteln des von der Deutschen Forschungsgemeinschaft (DFG) finanzierten Internationalen Graduiertenkollegs »Religiöse Kulturen im Europa des 19. und 20. Jahrhunderts«.

Satz: textformart, Göttingen | www.text-form-art.de
Druck und Bindung: ⊕ Hubert & Co GmbH & Co. KG, Robert-Bosch-Breite 6, D-37079 Göttingen

Gedruckt auf alterungsbeständigem Papier.

Inhalt

Vorwort

Die vorliegende Studie stellt die überarbeitete Fassung meiner im Wintersemester 2016/2017 von der Philosophischen Fakultät der Ludwig-Maximilians-Universität München angenommenen Dissertation dar. Ohne die Unterstützung durch zahlreiche Personen und Institutionen hätte ich dieses umfangreiche Unternehmen nicht zu Ende führen können.

An erster Stelle fühle ich mich verpflichtet, meinem Doktorvater Martin Schulze Wessel zu danken, der mein Forschungsprojekt mit viel Interesse verfolgte und mit seinem analytischen Scharfsinn zu dessen Reifung beitrug. Michael Brenner begleitete meine Dissertation als Zweitbetreuer von Beginn an mit kritischen und klugen Fragen, die mir wichtige Impulse gaben. Auch Guido Hausmann, der als dritter Prüfer meiner Disputation beiwohnte, hat sich mit Anmerkungen und Hinweisen um die vorliegende Arbeit verdient gemacht.

Den institutionellen Rahmen zur Realisierung meiner Dissertation stellte das Internationale Graduiertenkolleg (IGK) „Religiöse Kulturen im Europa des 19. und 20. Jahrhunderts“ dar, welchem ich finanzielle Unterstützung und intellektuelle Stimulierung verdanke. Den Koordinatorinnen des Graduiertenkollegs Laura Hölzlwimmer und Kateryna Kudin gebührt ein tiefer Dank, da sie mit viel Warmherzigkeit und Wissen optimale Arbeitsbedingungen geschaffen haben. Auch ihrer Assistentin Sigita Hunger sei an dieser Stelle gedankt. Ohne die Finanzierung der diversen Forschungsreisen nach Polen, Litauen, Russland, Israel, in die Niederlande, die Vereinigten Staaten und die Ukraine vonseiten des IGK wäre die vorliegende Studie nicht durchführbar gewesen. Für die Förderung weiterer Auslandsaufenthalte danke ich zudem der Fulbright-Kommission, dem Center for Jewish Studies der University of California, Los Angeles (UCLA), der Max-Weber-Stiftung und nicht zuletzt dem Deutschen Akademischen Austauschdienst (DAAD).

Besonders in der Anfangsphase meines Forschungsprojekts stellte darüber hinaus das Simon-Dubnow-Institut für jüdische Geschichte und Kultur (Leipzig) einen wichtigen Bezugspunkt für mich dar. Durch sein Werk, zahlreiche Seminare und anregende Diskussionen hat Dan Diner, der langjährige Direktor des Instituts, meine Fragen an die jüdische Geschichte geprägt und einen großen Einfluss auf das Grundgerüst der vorliegenden Studie ausgeübt.

Für inspirierende Gespräche und wichtige Denkanstöße danke ich außerdem den folgenden Hochschullehrern und Post-Docs: Klaus Buchenau, Mikhail Dolbilov, Glenn Dynner, John Efron, Friedrich Wilhelm Graf, Tobias Grill, Simon

Hadler, Lara Lempertienė, Benjamin Nathans, Martina Niedhammer, Jana Osterkamp, Yohanan Petrovsky-Shtern, Gideon Reuveni, Benjamin Schenk, Marcos Silber, Yuri Slezkine, Darius Staliūnas, Sarah A. Stein, Heléna Tóth, Rafał Witkowski, Christian Wiese, Marcin Wodziński und Steven Zipperstein.

Ohne die kritische Textlektüre, praktische Hilfestellungen und gelegentliche Aufmunterungen durch Freunde und Kollegen wäre die Erstellung der vorliegenden Studie deutlich mühsamer gewesen. Stellvertretend danke ich: Jan Arend, Franziska Davies, Vitalij Fastovskij, Heiner Grunert, Stefan Hofmann, Cem Kara, Andrea Kirchner, Philipp Lenhard, Carmen Reichert, Heiko Schmidt, Mathias Schütz, Martin Seeliger, Thomas Stange, Arnošt Štanzel, Dana von Suffrin, Fabian Weber und Kathrin Wittler. Auf den letzten Metern beschäftigte sich zudem mein Lektor Marcel Müller sehr intensiv mit dem Text und half mir dabei, ihn besser zu machen. Für seine engagierte und hochprofessionelle Arbeit muss ich ihm ein großes Kompliment machen.

In zahlreichen Archiven, Instituten und Bibliotheken bin ich auf hilfsbereite Mitarbeiter gestoßen, die meine Recherchen mit ihrem Wissen und ihrer Geduld sehr unterstützt haben. Besonders bedanken möchte ich mich beim Team des Aventinus-Lesesaals der Bayerischen Staatsbibliothek (München), das durch seine gewissenhafte und schnelle Arbeit einen sehr guten Rahmen für die wissenschaftliche Forschung schafft.

Die Begegnung mit Claire Lissance, der Enkelin eines meiner Protagonisten, Moses Lissiansky, hat meiner Forschung zudem eine weitere Dimension hinzugefügt. Unsere Gespräche in den Weiten New Mexicos haben mir einen sehr persönlichen Eindruck von den erheblichen Konsequenzen des 20. Jahrhunderts für das jüdische Leben vermittelt. Von den Ufern des Schwarzen Meeres trugen Revolution, Krieg und Shoah die Familie Lissance/Lissiansky in nur zwei Generationen bis in den Staub des Südwestens der Vereinigten Staaten.

Ein Dank gebührt zudem meinen Eltern Jutta und Harry Schick, die mich in Kindheit und Jugend ermutigten, die Welt zu hinterfragen und nach eigenen Antworten zu suchen. Die größte Dankbarkeit empfinde ich aber gegenüber meiner Frau Hannah Maischein. Sie stand mir in all den Jahren mit Rat und Tat zur Seite, äußerte ehrliche wie produktive Kritik und half mir mit ihrer Liebe und Zuversicht über manche Krise hinweg. Unser gemeinsamer Sohn Viktor erblickte acht Tage vor meiner Disputation das Licht der Welt. Seine Wärme, Neugier und Initiative sind mir seitdem treue Begleiter. Ihm sei dieses Buch gewidmet.

München im Juni 2017 — David Schick

1. Einleitung

> »Lieber Geld verlieren als Vertrauen. Die Unantastbarkeit meiner Versprechungen, der Glaube an den Wert meiner Ware und an mein Wort standen mir stets höher als ein vorübergehender Gewinn.«[1]
>
> *Robert Bosch (1861–1942)*

Die vorliegende Studie möchte einen Beitrag zur jüdischen Wirtschaftsgeschichte des Zarenreichs leisten. Sie ist also in einem Bereich der historiografischen Forschung zu verorten, der in den letzten Jahrzehnten weniger Beachtung gefunden hat. Anhand des Beispiels jüdischer Unternehmer in Lodz, Wilna und Odessa soll erkundet werden, wie sich wirtschaftliche Praktiken konkret gestalteten und welchen Einflüssen sie ausgesetzt waren.

Den intellektuellen Ausgangspunkt dieser Arbeit stellen Max Webers Überlegungen zum Zusammenhang zwischen religiösen Überzeugungen und ökonomischem Habitus dar. Daraus leitet sich ein Interesse für die Herkunft der in wirtschaftlichen Austauschbeziehungen wirksamen Moralvorstellungen her. Diesbezüglich soll mit Jürgen Habermas gefragt werden, ob »eine Moral, die aus [...] zunächst religiöse[n] Intuitionen hervorgeht, ihrem Herkunftskontext [...] inhaltlich verhaftet bleibt«.[2]

Im Rahmen der Studie soll dieser Frage mithilfe einer Fokussierung auf den Aufbau von Vertrauensverhältnissen in ökonomischen Austauschbeziehungen nachgegangen werden. Die Definition von Vertrauen leitet sich aus der wirtschaftswissenschaftlichen Forschung ab und ist vom Begriff des Vertrauens abzugrenzen, wie er beispielsweise in der Emotionsgeschichte angewandt wird.[3]

Im Zentrum steht die Frage, wie Vertrauensbeziehungen im wirtschaftlichen Sektor sozial eingebettet waren, also wie sich ihre Absicherung durch nicht-

1 Robert Bosch zitiert nach: *Berghoff,* Hartmut: Die Zähmung des entfesselten Prometheus? Die Generierung von Vertrauenskapital und die Konstruktion des Marktes im Industrialisierungs- und Globalisierungsprozess. In: *Ders./Vogel,* Jakob (Hg.): Wirtschaftsgeschichte als Kulturgeschichte. Dimensionen eines Perspektivenwechsels. Frankfurt am Main, New York 2004, 143–168, hier 143.

2 *Habermas,* Jürgen: Eine genealogische Betrachtung zum kognitiven Gehalt der Moral. In: *Ders.:* Die Einbeziehung des Anderen. Studien zur politischen Theorie. Frankfurt am Main 1996, 11–64, hier 50. Für den Hinweis auf dieses Zitat danke ich Vitalij Fastovskij.

3 Zu einer emotionsgeschichtlichen Verwendung des Konzepts Vertrauen vgl.: *Frevert,* Ute (Hg.): Vertrauen. Historische Annährungen. Göttingen 2003.

ökonomische Kontexte gestaltete. Auf diese Weise ist es möglich, der Bedeutung moralischer Vorstellungen nachzuspüren, die ursprünglich aus einem religiösen Kontext stammen. Die Auswahl der Untersuchungsstädte hat zum Ziel, drei möglichst unterschiedliche jüdische Milieus im Zarenreich des 19. Jahrhunderts in die Untersuchung zu integrieren, um solchermaßen den Einfluss der jeweiligen Umgebung auf die Ausgestaltung der ökonomischen Transaktionen nachzeichnen zu können.

Doch welche Rolle spielt Vertrauen im ökonomischen Sektor? Ohne Vertrauen in das Eintreten bestimmter zukünftiger Ereignisse wären wirtschaftliche Austauschbeziehungen in der modernen Welt kaum möglich. Da ökonomisches Handeln immer zukunftsgerichtet ist und die in beide Richtungen wirkenden Prozesse einer Transaktion selten simultan vollzogen werden, ist Vertrauen eine Grundvoraussetzung für das Entstehen von Märkten.[4] Vertrauen ist einerseits ein Mechanismus des Risikomanagements, der auf Abwägungen und Erfahrungen beruht, andererseits ein autosuggestiver Prozess, der auf Erwartungen basiert, die nicht unbedingt eintreten müssen.

Dies lässt sich am Beispiel des Bankensystems belegen: Würden alle Kunden einer Bank gleichzeitig auf die restlose Auszahlung ihrer Guthaben bestehen, wäre die Zahlungsunfähigkeit des betreffenden Geldinstituts die zwingende Folge. Dies liegt an der betriebswirtschaftlichen Struktur von Banken: Sie sind lediglich in einem gewissen Rahmen in der Lage, ihren Kunden[5] das eingezahlte Kapital zur Verfügung zu stellen, da große Summen des Kundenvermögens nicht liquide sind. Solange die Gläubiger Vertrauen in ihr Geldinstitut haben und davon ausgehen, im Zweifelsfall über ihr gesamtes Vermögen verfügen zu können, bleibt die Bank solvent. Wenn dieses Vertrauen aber kollektiv verloren geht, hebt es sich selbst auf; häufig ist Vertrauen aber ein sich selbst verstärkender Prozess.[6] Abgewägt werden Nutzen und Risiken einer Deponierung des eigenen Kapitals bei einer Bank: Die einfache Übertragbarkeit des Gelds an andere, Anlagemöglichkeiten und die Absicherungen gegen Verlust der Geldmittel durch Einbrüche oder Überfälle wiegen offensichtlich die systemischen Nachteile, wie die nicht vollkommene Sicherheit bezüglich der Verfügbarkeit des Kapitals, auf.

4 *Elwert,* Georg: Sanktionen, Ehre und Gabenökonomie. Kulturelle Mechanismen der Einbettung von Märkten. In: *Berghoff,* Hartmut/*Vogel,* Jakob (Hg.): Wirtschaftsgeschichte als Kulturgeschichte. Dimensionen eines Perspektivenwechsels. Frankfurt am Main, New York 2004, 117–142, hier 117.

5 Im Sinne der Lesbarkeit wird in dieser Arbeit das generische Maskulinum verwendet. Selbstredend sind mit Begriffen wie Juden, Bewohner, Kaufleute, Handwerker, Arbeiter etc. alle biologischen und sozialen Geschlechter gemeint.

6 *Giddens,* Anthony: Konsequenzen der Moderne. 2. Aufl. Frankfurt am Main 1997, 43–51.

Zudem wirkt Vertrauen komplexitätsreduzierend.[7] Dies kann am Beispiel von Markenprodukten im Lebensmittelsektor verdeutlicht werden. Da der Kunde nicht in der Lage ist, bei jedem Einkauf den gesamten Warenbestand eines Supermarkts oder gar des gesamten Einzelhandels zu evaluieren, entwickelt er bestimmte Kaufroutinen.[8] Hier spielen Markenprodukte eine zentrale Rolle. Sofern der Kunde mit der Qualität von in der Vergangenheit erworbenen Waren einer Marke zufrieden war, erwirbt er im Regelfall weiterhin deren Produkte. Sein Handeln wird auf diese Weise effektiver.

Gleichzeitig ist dieses Vertrauen aber von der gleichbleibenden Qualität der Waren abhängig. Wenn beispielsweise jede zweite Packung Kellogg's Cornflakes ungenießbar oder gar gesundheitsschädlich wäre, würde der Absatz dieses Produkts innerhalb kürzester Zeit einbrechen. Vertrauen ist demnach leicht irritierbar, besonders wenn fortgesetzt Qualitätsmängel auftreten. Aus diesem Grund ist etwa in der Lebensmittelindustrie die Kontrolle der hergestellten Produkte von zentraler Bedeutung.[9]

Die beiden Beispiele weisen darauf hin, dass es sich hier nicht um blindes Vertrauen handelt, sondern um eine Risikoabwägung, die auf Erfahrungen oder Einschätzungen beruht.[10] Diese Erfahrungen kann der Kunde selbst gemacht haben, es kann sich um Einschätzungen handeln, die ihm über persönliche Netzwerke vermittelt worden sind, schließlich können politische Autoritäten Versicherungen bezüglich der Vertrauenswürdigkeit bestimmter wirtschaftlicher Institutionen abgeben. Um solch eine Vertrauensversicherung in Bezug auf die Zahlungsfähigkeit der Banken handelte es sich beispielsweise bei der Stellungnahme von Bundeskanzlerin Angela Merkel im Oktober 2008, also auf dem Höhepunkt der damaligen Finanz- und Bankenkrise, wonach die Spareinlagen der deutschen Bankkunden sicher seien. Darüber hinaus sind bestimmte Formen des Vertrauens institutionell abgesichert. So garantieren Banken mittels Einlagensicherungsfonds die Auszahlung der Kundenguthaben im Insolvenzfall, und beim Kauf von Lebensmitteln sind es Verbraucherschutzgesetze, die das Vertrauen der Kunden stützen.

Aus den beiden Beispielen geht zudem hervor, dass abhängig vom Umfang der Transaktion Vertrauen in unterschiedlichem Maße vorhanden sein muss.[11] Wenn sich etwa die Qualität von Kellogg's Cornflakes plötzlich drastisch verringern würde und die erworbene Packung ungenießbar wäre, hielte sich der

7 *Luhmann*, Niklas: Vertrauen. Ein Mechanismus der Reduktion sozialer Komplexität. Stuttgart 1968.

8 *Berghoff*: Die Zähmung des entfesselten Prometheus? 161.

9 Ebd.

10 Ebd. 146.

11 *Rooks*, Gerrit/*Raub*, Werner/*Selten*, Robert/*Tazelaar*, Frits: How Inter-Firm Co-operation Depends on Social Embeddedness: A Vignette Study. In: Acta Sociologica 43/2 (2000) 123–137, hier 123.

finanzielle Schaden für den Verbraucher in Grenzen. Mit der Investition von Zeit und Mühen kann es ihm vielleicht sogar gelingen, eine Kompensation für diesen Schaden zu erlangen. Der Aufwand würde zwar ebenfalls Kosten verursachen, aber auch diese wären niedrig. Wenn allerdings die Hausbank ihre Zahlungsunfähigkeit erklären müsste, wären die Konsequenzen erheblich gravierender. Zwar könnten staatliche oder bankwirtschaftliche Absicherungsfonds den kompletten Verlust des angelegten Kapitals verhindern, die Folgen wären dennoch weitreichend. So sind die Bankeinlagen häufig nur bis zu einem bestimmten Betrag geschützt, zudem nehmen die bürokratischen Verfahrensweisen solcher Entschädigungsprozesse eine gewisse Zeit in Anspruch, in der regelmäßig auflaufende Forderungen, etwa Mietzahlungen, nicht bedient werden können, was wiederum negative Konsequenzen nach sich zu ziehen vermag. Die Höhe des investierten Vertrauens hängt also von den mit der jeweiligen Transaktion verbundenen Risiken ab.

Mechanismen der Vertrauensbildung und des Vertrauenserhalts sind nicht nur für Privatkunden und Endverbraucher relevant, sie liegen ebenso wirtschaftlichen Austauschprozesse zwischen Unternehmen zugrunde. Hier müssen Unternehmer auf die Zahlungsfähigkeit ihrer Kunden und die Qualität der von Zulieferern gekauften Waren vertrauen. Der Hauptunterschied zu den bisher bemühten Beispielen besteht in der eindeutigen Identifizierbarkeit beider Seiten in Transaktionen. Insofern spielt Reziprozität in diesen wirtschaftlichen Austauschprozessen eine größere Rolle. Wie aber entsteht Vertrauen zwischen wirtschaftlichen Akteuren?

In der Forschung wird die Generierung von Vertrauen in der Wirtschaft als eine Form der sozialen Einbettung ökonomischer Transaktionen verstanden, wobei auch die familiäre, ethnische[12] oder religiöse Zugehörigkeit der Beteiligten eine Rolle spielen kann.[13] Im Zentrum des Begriffs der Einbettung steht die Idee, dass wirtschaftliche Beziehungen häufig von sozialen Beziehungen über-

12 Ethnizität wird in der vorliegenden Studie im Anschluss an den Soziologen John Milton Yinger als Bezeichnung für eine Gruppe begriffen, die sich aufgrund von Herkunft, Kultur, Aktivitäten, Sprache oder Religion selbst als solche versteht oder von anderen als solche betrachtet wird. Vgl.: *Yinger,* J. Milton: Toward a Theory of Assimilation and Dissimilation. In: Ethnic and Racial Studies 4/3 (1981) 249–264.

13 *Ben-Porath,* Yoram: The F-Connection: Families, Friends, and Firms and the Organization of Exchange. In: Population and Development Review 6/1 (1980) 1–30. Eindeutige empirische Hinweise in diese Richtung finden sich zudem in einer Studie, die das Niveau des gegenseitigen Vertrauens in säkularen und religiösen Kibbuzim in Israel untersucht. Die Autoren kommen zu dem Ergebnis, dass die gemeinsame Teilnahme an religiösen Ritualen die Koorperationsbereitschaft und das gegenseitige Vertrauen der Kibbuznikim steigert. Vgl.: *Sosis,* Richard/*Ruffle,* Bradley J.: Religious Ritual and Cooperation: Testing for a Relationship on Israeli Religious and Secular Kibbutzim. In: Current Anthropology 44/5 (2003) 713–722.

lagert werden und beide in einem interdependenten Verhältnis stehen.[14] Dabei wird zwischen zeitlichen, strukturellen und institutionellen Dimensionen der sozialen Einbettung von Wirtschaftsbeziehungen unterschieden.[15] Bei der zeitlichen Einbettung handelt es sich um Erfahrungen, die mit dem Geschäftspartner in der Vergangenheit gemacht wurden und die künftige Erwartungen formen. Die strukturelle Einbettung umfasst die Einbindung der Beteiligten in Netzwerke, die einen Informationsfluss bezüglich der Reputation in Geschäftsangelegenheiten ermöglichen. Unter institutioneller Einbettung sind die Wirkungen sozialer Institutionen wie Gesetze, Normen und Gepflogenheiten auf die Einhaltung von Vereinbarungen zu verstehen.

Im Rahmen empirischer Untersuchungen in unterschiedlichen Kontexten[16] konnte gezeigt werden, dass Unternehmer ein großes Interesse an dauerhaften Geschäftsbeziehungen mit Zulieferern oder Auftraggebern haben. Diese fortgesetzten Transaktionen weisen im Regelfall eine höhere Zuverlässigkeit bezüglich der Zahlungsmoral oder der Qualität der Waren auf; zudem ist im Konfliktfall häufig eine gütliche Lösung der Streitigkeiten, also ohne die Einbeziehung von Anwälten oder gar Gerichten, möglich.

Die strukturelle Einbettung spielte für das Vertrauensniveau in bestehenden Geschäftsbeziehungen hingegen eine geringere Rolle. Effekte ließen sich vor allem bei der Suche nach neuen Geschäftspartnern nachweisen. Wenn eine Geschäftsbeziehung aufgebaut werden sollte, war eine Überprüfung der Reputation eines möglichen Zulieferers mithilfe der eigenen Netzwerke ein verbreitetes Mittel.

Die Ergebnisse zur Relevanz der institutionellen Einbettung für Wirtschaftsbeziehungen sind nicht eindeutig, weil häufig nicht klar zwischen formellen und informellen Institutionen unterschieden wird. Bei formellen Institutionen handelt es sich beispielsweise um Gesetze, Gerichte oder Schiedseinrichtungen von Handwerkskammern. Informelle Institutionen umfassen Normen, Gebräuche und Gepflogenheiten. In den oben zitierten Untersuchungen wird offenkundig, dass ökonomische Akteure juristische Auseinandersetzungen aufgrund der mit ihnen einhergehenden Kosten und des Zeitaufwands scheuen. Zudem bringt auch ein positiver Ausgang eines Gerichtsprozesses nicht immer eine

14 Vgl. dazu grundlegend: *Granovetter*, Mark: Economic Action and Social Structure: The Problem of Embeddedness. In: American Journal of Sociology 91/3 (1985) 481–510.

15 *Rooks u. a.*: How Inter-Firm Co-operation.

16 Zum Beispiel in den Vereinigten Staaten in den 1960er Jahren (*Macaulay*, Stewart: Non-Contractual Relations in Business: A Preliminary Study. In: American Sociological Review 28/1 (1963) 55–67), Japan in den 1980er Jahren (*Dore*, Ronald: Goodwill and the Spirit of Market Capitalism. In: The British Journal of Sociology 34/4 (1983) 459–482) oder Ostdeutschland nach dem Systemumbruch (*Abraham*, Martin: Die Rolle von Vertrag, Macht und sozialer Einbettung bei wirtschaftlichen Transaktionen. In: Kölner Zeitschrift für Soziologie und Sozialpsychologie 53/1 (2001) 28–49).

umfassende Regulierung des entstandenen Schadens mit sich. Die Absicherung von Geschäftsbeziehungen durch formelle Institutionen ist häufig lediglich eine Versicherung gegen einen Totalausfall der vereinbarten Transaktionen, kann aber kaum eine vollkommene Durchsetzung von Verträgen ermöglichen. Die Involvierung von Juristen oder der schlichte Verweis auf mögliche Rechtsansprüche wurde als äußerst schädlich für die geschäftlichen Verbindungen beurteilt und würde häufig deren endgültigen Abbruch nach sich ziehen.[17] Informelle Institutionen beeinflussen wirtschaftliche Kontakte hingegen subtiler, weshalb ihre Wirkungen schwerer nachweisbar sind. Sie spielen für die Ausgestaltung von Geschäftsbeziehungen dennoch eine große Rolle.

Die Generierung von Vertrauen ist also ein sensibler Prozess, der durch gesellschaftliche, politische und wirtschaftliche Umbrüche aus dem Gleichgewicht geraten kann. Dies konnte im 19. Jahrhundert beobachtet werden, als Industrialisierung und Globalisierung neue Formen des Vertrauens erforderten. So entwickelten sich nach dem Ende des Feudalismus ökonomische Austauschbeziehungen zwischen sozialen und ethnischen Gruppen, die zuvor kaum in Kontakt gestanden hatten.[18] Mit neuen Marktteilnehmern etablierten sich auch neue wirtschaftliche Verhaltensweisen, die mit vorherigen Gepflogenheiten nur noch schwer zu verknüpfen waren. Zudem entstanden komplexere ökonomische Interdependenzen auf internationaler Ebene, die neue Unsicherheiten mit sich brachten.[19] Vertrauen war also nicht zu jedem Zeitpunkt in gleichem Maße verfügbar.

Existieren Unterschiede in der Fähigkeit von Gesellschaften, Vertrauen zwischen ihren Mitgliedern zu nähren? Diese These vertritt der Historiker Francis Fukuyama.[20] Er geht davon aus, dass es Gesellschaften gibt, die aufgrund eines hohen Vertrauensniveaus die Bildung von Zusammenschlüssen außerhalb des familiären Rahmens begünstigen. Diese Fähigkeit der Organisation jenseits von Familienverbünden, die Fukuyama in erster Linie Deutschland, Japan und, in einer historischen Perspektive, den Vereinigten Staaten zuschreibt, führe letztendlich zu ökonomischer Prosperität. Grundlage für den hohen Grad an gegenseitigem Vertrauen seien geteilte moralische Werte, die die Überzeugung begünstigen, Handelspartner des eigenen Kollektivs würden sich ehrlich und kooperativ verhalten.

Dieser Ansatz ist konzeptionell eng verknüpft mit Thesen bezüglich sogenannter Handelsdiaspora-Gruppen. Der wirtschaftliche Erfolg dieser Grup-

17 Dies zeigen etwa die Ergebnisse von: *Macaulay:* Non-Contractual Relations.

18 *Tilly,* Richard: Unternehmermoral und -verhalten im 19. Jahrhundert. Indizien deutscher Bürgerlichkeit. In: *Kocka,* Jürgen (Hg.): Bürgertum im 19. Jahrhundert. Deutschland im europäischen Vergleich. Bd. 2. München 1988, 35–64, hier 42.

19 *Berghoff:* Die Zähmung des entfesselten Prometheus? 161 f.

20 Vgl.: *Fukuyama,* Francis: Trust. The Social Virtues and the Creation of Prosperity. New York 1995.

pen – häufig wird dabei auf die griechische, armenische oder jüdische Diaspora verwiesen – wird in der Forschung mit einem hohen Vertrauensniveau innerhalb der jeweiligen Kollektive in Zusammenhang gebracht.[21] Geprägt wurde der Begriff der Handelsdiaspora vom Ethnologen Abner Cohen, der sie als *moralische Gemeinschaft* beschreibt, die aufgrund geteilter Werte, einer gemeinsamen Sprache, eines eigenen Rechtssystems und verwandtschaftlicher Verbindungen große Kohäsionskraft entwickelt.[22]

In Bezug auf die europäischen Juden wird in der Forschung über eine spezielle Form ethnischer Solidarität diskutiert, die als Reaktion auf ihre jahrhundertelange Diskriminierung durch die Christen zu erklären sei. Der Zusammenhalt habe schlichtweg der Kompensation ökonomischer Nachteile gedient.[23] Zudem werden kulturalistische Erklärungen bemüht: Juden hätten zu anderen Juden leichter Vertrauen gefasst, weil sie derselben Religionsgruppe angehörten.[24]

Darüber hinaus wird auf Netzwerkeffekte innerhalb von Diasporagruppen verwiesen. Hier steht die Zerstreuung beispielsweise der jüdischen Bevölkerung im Zentrum der Argumentation.[25] In der Diaspora sei aus purer Notwendigkeit ein Beziehungsnetzwerk entstanden, das für Zwecke wie Informationsweitergabe oder die Übermittlung von Wechseln und Geldbeträgen genutzt wurde.

In den letzten Jahren unterlagen diese Modelle jedoch der Kritik verschiedener Forscher. Bemängelt wurde in erster Linie der vermeintliche Automatismus bei der Generierung von Vertrauen unter Angehörigen der gleichen Diasporagruppe. Ein Armenier hätte einem anderen Armenier aufgrund seiner ethnischen Zugehörigkeit ebenso wenig blind vertrauen können wie ein Jude dem anderen. Vielmehr wurde gefordert, die Mechanismen des Vertrauens-

21 Einen solchen Ansatz verfolgen: *Braudel,* Fernand: Sozialgeschichte des 15.–18. Jahrhunderts. Bd. 2: Der Handel. München 1990, und *Curtin,* Philip D.: Cross-Cultural Trade in World History. Cambridge 1984. Braudel schreibt: »Es liegt auf der Hand, daß jede Minderheit naturgemäß ein starkes Zusammengehörigkeitsgefühl und damit eine Tendenz zu gegenseitiger Hilfeleistung und zur Selbstverteidigung entwickelt: In der Fremde wird ein Genuese stets mit einem Genuesen, ein Armenier stets mit einem Armenier unter einer Decke stecken.« *Braudel,* Sozialgeschichte des 15.–18. Jahrhunderts 173.

22 *Cohen,* Abner: Cultural Strategies in the Organization of Trading Diasporas. In: *Meillassoux,* Claude (Hg.): The Development of Indigenous Trade and Markets in West Africa. London 1971, 266–281.

23 Für das Zarenreich findet sich diese Argumentation bei: *Kahan,* Arcadius: The Impact of Industrialization in Tsarist Russia on the Socioeconomic Conditions of the Jewish Population. In: *Ders.:* Essays in Jewish Social and Economic History. Chicago, London 1986, 1–69, hier 34–43.

24 Vgl.: *Chapman,* Stanley: Merchant Enterprise in Britain. From the Industrial Revolution to World War I. Cambridge 1992, 246.

25 Vgl.: *Schipper,* Ignaz: Anfänge des Kapitalismus bei den abendländischen Juden im früheren Mittelalter (bis zum Ausgang des XII. Jahrhunderts). Sonder-Abdruck aus der Zeitschrift für Volkswirtschaft, Sozialpolitik und Verwaltung. Wien, Leipzig 1907, 64.

aufbaus und -erhalts genauer zu erkunden. Die Historikerin Francesca Trivellato betont den instabilen Charakter von Vertrauen, das in Handelsbeziehungen immer wieder aktualisiert werden musste. Dabei hätten weder die Zugehörigkeit zu einer bestimmten ethnischen oder religiösen Gruppe noch politische oder rechtliche Institutionen oder simple Kosten-Nutzen-Rechnungen den alleinigen Ausschlag für den Aufbau vertrauensvoller Geschäftsbeziehungen gegeben, vielmehr sei die Wechselwirkung zwischen den verschiedenen Faktoren relevant.[26]

Auch der Soziologe Mark Granovetter steht Ansätzen eines vermeintlichen Vertrauensautomatismus kritisch gegenüber. Er wendet sich sowohl gegen wirtschaftswissenschaftliche Konzepte, die die zeitgenössische Wirtschaft als moralfreien Raum begreifen, als auch gegen Vorstellungen, die der Ökonomie in der Vormoderne die vollkomme Unterwerfung unter moralische Vorstellungen attestieren. In diesem Zusammenhang spricht er von Ansätzen, die entweder *oversocialized* oder *undersocialized* sind, also dem sozialen Kontext ökonomischer Handlungen entweder eine zu starke oder eine zu schwache Bedeutung beimessen.[27]

In Anlehnung an diese Kritik möchte die vorliegende Untersuchung es vermeiden, Vertrauensbildung als per se ethnisch determiniert zu begreifen oder die Bedeutung von Ethnizität für die Generierung von Vertrauen im Sinne der Idee unpersönlicher Märkten in modernen Gesellschaften von vornherein zu leugnen. Vielmehr soll anhand von Fallbeispielen gezeigt werden, welche konkreten Auswirkungen ethnische und religiöse Zugehörigkeiten im Übergang zur Moderne auf die Wirtschaftsbeziehungen im Zarenreich hatten. Diese Zuspitzung der Fragestellung ermöglicht es nachzuvollziehen, wie sich der Stellenwert der religiösen Lebensordnung in der jüdischen Welt Osteuropas veränderte und wie sich die Kontakte zwischen den unterschiedlichen ethnischen Gruppen im Zarenreich in der zweiten Hälfte des 19. Jahrhunderts entwickelten. Das Interesse an diesen Themenkomplexen wiegt dermaßen schwer, dass in der vorliegenden Untersuchung billigend in Kauf genommen wird, andere Faktoren der Vertrauensbildung als nachrangig zu behandeln.

Zur Durchführung der Untersuchung wird ein mikrohistorischer Zugriff gewählt, der im Rahmen epistemologischer Tiefenbohrungen Einblicke in die Verhältnisse im Kleinen bietet, die aber an das Allgemeine rückgebunden sind. Untersuchungsobjekte sind drei jüdische Unternehmen in Lodz, Wilna und Odessa. Die Diversität der lokalen Fallbeispiele kann einerseits ein Bild der Viel-

26 *Trivellato,* Francesca: The Familiarity of Strangers. The Sephardic Diaspora, Livorno, and Cross-Cultural Trade in the Early Modern Period. New Haven, London 2009, 16.

27 Vgl.: *Granovetter:* Economic Action and Social Structure; *Ders.:* The Old and the New Economic Sociology: A History and an Agenda. In: *Friedland,* Roger/*Robertson,* Alexander F. (Hg.): Beyond the Marketplace. Rethinking Economy and Society. New York 1990, 89–112.

fältigkeit jüdischen Lebens im Zarenreich vermitteln, andererseits immunisierend gegen essentialistische Fehlschlüsse wirken.[28]

Die Hafenstadt Odessa, erst 1794 gegründet, bildete, fernab der traditionellen jüdischen Siedlungszentren an den Ufern des Schwarzen Meeres gelegen, einen Kristallisationspunkt politischer und kultureller Innovation. In Lodz, als Industriemetropole ein Kind der wirtschaftlichen Veränderungen des 19. Jahrhunderts, begegneten sich Tradition und Moderne, hier entstanden neue bürgerliche jüdische Lebensformen, die aber weiterhin in Beziehung zu traditionellen Werten standen. Wilna hingegen war vor allem als religiöses Zentrum für viele Juden in Osteuropa relevant. Hier wirkte der als *Gaon von Wilna* bekannte Rabbiner Elijah Ben Salomon Salman (1720–1797), eine wichtige religiöse Autorität des rabbinischen Judentums. Die ausgewählten Städte lassen sich prototypisch auf einer Skala der Traditionsbindung aufreihen: Bei Odessa handelte es sich um einen neuen Ort in einem neuen Land, bei Lodz um einen neuen Ort in einem alten (jüdischen) Land; Wilna hingegen bezog seine Reputation aus seiner Vergangenheit und Tradition – eine alte Stadt in einem alten Land.[29]

Gleichzeitig unterscheiden sich die Städte in administrativ-rechtlicher Perspektive: Lodz als Teil Kongresspolens, also jenes Gebiets, das phasenweise als polnischer Teil des Zarenreichs Autonomierechte genoss, aber auch aggressive Repressionen erfuhr; Odessa in Neurussland gelegen, einem Landesteil, der sich fern von den Zentren der politischen Macht befand, und in dem Neues ausprobiert wurde; und Wilna, das zwar ebenfalls zu Polen-Litauen gehörte, sich aber in jenen Gebieten befand, die komplett ins Zarenreich eingegliedert worden und ab Mitte des 19. Jahrhunderts Russifizierungsversuchen ausgesetzt waren. Jeder dieser geografischen Räume verfügte über rechtliche, politische und administrative Besonderheiten, die einen je spezifischen Einfluss auf die Lebenswelten der dort ansässigen Juden ausübten.

Im Zentrum der Lokalstudien stehen eine Textilfabrik in Lodz, eine Zigarettenfabrik in Wilna und eine Schuhfabrik in Odessa. Sowohl das Lodzer als auch das Wilnaer Unternehmen brachten es zu einer gewissen Prominenz. Die Textilfabrik von Markus Silberstein (1833–1899) war eines der größten Unternehmen der Stadt und im ganzen Zarenreich für ihre qualitativ hochwertigen Waren bekannt. Die Tabakfabrik der Gebrüder Edelstein in Wilna hingegen ist aus einem anderen Grund in den Fokus der öffentlichen Wahrnehmung gerückt: Hier fand im Jahr 1895 ein viel beachteter Streik der Belegschaft statt, der für die

28 Für die Anregung, diese drei Städte zu untersuchen, bin ich Dan Diner zu tiefem Dank verpflichtet.

29 Diese Kategorisierung orientiert sich an Yvonne Kleinmanns Buchtitel *Neue Orte – neue Menschen.* Vgl.: *Kleinmann,* Yvonne: Neue Orte – neue Menschen. Jüdische Lebensformen in St. Petersburg und Moskau im 19. Jahrhundert. Göttingen 2006.

Gründungsgeschichte der jüdischen Arbeiterorganisation »Bund« (Algemeyner Yidisher Arbeter Bund in Lite, Poyln un Rusland/Allgemeiner Jüdischer Arbeiterbund von Litauen, Polen und Russland) von großer Bedeutung ist. Die Odessaer Schuhfabrik stand hingegen nicht derartig prominent im Interesse der Öffentlichkeit. Ihre Relevanz für die vorliegende Studie ergibt sich aus der Tatsache, dass die Autobiografie eines ihrer Gründer erhalten geblieben ist. Nach derzeitigem Kenntnisstand handelt es sich bei dieser Quelle um einen einmaligen Fund; es scheint die einzige überlieferte Autobiografie eines russisch-jüdischen Unternehmers zu sein.

Bei der Annäherung an die Fallbeispiele folgt die Untersuchung dem Ansatz der Unternehmensgeschichte als Gesellschaftsgeschichte, den der Wirtschaftshistoriker Hartmut Berghoff entwickelt hat.[30] Ausgehend von Hans-Ulrich Wehlers Konzept der Gesellschaftsgeschichte, das auf der Bestimmung und Erforschung der vier gleichberechtigten Basiskategorien Wirtschaft, Sozialstruktur, Politik und Kultur basiert, überträgt Berghoff diesen Zugang auf die mikrohistorische Erforschung einzelner Unternehmen, die er als Kreuzungspunkte gesellschaftlicher Entwicklungen interpretiert.[31] Gleichzeitig betont er, dass es von zentraler Bedeutung ist, ein Unternehmen nicht als abgeschlossene Einheit zu betrachten, sondern seine Verbindungen zur Umgebung genau zu analysieren.

In der Tat werden die ausgewählten Unternehmen vornehmlich als Kristallisationspunkte ökonomischer, sozialer, politischer und kultureller Prozesse betrachtet. Ihre Unternehmensgeschichte im engeren Sinn, also die Darstellung betriebswirtschaftlicher Prozesse, dient eher als Rahmenhandlung, die als erklärendes Moment bezüglich des eigentlichen Themas der Studie, also der Erforschung der Bedeutung von ethnischen und religiösen Zugehörigkeiten für die Vertrauensbildung, herangezogen wird.

Die empirischen Grundlagen der Untersuchung sind entsprechend vielfältig. Sie umfassen Buchhaltungsunterlagen, Geschäftskorrespondenzen, Zeitungsartikel, Verwaltungsakten, Regierungsberichte, eine Autobiografie und publizistische Materialien, die auf Russisch, Jiddisch, Deutsch, Polnisch und Englisch verfasst wurden. Diese Quellenmaterialien stammen aus folgenden Archiven: Archiwum Państwowe w Łodzi (Lodz, APŁ), Lietuvos valstybės istorijos archyvas (Vilnius, LVIA), Gosudarstvennyj Archiv Odesskoj Oblasti (Odessa, GAOO),

30 Vgl.: *Berghoff,* Hartmut: Zwischen Kleinstadt und Weltmarkt. Hohner und die Harmonika 1857–1961. Unternehmensgeschichte als Gesellschaftsgeschichte. Paderborn u. a. 1997.

31 Berghoff bezieht sich explizit auf Wehler und zitiert ihn mit folgendem Satz: »Of course, a factory is a production- and market-oriented enterprise, but at the same time an organization of domination and a place of popular cultural traditions, behaviour patterns and value orientations.« *Wehler,* Hans-Ulrich: What is the »History of Society«? In: *Lönnroth,* Erik/*Molin,* Karl/*Björk,* Ragnar (Hg.): Conceptions of National History. Proceedings of Nobel Symposium 78. Berlin, New York 1994, 270–284, hier 280.

Rossijskij Gosudarstvennyj Istoričeskij Archiv (Sankt Petersburg, RGIA), Central Archives for the History of the Jewish People (Jerusalem, CAHJP), National Archives (London), YIVO Institute for Jewish Research (New York, YIVO), International Institut for Social History (Amsterdam, IISH) und Privatarchiv der Familie Lissance (Albuquerque, USA/PFL). Die Unterlagen wurden nicht nur hinsichtlich der Kontakte zwischen Unternehmern ausgewertet; vielmehr wird auch das Verhältnis von Fabrikbesitzern zu ihren Arbeitern, zu Regierungsbeamten und religiösen Autoritäten beleuchtet.

Ebenso heterogen wie die Quellenmaterialien sind die Methoden ihrer Auswertung. So wird anhand der Geschäftsbücher der Lodzer Textilfabrik die ethnische Zusammensetzung der Kunden und Zulieferer des Unternehmens statistisch bestimmt und auf Veränderungen im Zeitverlauf überprüft, wodurch Rückschlüsse auf die Wirtschaftsstrategien gezogen werden können. Die Geschäftskorrespondenz der Wilnaer Tabakfabrik wird bezüglich der in ihr angewendeten Techniken der Vertrauensbildung ausgewertet, bei der Analyse der Autobiografie des Odessaer Schuhfabrikanten liegt das Hauptaugenmerk auf der Bedeutung der verschiedenen Einbettungsformen von ökonomischen Beziehungen. Die Generierung von Vertrauen wird anhand der Fallbeispiele auf drei Ebenen untersucht: Im Lodzer Fall geht es um den Aufbau von Geschäftsnetzwerken, in Bezug auf die Tabakfabrik in Wilna um die argumentativen Strategien innerhalb bestehender geschäftlicher Kontakte sowie um das Verhältnis zwischen Arbeitgebern und Arbeitnehmern. Am Beispiel der Odessaer Schuhfabrik wird erkundet, wie die hier in den Blick genommenen Prozesse der Vertrauensbildung von einem Protagonisten selbst reflektiert wurden. Aufgrund der divergierenden Quellenlage kann kein klassischer Vergleich vorgenommen werden, vielmehr wird der Gegenstand der Untersuchung aus verschiedenen Perspektiven und in unterschiedlichen Settings erkundet, um ein vielschichtiges Bild zu erzeugen.

Viele der ethnologischen und soziologischen Methoden, wie die Durchführung qualitativer Experteninterviews, die intensive teilnehmende Beobachtung vor Ort oder die Erhebung quantitativer Daten, stehen historischen Untersuchungen im Regelfall nicht offen. Dennoch wird im Folgenden versucht, Mechanismen der Vertrauensbildung und des Vertrauenserhalts in historischer Perspektive zu ergründen. Am Beispiel jüdischer Unternehmer im Russländischen Reich des 19. und frühen 20. Jahrhunderts wird dabei die Bedeutung der zeitlichen, strukturellen und institutionellen Einbettung von wirtschaftlichen Transaktionen erkundet. Der Schwerpunkt der Untersuchung liegt auf der Frage, welche Rolle die ethnische und/oder religiöse Zugehörigkeit der Akteure für die Ausgestaltung der Transaktionsbeziehungen spielte.

Um die Quellenmaterialien hinsichtlich der Fragestellung auswerten zu können, sind häufig induktive, interpretierende Herangehensweisen notwendig. Dabei greife ich auch auf das Konzept der Netzwerkanalyse zurück, die auf der ersten Ebene Fragen nach der ethnischen Distribution der Geschäftspartner der Unternehmen beantworten kann. Kombiniert mit dem Ansatz der Transaktionskostentheorie verwandelt sich die Netzwerkanalyse in einen interpretativen Apparat.

Die Transaktionskostenanalyse untersucht Kosten, die sowohl vor als auch nach einer geschäftlichen Transaktion anfallen und Bereiche wie die Informationsbeschaffung, die Erschließung neuer Märkte oder die Durchsetzung von Ansprüchen umfassen.[32] Die Pflege von Netzwerken dient dem Aufbau stabiler ökonomischer Beziehungen, in denen die Transaktionskosten niedrig gehalten werden können. So kann soziales Kapital in Form von guter Reputation wie materielles Kapital angehäuft werden.[33] Durch die Verknüpfung von ökonomischer Betätigung und sozialen Beziehungen können Netzwerke im wirtschaftlichen Bereich helfen, »Tauschaktionen durchzuführen, ohne sich auf Unsicherheiten und Risiken marktlicher Transaktionen einlassen zu müssen«.[34]

Die Kombination von Transaktionskostenanalyse und Netzwerktheorie erlaubt es, die deskriptive Ebene zu verlassen und Erklärungen für empirische Beobachtungen zu liefern.[35] Denn der Vergleich alternativer Handlungsweisen mit den letztendlich realisierten Entscheidungen eröffnet einen »*Möglichkeitsraum*«,[36] der Begründungen für die getroffenen Entscheidungen einfordert. Dabei spielen die »ex ante-Einschätzungen«[37] der Akteure eine wichtigere Rolle als die »ex post-Bewertung«[38] durch den Wissenschaftler. Auf diese Weise kann nach der inneren Logik der jeweiligen Geschäftsentscheidung aus der Sicht des agierenden Unternehmers gefragt werden.

Weiterhin stellt sich die Frage nach der Bedeutung ethnischer oder religiöser Zugehörigkeiten für die Formierung von Netzwerken, die ja letztendlich der Verstetigung von Vertrauensbeziehungen dienen. Der Historiker Christoph Boyer hebt hervor, dass »die spezifische Qualität der Verbindungen [in einem Netzwerk] vorstrukturiert«[39] ist. Konkret kann dies bedeuten, dass eine »gemein-

32 *Ben-Porath:* The F-Connection: Families 5.

33 *Tilly:* Unternehmermoral und -verhalten 38.

34 *Weyer,* Johannes: Zum Stand der Netzwerkforschung in den Sozialwissenschaften. In: *Ders.:* (Hg.): Soziale Netzwerke. Konzepte und Methoden der sozialwissenschaftlichen Netzwerkforschung. 2., überarb. und aktual. Aufl., München 2011, 39–69, hier 46.

35 Die folgenden Ausführungen orientieren sich an: *Saldern,* Adelheid von: Netzwerkökonomie im frühen 19. Jahrhundert. Das Beispiel der Schoeller-Häuser. Stuttgart 2009; *Boyer,* Christoph: Netzwerk und Geschichte: Netzwerktheorien und Geschichtswissenschaften. In: *Unfried,* Berthold (Hg.): Transnationale Netzwerke im 20. Jahrhundert. Historische Erkundungen zu Ideen und Praktiken, Individuen und Organisationen. Leipzig 2008, 47–58.

36 *Boyer:* Netzwerk und Geschichte 54.

37 Ebd.

38 Ebd.

39 Ebd. 55.

same Wertegrundlage, wie sie etwa die Religion bietet, [...] zu einer besonders engmaschigen Netzwerkbildung unter Gleichgesinnten«[40] führt.

Seit der Jahrtausendwende sind eine Reihe von Studien zur jüdischen Geschichte erschienen, die sich Händlernetzwerken widmen. Ihren Auftakt nahm diese neue Forschungsrichtung mit Jonathan Israels Studie zu den Netzwerken sephardischer Juden und sogenannter *Conversos*, also Nachkommen von zum Christentum konvertierter Juden, die von der iberischen Halbinsel stammten.[41] Israel zeichnet detailliert die Entwicklung und Ausbreitung der Geschäftsbeziehungen dieser Gruppe, die er als Subkategorie der jüdischen Diaspora begreift, zwischen 1540 und 1740 nach. Dabei betont er zwar die Bedeutung der gemeinsamen religiösen und familiären Zugehörigkeiten für die Entstehung und den Erhalt der Handelsnetzwerke, wendet sich aber gleichzeitig gegen jegliche essentialistische Zuschreibung hinsichtlich angeblich inhärenter besonderer jüdischer Handelsfähigkeiten. Vielmehr hätten die sephardischen Juden deshalb eine derart wichtige Rolle im europäischen und transatlantischen Handel innegehabt, weil sie ab dem 16. Jahrhundert erfolgreich eine zentrale Position als transkulturelle Vermittler zwischen dem Osmanischen Reich und Italien einnahmen. Trotz der großen Verdienste von Israels Studie, die ein völlig neues Forschungsfeld erschlossen hat, muss hervorgehoben werden, dass sie Auffassungen über einen vermeintlich größeren Grad an Vertrauen innerhalb von Handelsdiaspora-Gruppen nicht kritisch reflektiert.

In der Folge nahmen weitere Monografien die jüdischen Handelsnetzwerke in den Blick, wobei sich drei Vorgehensweisen erkennen lassen: erstens die Fokussierung auf den Handel mit einer bestimmten Ware,[42] deren Weg nachvollzogen wird, zweitens die Betrachtung einer spezifischen Firma und ihrer Handelsnetzwerke und drittens die Rekonstruktion von Geschäftsverflechtungen der Händler eines bestimmen Orts.

Den ersten Weg wählte Sarah Abrevaya Stein in ihrer Studie zum Handel mit Straußenfedern gegen Ende des 19. Jahrhunderts, den sie von Südafrika bis Europa und in die Vereinigten Staaten nachverfolgte.[43] Sie spürte den Geschäftsbeziehungen aschkenasischer Juden nach, die die Herstellung und den Handel mit diesem in der europäischen und amerikanischen Modeindustrie äußerst gefragten Produkt organisierten.

40 *Saldern:* Netzwerkökonomie 13.

41 *Israel,* Jonathan I.: Diasporas Within a Diaspora. Jews, Crypto-Jews and the World Maritime Empires (1540–1740). Leiden u. a. 2002.

42 Dabei finden sich Anklänge an die *commodity history,* der sich in den letzten Jahren in der Wirtschaftsgeschichte viele Forschungsprojekte widmeten. Ein populäres Beispiel ist: *Beckert,* Sven: Empire of Cotton. A Global History. New York 2014.

43 *Stein,* Sarah Abrevaya: Plumes. Ostrich Feathers, Jews, and a Lost World of Global Commerce. New Haven 2008.

Bezüglich der Konzentration auf die Geschäftsnetzwerke eines einzelnen Unternehmens ist Francesca Trivellatos Studie *The Familiarity of Strangers*[44] ein Meilenstein. Sie wertet die Geschäftskorrespondenz eines sephardischen Handelshauses aus, das im frühneuzeitlichen Livorno aktiv war, und erkundet die Mechanismen der Vertrauensbildung in dem bis nach Indien reichenden Handelsnetzwerk. Trivellato kommt zu dem Ergebnis, dass, auch wenn jüdische Geschäftspartner in diesen Netzwerken wichtig waren, Nicht-Juden, darunter Christen, Muslime und Hindus an zentralen Positionen eingebunden waren. Für den Zusammenhalt des Netzwerks seien Ethnizität oder Religion kaum von Bedeutung gewesen; vielmehr war die Entstehung einer überregionalen Kaufmannskultur, die alle Beteiligten teilten, der Kohäsion zuträglich.

Stellvertretend für die Konzentration auf jüdische Geschäftsnetzwerke an einem Ort können die Arbeiten von Cornelia Aust erwähnt werden. Sie zeigt am Beispiel jüdischer Händler und Bankiers aus Warschau zu Beginn des 19. Jahrhunderts deren Verbindungen in ganz Europa auf. Zudem macht Aust deutlich, inwiefern Entwicklungen in anderen Regionen Europas Auswirkungen auf die Juden in Kongresspolen hatten, was die transnationale Dimension jüdischer Geschichte betont.[45]

Eine vierte Herangehensweise an die Erforschung von Netzwerken in der jüdischen Geschichte ist erwähnenswert: Der Ökonom Avner Greif untersuchte in vergleichender Perspektive die Netzwerke nordafrikanischer Juden und genuesischer Händler aus wirtschaftswissenschaftlicher Sicht.[46] Dabei war er in erster Linie daran interessiert, die evolutionäre Entwicklung ökonomischer Institutionen darzustellen. Inhaltlich ist seine Analyse auf Vertrauensnetzwerke, Risikomanagement und Durchsetzungsmechanismen von Verträgen ausgerichtet. Greif kommt zu dem Schluss, dass die genuesischen Händler gegenüber den nordafrikanisch-jüdischen Kaufleuten im ausgehenden Mittelalter durch institutionelle Innovation einen wirtschaftlichen Vorteil erlangten. Wo letztere ein »community responsibility system« zur Absicherung gegen betrügerisches Verhalten verwendeten, hätten erstere ein »individual legal responsibility system« etabliert.[47] Besonders der Versuch, die wirtschaftliche Vormachtstellung des Westens in der Moderne durch eine binäre Gegenüberstellung einer vermeintlich kollektivistischen Rechtsordnung der nordafrikanischen Händlern und

44 *Trivellato:* The Familiarity of Strangers.

45 *Aust,* Cornelia: Merchants, Army Suppliers, Bankers: Transnational Connections and the Rise of Warsaw's Jewish Mercantile Elite (1770–1820). In: *Dynner,* Glenn/*Guesnet,* François (Hg.): Warsaw. The Jewish Metropolis. Essays in Honor of the 75th Birthday of Professor Antony Polonsky. Leiden, Boston 2015, 42–69.

46 *Greif,* Avner: Institutions and the Path to Modern Economy. Lessons from Medieval Trade. Cambridge 2006.

47 Zur Unterscheidung dieser beiden Systeme: Ebd. 338–349.

eines individualistischen Rechtssystems der europäischen Kaufleute zu begründen, brachte Greif viel Kritik ein.[48]

Seine Studie ist für diese Untersuchung dennoch von Bedeutung: In Erweiterung der *New Institutional Economics,*[49] also einer wirtschaftswissenschaftlichen Schule, die die Bedeutung von Institutionen für ökonomische Prozesse betont, entwickelt Greif ein erweitertes Verständnis ebenjener Institutionen: »An institution is a system of social factors that conjointly generate a regularity of behavior.«[50] Als Institutionen können also nicht nur politische und juristische Organe gelten, sondern darüber hinaus soziale Faktoren wie informelle Regeln, Überzeugungen und Normen.[51]

Kombiniert man die soziologischen Überlegungen zur sozialen Einbettung ökonomischer Transaktionen mit dem wirtschaftswissenschaftlichen Konzept bezüglich der Bedeutung formeller und informeller Institutionen, entsteht ein produktiver Analyseapparat zur Bestimmung der Relevanz ethnischer und religiöser Zugehörigkeiten für wirtschaftliche Austauschbeziehungen. Damit ist es einerseits möglich, Geschäftsbeziehungen hinsichtlich ihrer sozialen Einbettung zu untersuchen, also den Grad der zeitlichen, strukturellen und institutionellen Einbettung zu bestimmen. Andererseits kann auf diese Weise die Geltung wirkmächtiger formeller und informeller Institutionen in den Wirtschaftsbeziehungen ermittelt werden.

Wo die zitierten Untersuchungen zur sozialen Einbettung zwar konstatieren, dass nicht nur staatliche Institutionen Fehlverhalten in wirtschaftlichen Austauschbeziehungen sanktionieren können, sondern auch Netzwerke Strafmechanismen bereitstellen,[52] fragen sie nicht nach der Herkunft jener Normen, die Abweichung überhaupt erst definieren, fassen sie also als bereits gegeben auf. Die Beschränkung auf die Erforschung von Institutionen, ganz gleich ob formelle oder informelle, kann aber den Blick auf andere in wirtschaftlichen Beziehungen wirkmächtige Faktoren verstellen und zu Fehlschlüssen wie bei Greif führen. Durch die Verschränkung beider Ansätze – die Analyse sozialer

48 So warf ihm der Historiker Leor Halevi vor, keine Kulturanalyse, sondern eine Kulturtypologie verfasst zu haben. Vgl.: *Halevi,* Leor: Religion and Cross-Cultural Trade. A Framework for Interdisciplinary Inquiry. In: *Trivellato,* Francesca/*Halevi,* Leor/*Antunes,* Catia (Hg.): Religion and Trade. Cross-Cultural Exchanges in World History, 1000–1900. Oxford 2014, 24–61, insbesondere 43–45. Weiterhin kommen die Ökonomen Jeremy Edwards und Sheilagh Ogilvie zu dem Schluss, dass es für Greifs Behauptungen keine empirische Basis gibt: *Edwards,* Jeremy/*Ogilvie,* Sheilagh: Contract Enforcement, Institutions, and Social Capital: The Maghribi Traders Reappraised. In: Economic History Review 65/2 (2012) 421–444.

49 Der wichtigste Vertreter dieser Forschungsrichtung war der Wirtschaftsnobelpreisträger Douglass North. Sein Hauptwerk erschien 1990: *North,* Douglass C.: Institutions, Institutional Change, and Economic Performance. Cambridge 1990.

50 *Greif:* Institutions and the Path 382.

51 Vgl.: Ebd. 5–14.

52 *Macaulay:* Non-Contractual Relations 63.

Einbettungsmechanismen und institutioneller Gegenebenheiten – wird in der vorliegenden Studie versucht, diese Fallstricke zu vermeiden.

Konkret bedeutet dies folgendes Vorgehen: Die Auswertung der vorliegenden Geschäftsbücher, Geschäftskorrespondenzen, der publizistischen und autobiografischen Schriften soll zeigen, wie Vertrauen in wirtschaftlichen Austauschbeziehungen geschaffen und erhalten wurde. Zudem soll der Frage nachgegangen werden, ob und, wenn ja, in welchem Umfang, die dahinter stehenden Institutionen in lokaler, ethnischer oder religiöser Hinsicht einen exklusiven Charakter besaßen. Dies soll durch das Nachvollziehen des Wirkungskreises der Institutionen bestimmt werden.

Darüber hinaus ist es hilfreich, zwischen starken und schwachen Bindungen zu differenzieren.[53] Ausgehend von der Zeit, die in den Aufbau und die Pflege einer Bindung investiert wurde, den Gemeinsamkeiten, die die involvierten Akteure teilen, und der emotionalen Intensität der Beziehung lassen sich beide Typen unterscheiden.[54] In Bezug auf ethnische oder religiöse Kollektive kann die Vorherrschaft von starken Bindungen zu einer großen Kohäsionskraft innerhalb der Gruppe führen, aber notwendige Kooperationen mit anderen Akteuren behindern.[55] Starke Bindungen sind dabei auch mit der Wirkung von informellen Institutionen verbunden, die in ihrem Geltungsbereich auf eine ethnische oder religiöse Gruppe beschränkt sind. Schwache Bindungen hingegen ermöglichen einen besseren Informationsaustausch und eine effektivere Verteilung von Ressourcen.[56] In Bezug auf Geschäftsnetzwerke wurde in der Forschung die These formuliert, dass eine Kombination von starken und schwachen Bindungen ökonomisch gesehen am effektivsten ist.[57] Vor dem Hintergrund dieser Thesen soll untersucht werden, inwiefern sich das Verhältnis von starken und schwachen Bindungen in den Wirtschaftsbeziehungen der drei jüdischen Unternehmer angesichts von wirtschaftlicher Modernisierung und gesellschaftlichen Veränderungen gestaltete.

An dieser Stelle könnte man fragen: Warum all dieser Aufwand zur Rekonstruktion der Bedingungen und Voraussetzungen für ökonomische Transaktionen im Zarenreich des 19. Jahrhunderts? Der Ansatz des Ethnologen Clifford Geertz, menschliches Verhalten als Kette von symbolischen Handlungen zu verstehen, gibt eine mögliche Antwort. Den Kontext der symbolischen

53 Diese Unterscheidung führte Mark Granovetter in die Soziologie ein. Vgl.: *Granovetter*, Mark: The Strength of Weak Ties. In: American Journal of Sociology 78/6 (1973) 1360–1380.

54 Ebd. 1361.

55 Ebd. 1375.

56 *Schmiz*, Antonie: Transnationalität als Ressource? Netzwerke vietnamesischer Migrantinnen und Migranten zwischen Berlin und Vietnam. Bielefeld 2011, 28.

57 Vgl.: *Mahnkopf*, Birgit: Markt, Hierarchie und soziale Beziehungen. Zur Bedeutung reziproker Beziehungsnetzwerke in modernen Marktgesellschaften. In: *Beckenbach*, Niels/ *van Treeck*, Werner (Hg.): Umbrüche gesellschaftlicher Arbeit. Göttingen 1994, 65–84.

Handlungen stellt die Kultur dar, die durch eine dichte Beschreibung ebenjener Handlungen interpretierbar wird.[58] Auf diese Weise kann Kultur als »informelle Logik des tatsächlichen Lebens«[59] rekonstruiert und verstanden werden.

Die hier vorgenommene Analyse von Vertrauensbildung in Geschäftsbeziehungen weist, wenn man Geertz' Ansatz als Ausgangspunkt nimmt, über sich selbst hinaus. Ihre genaue und sorgfältige Durchführung kann demnach ein Bild der Kultur(en), die sich im Zarenreich des späten 19. Jahrhunderts entfalteten, evozieren, wobei der Schwerpunkt dieser Untersuchung auf der jüdischen Perspektive liegt.

Erörtert werden muss zudem die Frage nach dem Verhältnis von Wirtschaft und Gesellschaft. Es soll an dieser Stelle genügen, auf die Thesen der Soziologin Viviana Zelizer zum Beziehungsgeflecht zwischen diesen beiden Bereichen zu verweisen. Sie kritisiert die simplifizierende Vorstellung eines hierarchischen Verhältnisses von Wirtschaft und Gesellschaft. Vielmehr sei jederzeit ein Zusammenspiel von kulturellen, gesellschaftlichen und ökonomischen Faktoren zu beobachten. Durch die Betonung der Interdependenz der unterschiedlichen Bereiche der menschlichen Lebenswelt könnten sowohl ökonomischer Absolutismus, kultureller Determinismus als auch soziokultureller Reduktionismus vermieden werden.[60] Dieser Ansatz der wechselseitigen Beeinflussung wird in der vorliegenden Untersuchung auf die Person des Unternehmers angewendet. Dessen ökonomische Entscheidungen haben selbstverständlich einen kulturellen und psychologischen Hintergrund, doch gilt umgekehrt ebenso: Wirtschaftliche Aktivitäten wirken zurück auf seine psychologische Konstituion und seine kulturelle Konfiguration. Dies lässt sich vom Individuum zudem auf die gesellschaftliche Ebene übertragen: So sind die sozialen Normen des Wirtschaftens einem dauerhaften Wandel unterworfen; gleichzeitig verändern sich die ökonomischen Grundlagen der Gesellschaft kontinuierlich. Die Beschreibung dieses bidirektionalen Prozesses ist äußerst anspruchsvoll, stellt aber die zentrale Voraussetzung für die Umsetzung des hier verfolgten kombinierten Einbettungs-Institutionen-Ansatzes dar, denn nur auf diesem Weg kann vermieden werden, Institutionen entweder als per se ökonomisch effizient oder als kulturell vorbestimmt zu deuten.

Im Zusammenhang mit Zelizers Interdependenz-Ansatz steht auch die Wahl des Untersuchungszeitraums. In einer Periode der beschleunigten Transformation, wie in der zweiten Hälfte des 19. Jahrhunderts im Zarenreich, ist ein Blick auf den Wirtschaftssektor besonders aufschlussreich, da hier der Wandel Ver-

58 *Geertz,* Clifford: Dichte Beschreibung. Beiträge zum Verstehen kultureller Systeme. Frankfurt am Main 1983, insbesondere 9–25.

59 Ebd. 25.

60 *Zelizer,* Viviana A.: Beyond the Polemics on the Market. Establishing a Theoretical and Empirical Agenda. In: *Dies.:* Economic Lives. How Culture Shapes the Economy. Princeton 2011, 363–382.

werfungen und Konflikte hervorrufen kann, die das alltägliche Handeln infrage stellen und damit sichtbar machen. Zudem vollzog sich diese Epoche wirtschaftlicher, gesellschaftlicher und politischer Veränderungen in einem hochgradig multiethnischen, multireligiösen und multikulturellen Setting, was es ermöglicht, das Aufeinandertreffen verschiedener moralischer Vorstellungswelten zu studieren.[61]

Zwar gab es in Osteuropa schon seit Jahrhunderten ökonomische Kontakte zwischen den verschiedenen ethnischen Gruppen. Diese wirtschaftlichen Beziehungen waren aber im Rahmen der Feudalwirtschaft weitgehend eingehegt und ritualisiert.[62] Obwohl diese Welt keineswegs erstarrt oder konfliktfrei war, zeichnete sie sich doch durch eine feste sozioökonomische Formation aus. Mit dem Niedergang des Feudalismus und dem Übergang zu einem kapitalistischen Wirtschaftssystem verlor diese Konfiguration ihre Gültigkeit, was zu einer Neuordnung führte, die besonders ökonomische Institutionen, sowohl formelle als auch informelle, prägte.[63]

Diesbezüglich ist auch die Entwicklung der politischen und rechtlichen Rahmenbedingungen ökonomischer Aktivitäten von Juden von Interesse. Sie unterlagen einer doppelten Beschränkung, die sich historisch erklären lässt. Einerseits wurden die wirtschaftlichen Entfaltungsmöglichkeiten jüdischer Gemeinschaften in Europa auf bestimmte Bereiche begrenzt, andererseits bot der Erfolg im ökonomischen Feld lange Zeit eine der wenigen Möglichkeiten für den Aufstieg von Juden in einer vorwiegend christlichen Gesellschaft.[64] Auf diese Weise entwickelte sich eine starke Spezialisierung in den Bereichen des Handels, des Finanzwesens aber auch des Handwerks in der ökonomischen Struktur der jüdischen Bevölkerung in Europa. Jüdische Bankiers und Kaufleute bekleideten ab dem Ende des Mittelalters teilweise wichtige Positionen im Wirtschaftssystem. Jüdische Händler wurden mitunter gezielt angeworben oder zumindest nach der Vertreibung aus anderen Regionen aufgenommen. Ein solcher Fall war die Ausweisung von Juden aus deutschen Städten im 13. Jahrhundert und ihre darauffolgende Niederlassung in Polen.[65] Solchermaßen vom Gutdünken der Machthaber abhängig, hatten die Juden Europas im Regelfall eine diffizile Position inne, die jederzeit gefährdet werden konnte.

61 Vgl. den zwar in Sprache und Gestus veralteten, dennoch aber anregenden Ansatz von Fritz Redlich: *Redlich,* Fritz: Der Unternehmer. Wirtschafts- und sozialgeschichtliche Studien. Göttingen 1964, 191–200.

62 Einen hervorragenden Einblick in diese Welt gewähren: *Hundert,* Gershon David: The Jews in a Polish Private Town. The Case of Opatów in the Eighteenth Century. Baltimore 1992; *Heyde,* Jürgen: Transkulturelle Kommunikation und Verflechtung. Die jüdischen Wirtschaftseliten in Polen vom 14. bis zum 16. Jahrhundert. Wiesbaden 2014.

63 *Bartal,* Israel: The Jews of Eastern Europe, 1772–1881. Philadelphia 2005, 12.

64 Braudel schreibt prägnant: »Die Juden haben im Westen nicht die Wahl zwischen Geld, Grundbesitz und Amt [...].« *Braudel:* Sozialgeschichte des 15.–18. Jahrhunderts 532.

65 *Bartal:* The Jews of Eastern Europe 15.

Dieses Spannungsverhältnis hatte zur Folge, dass Juden in der Forschung häufig nur als Objekte behandelt wurden, die dem Willen anderer ausgesetzt waren, ohne über eigene Gestaltungsmöglichkeiten zu verfügen. Eine solche Sicht auf die jüdische Wirtschaftsgeschichte ist in den letzten Jahren aufgeweicht worden. An ihre Stelle trat die Konzentration auf konkrete wirtschaftliche Praktiken von Juden, unter Einbeziehung vorhandener Handlungsspielräume, die ihnen trotz Diskriminierungen offenstanden.[66]

Zuvor hatte das Feld der jüdischen Wirtschaftsgeschichtsschreibung seit dem Zweiten Weltkrieg brachgelegen, was auch eine Folge der Instrumentalisierung der vermeintlichen ökonomischen *conditio* der jüdischen Bevölkerung durch die nationalsozialistische Propaganda war. Wurde vor dem Zweiten Weltkrieg noch vielfach wertvolle Grundlagenarbeit geleistet,[67] betätigten sich nach dem Holocaust nur noch wenige, fast ausschließlich amerikanische Forscher auf diesem Gebiet.[68] Dies änderte sich erst wieder mit dem Jahr 2001, als De-

66 Einen guten Überblick bezüglich der aktuellen Forschung vermitteln zwei in letzter Zeit veröffentlichte Sammelbände: *Kobrin,* Rebecca/*Teller,* Adam (Hg.): Purchasing Power. The Economics of Modern Jewish History. Philadelphia 2015, und *Reuveni,* Gideon/*Wobick-Segev,* Sarah: The Economy in Jewish History. New Perspectives on the Interrelationship between Ethnicity and Economic Life. New York 2011.

67 Für Osteuropa sind beispielsweise Bernard Weinryb, Jacob Lestschinsky, Filip Friedman und Ignacy Schiper zu nennen: *Weinryb,* Bernard D.: Neueste Wirtschaftsgeschichte der Juden in Rußland und Polen. Von der 1. polnischen Teilung bis zum Tode Alexanders II. (1772–1881). 2. überarb. und erw. Aufl., Nachdr. d. Ausg. Breslau 1934. Hildesheim, New York 1972; *Lestschinsky,* Jakob: Die Umsiedlung und Umschichtung des jüdischen Volkes im Lauf des letzten Jahrhunderts. In: Weltwirtschaftliches Archiv 30/1 (1929) 123–156; *Lestschinski,* Jakob: Wilna, der Niedergang einer jüdischen Stadt. In: Jüdische Wohlfahrtspflege und Sozialpolitik 2 (N. F.)/1 (1931) 21–33; *Friedmann,* Philipp: Wirtschaftliche Umschichtungsprozesse und Industrialisierung in der polnischen Judenschaft 1800–1870. In: *Baron,* Salo W./ *Marx,* Alexander (Hg.): Jewish Studies in Memory of George A. Kohut. New York 1935, 178–247; *Fridman,* Filip: Di industrializatsye un proletarizatsye fun di lodzsher yidn in di yorn 1860–1914 [Die Industrialisierung und Proletarisierung der Lodzer Juden in den Jahren 1860–1914]. In: *Visnshaftlekher krayz* (Hg.): Lodzsher visnshaftlekhe shriftn [Lodzer wissenschaftliche Schriften]. Lodzsch 1938, 63–132; *Schiper,* Ignacy: Onhoyb fun kapitalizm bay yuden in Mayrev-Eyrope [Beginn des Kapitalismus bei den Juden in Westeuropa]. Varshe 1920; *Ders.:* Yidishe geshikhte: virtshaftsgeshikhte [Jüdische Geschichte: Wirtschaftsgeschichte]. Varshe 1930; *Ders.:* Dzieje handlu żydowskiego na ziemiach polskich [Die Geschichte der Handelstätigkeit der Juden in den polnischen Landen]. Warszawa 1937.

68 Eine zentrale Rolle kam dem Historiker Arcadius Kahan und dem Wirtschaftswissenschaftler Simon Kuznets zu: *Kahan,* Arcadius: Essays in Jewish Social and Economic History. Chicago, London 1986; *Kuznets,* Simon: Economic Structure and Life of the Jews. In: *Finkelstein,* Louis (Hg.): The Jews: Their History, Culture and Religion. Vol. 2. London 1961, 1597–1666. In Bezug auf die deutsch-jüdische Geschichte sind darüber hinaus die Arbeiten von Werner E. Mosse hervorzuheben, der die Sozialgeschichte der jüdischen Unternehmer in Deutschland umfassend erkundete. Vgl.: *Mosse,* Werner E.: The German-Jewish Economic Élite 1820–1935. A Socio-cultural Profile. Oxford 1989.

rek Penslars Studie *Shylock's Children*[69] erschien, die mittels der Analyse wirtschaftlicher Einstellungen europäischer Juden vom 18. bis zum 20. Jahrhundert das Konzept einer »Jewish Political Economy« entwarf und eine positive wirtschaftliche Entwicklung der jüdischen Gemeinschaft konstatierte. Penslars Buch machte das Feld der jüdischen Wirtschaftsgeschichte einer neuen Generation von Wissenschaftlern zugänglich.

Eine Erforschung der jüdischen Geschichte Osteuropas stellt immer besondere Anforderungen, da der Untersuchungsgegenstand noch schwieriger zugänglich ist, als es sonst bei historischen Studien ohnehin der Fall ist. Es ist offensichtlich, dass der Holocaust die Lebenswelt der osteuropäischen Juden zerstörte. So ging nicht nur kulturelles Wissen zur Entschlüsselung der Symbolbestände des osteuropäischen Judentums verloren, auch wurden Quellenmaterialien, also die Grundlagen historiografischer Arbeit, vernichtet, unzugänglich gemacht oder verstreut. Dementsprechend sind die verwendeten Dokumente auf Archive in sieben Ländern auf drei Kontinenten verteilt.

Den Untersuchungszeitraum der vorliegenden Studie bildet die Periode von 1855 bis zum Ausbruch des Ersten Weltkriegs, eine Zeit der intensiven gesellschaftlichen und wirtschaftlichen Veränderungen im Zarenreich, die ihren Ausgangspunkt am Beginn der Regentschaft Zar Alexanders II. (1818–1881) nahm.[70] In Reaktion auf die Niederlage im Krimkrieg (1853–1856) setzte er umfangreiche Reformen ins Werk, die eine größere Konkurrenzfähigkeit des Russländischen Reichs gegenüber dem Westen zum Ziel hatten.[71] Neben einer Justizreform sowie der Einführung von Selbstverwaltungsorganen auf Gouvernements-, Kreis- und lokaler Ebene macht die Abschaffung der Leibeigenschaft das Kernstück der gesellschaftlichen und rechtlichen Veränderungen aus.[72] Die Bauernbefreiung des Jahres 1861 hatte eine größere Mobilität der ländlichen Bevölkerung und damit die Herausbildung eines Reservoirs an Arbeitskräften zur Folge. Erst in diesem Setting wurde die industrielle Produktion im Zarenreich möglich. Durch die gezielte Förderung inländischer Fabrikation entstanden Wirtschaftszentren, die zu Brennpunkten der gesellschaftlichen Veränderungen wurden.

Das Ende der Leibeigenschaft hatte auch erhebliche Auswirkungen auf die Juden des Zarenreichs, die als Pächter, Händler oder Schankwirte eng mit dem

69 *Penslar,* Derek J.: Shylock's Children. Economics and Jewish Identity in Modern Europe. Berkeley, London 2001.

70 Vgl.: *Eklof,* Ben/*Bushnell,* John/*Zakharova,* Larissa (Hg.): Russia's Great Reforms, 1855–1881. Bloomington, Indianapolis 1994; *Lincoln,* W. Bruce: The Great Reforms. Autocracy, Bureaucracy, and the Politics of Change in Imperial Russia. Dekalb 1990.

71 *Bartal:* The Jews of Eastern Europe 102.

72 *Gatrell,* Peter: The Meaning of the Great Reforms in Russian Economic History. In: *Eklof,* Ben/*Bushnell,* John/*Zakharova,* Larissa (Hg.): Russia's Great Reforms, 1855–1881. Bloomington, Indianapolis 1994, 84–101.

feudalen Wirtschaftssystem verbunden gewesen waren.[73] Die Abnahme der Erwerbsmöglichkeiten in den ländlichen Regionen sorgte, gemeinsam mit einem starken demografischen Wachstum, für eine zunehmende Urbanisierung der jüdischen Bevölkerung.[74] Zudem wurden in der Anfangszeit der Herrschaft Alexanders II. gewisse Regelungen die jüdischen Untertanen betreffend liberalisiert. Ab 1859 erfuhr ihre strenge regionale Beschränkung auf den Ansiedlungsrayon eine schrittweise Lockerung.[75] Angehörigen bestimmter Berufsgruppen wurde das Recht auf freie Wahl des Wohnorts im gesamten Zarenreich verliehen. Dieser Prozess der *selektiven Integration*, welcher vor allem auf der Belohnung von ökonomischem Erfolg und Bildungsanstrengungen basierte, betraf aber nur eine kleine Gruppe innerhalb der jüdischen Bevölkerung.[76] In diese Zeit fällt auch die Entstehung jener jüdischen Unternehmerschaft, die, repräsentiert durch Fabrikanten aus Lodz, Wilna und Odessa, im Zentrum der vorliegenden Studie steht.[77] Doch war die Herausbildung einer Unternehmerschicht nur ein Aspekt der gesellschaftlichen Umwälzungen, mit denen sich die jüdische Bevölkerung Osteuropas konfrontiert sah: Handelte es sich bei den Juden des Russländischen Reichs zu Beginn des 19. Jahrhunderts noch um eine ethno-konfessionelle Gruppe, die über ein festes Set an *Markern* verfügte und durch spezifische soziale und ökonomische Funktionen gekennzeichnet war, vollzog sich im Laufe des 19. Jahrhunderts ein Prozess, der diese Zuordnungen veränderte, wobei dieser Wandel ab 1861 deutlich an Geschwindigkeit gewann.[78] Verbunden mit der schrittweisen Öffnung und Pluralisierung der jüdischen Gemeinschaften wurden Positionen sowohl im ökonomischen als auch

73 *Bartal:* The Jews of Eastern Europe 17, 103.

74 *Kahan:* The Impact of Industrialization 27 f.

75 Zur Politik gegenüber den Juden während der Regentschaft Alexanders II. vgl.: *Klier,* John Doyle: Imperial Russia's Jewish Question 1855–1881. Cambridge u. a. 1995.

76 Zum Konzept der selektiven Integration vgl.: *Nathans,* Benjamin I.: Beyond the Pale: The Jewish Encounter with Late Imperial Russia. Berkeley 2002, insbesondere das zweite Kapitel.

77 Zu den rechtlichen Rahmenbedingungen für die jüdischen Unternehmer vgl.: *Anan'ič,* Boris Vasil'evič/*Dal'mann,* Ditmar/*Petrov,* Jurij A. (Hg.): Častnoe predprinimatel'stvo v dorevoljucionnoj Rossii: Ėtnokonfessional'naja struktura i regional'noe razvitie, XIX – načalo XX v. [Privatunternehmen im vorrevolutionären Russland. Ethnokonfessionelle Struktur und regionale Entwicklung im 19. und frühen 20. Jahrhundert]. Moskva 2010; *Ul'janova,* Galina N.: Die Gesetzgebung über das jüdische Unternehmertum im Russischen Reich vom 19. bis zum Beginn des 20. Jahrhunderts. In: *Dahlmann,* Dittmar/*Heller,* Klaus/*Petrov,* Jurij A. (Hg.): Protestanten und Altgläubige – Juden und Muslime. Die ethno-konfessionelle Struktur der russländischen Unternehmerschaft vor 1914. Essen 2015, 117–143. Der zuletzt genannte Sammelband beinhaltet Beiträge zu den spezifischen Ausformungen des jüdischen Unternehmertums im Zarenreich, leider stehen aber ausschließlich jüdische Geschäftsleute im Zentrum der Darstellungen, die außerhalb der traditionellen Siedlungsgebiete der Juden in Osteuropa tätig waren. Daher kann die Spannung zwischen Überlieferung und Transformation nicht in dem gleichen Maße dargestellt werden wie in der vorliegenden Studie.

78 *Bartal:* The Jews of Eastern Europe 167.

im religiösen Bereich neu verhandelt. Während der Regentschaft Alexanders II. hegten die Juden lange Zeit Hoffnungen auf eine umfassende rechtliche Emanzipation, doch blieb eine grundlegende Reform ihres Rechtsstatus aus.

Vielmehr verschlechterten sich die rechtlichen Rahmenbedingungen nach der Ermordung Alexanders II. im Jahr 1881 massiv. Im Anschluss an das Attentat kam es zu reichsweiten Pogromen, im Jahr darauf wurde der jüdischen Bevölkerung mit den sogenannten Maigesetze die Ansiedlung außerhalb der Städte verboten, und sie durfte zudem auf dem Land keinen Grund erwerben oder pachten. Darüber hinaus war ihnen der Handel an Sonntagen und christlichen Feiertagen untersagt.[79] Unter dem neuen Zar Alexander III. (1845–1894) wurde die seit Zar Nikolaus I. (1796–1855) praktizierte Politik der, auch durch Zwangsmaßnahmen unterstützten, Assimilation der Juden in die russische Gesellschaft aufgegeben. Stattdessen setzte man auf Abgrenzung und Absonderung der Juden. Auf diese Weise, so meint Dietrich Beyrau, verwandelte sich die »alte subalterne Position [der jüdischen Bevölkerung] in einer ständischen Gesellschaft in einen Status minderen Rechts«.[80] Neben der Einführung neuer diskriminierender Gesetze wurden die bereits vor 1882 bestehenden Bestimmungen härter durchgesetzt, wofür die Ausweisung von 10.000 Juden aus Moskau im Jahr 1891 ein Beispiel darstellt.[81]

Gleichzeitig schritt die sozio-ökonomische Transformation der zarischen Gesellschaft weiter voran. Ab der zweiten Hälfte der 1880er Jahre vollzog sich durch die Kombination von ausländischen Investitionen und gezielten staatlichen Fördermaßnahmen – wie etwa eine Schutzzollpolitik – ein industrieller Aufschwung, der bis 1905 anhielt.[82] Gleichwohl blieb die flächendeckende Industrialisierung des Zarenreichs aus, vielmehr entstanden »Modernisierungsinseln«,[83] wobei besonders Sankt Petersburg, Moskau, der Donbass und Teile Kongresspolens zu nennen sind. Durch die rechtliche und gesellschaftliche Diskriminierung war die jüdische Bevölkerung des Zarenreichs, abgesehen von

79 *Gessen,* Julij: Zakon i žizn. Kak sozidalis' ograničitel'nye zakony o žitel'stve evreev v Rossii [Gesetz und Leben. Zur Entstehung der beschränkenden Gesetze bezüglich der Ansiedlung der Juden in Russland]. Sankt-Peterburg 1911, 153–160.

80 *Beyrau,* Dietrich: Aus der Subalternität in die Sphären der Macht. Die Juden im Zarenreich und Sowjetrussland (1860–1930). In: *Baberowski,* Jörg (Hg.): Moderne Zeiten? Krieg, Revolution und Gewalt im 20. Jahrhundert. Bonn 2006, 61–93, hier 63.

81 *Kappeler,* Andreas: Rußland als Vielvölkerreich. Entstehung, Geschichte, Zerfall. 2. Aufl. München 2008, 222.

82 *Kahan,* Arcadius: Wirtschafts- und Sozialgeschichte Rußlands und Kongreßpolens 1860–1914. In: *Beyrau,* Dietrich/*Kahan,* Arcadius (Hg.): Ost- und Südosteuropa 1850–1914. Stuttgart 1980, 7–95, hier 30 f.

83 *Gebhard,* Jörg/*Lindner,* Rainer: Unternehmer in Russland und im Königreich Polen vor 1914. Historischer Raum, soziale Gestalt, kulturelle Dimension. In: *Dies./Pietrow-Ennker,* Bianka (Hg.): Unternehmer im Russischen Reich. Sozialprofil, Symbolwelten, Integrationsstrategien im 19. und frühen 20. Jahrhundert. Osnabrück 2006, 13–44, hier 15.

einer kleinen Gruppe, in wesentlich geringerem Maße in der Lage, an diesem wirtschaftlichen Aufschwung zu partizipieren.[84] In Verbindung mit einem starken demografischen Wachstum der jüdischen Bevölkerung führte diese Konstellation zu einer massiven Verarmung der Juden im Ansiedlungsrayon.[85] Ein Teil der Betroffenen suchte sein Glück in der Auswanderung; so emigrierten zwischen 1881 und 1914 1,5 Millionen Juden in die USA.[86]

Nach der Niederlage im Russisch-Japanischen Krieg (1904–1905) kam es das Jahr 1905 hindurch im Zarenreich zu Unruhen, Streiks und Pogromen. Um die Auflösung der öffentlichen Ordnung einzudämmen, verkündete der seit 1894 regierende Zar Nikolaus II. (1868–1918) das sogenannte Oktobermanifest, das die Einberufung einer Reichsduma und die Gewährung der bürgerlichen Grundrechte beinhaltete.[87] Einige diskriminierende Gesetze gegen die jüdische Bevölkerung wurden gelockert und manche Juden erhielten das passive und aktive Wahlrecht für die Reichsduma.[88] Doch schon 1907 nahm der Zar einen Großteil der zwei Jahre zuvor erlassenen freiheitlichen Gesetze zurück und schränkte das Wahlrecht erneut ein.[89] Bis zum Ausbruch des Ersten Weltkriegs war das Zarenreich von erheblichen gesellschaftlichen Spannungen gekennzeichnet und die jüdische Bevölkerung wartete weiterhin vergeblich auf die rechtliche Gleichstellung. Die russländische Wirtschaft wuchs in der Phase von 1905 bis 1914 nicht mehr so stark wie zuvor, zudem wanderten viele Unternehmer aufgrund der unruhigen Lage aus.[90]

Es handelte sich bei der Zeit von 1855 bis 1914 also um eine dynamische und von Veränderung geprägte Phase. Daher ist diese Transformationsperiode im besonderen Maße für die Erforschung der oben skizzierten Anliegen geeignet. Denn die Umwälzungen erforderten die Neuverhandlung ökonomischer Vertrauensverhältnisse, das Knüpfen neuer Netzwerke und die Neubestimmung moralischer Grenzen wirtschaftlichen Handelns, was auch zu Konflikten führen konnte. Angesichts dieser Gemengelage ist es das Ziel dieser Untersuchung, vor dem Hintergrund des gesellschaftlichen und rechtlichen Wandels ein Verständnis dafür zu entwickeln, wie jüdische Unternehmer mit diesen Verände-

84 *Lederhendler*, Eli: Classless: On the Social Status of Jews in Russia and Eastern Europe in the Late Nineteenth Century. In: Comparative Studies in Society and History 50/2 (2008) 509–534, hier 513f.

85 *Weinryb*: Neueste Wirtschaftsgeschichte, 8f.

86 *Bartal*: The Jews of Eastern Europe 151.

87 *Goehrke*, Carsten: Russland. Eine Strukturgeschichte. Paderborn u.a. 2010, 213f.

88 Zur Rolle der jüdischen Bevölkerung in der Revolution von 1905 und ihre Auswirkungen auf jene vgl.: *Hoffman*, Stefani/*Mendelsohn*, Ezra (Hg.): The Revolution of 1905 and Russia's Jews. Philadelphia 2008.

89 *Goehrke*: Russland. Eine Strukturgeschichte 215.

90 *Ananich*, Boris: The Russian Economy and Banking System. In: *Lieven*, Dominic (Hg.): Cambridge History of Russia. Imperial Russia, 1689–1917. Vol. II. Cambridge 2006, 394–425, hier 417–423.

rungen umgingen, wie sie ihre Wirtschaftsbeziehungen gestalteten und welche Bedeutung ihre ethnische und religiöse Zugehörigkeit dabei hatte.

Zum Aufbau dieser Studie: Die drei Kapitel zu den jüdischen Unternehmern in Lodz, Wilna und Odessa sind auf die gleiche Art gegliedert: An einen Abschnitt zur Lokalgeschichte (einschließlich Forschungsstand), in dem die Demografie, die soziale Lage und die wirtschaftliche Tätigkeit der jüdischen Bevölkerung berücksichtigt werden, schließen sich die eigentlichen Fallstudien an. Die Erkenntnisse aus den einzelnen Kapiteln werden zuletzt in einem abschließenden Abschnitt zusammengeführt, der sie miteinander in Beziehung setzt und eine Einordnung der Ergebnisse in den größeren Kontext der gesellschaftlichen und wirtschaftlichen Transformation im Zarenreich am Ende des 19. Jahrhunderts vornimmt.

Zum Abschluss der Einleitung noch einige Worte zu den Formalia: Bei der Schreibung der Orts- und Personennamen habe ich mich jeweils für eine Variante entschieden, die dem deutschen Leser am zugänglichsten ist. In einer multilingualen Umgebung, wie ich sie untersuche, hatten Orte und Personen in den verschiedenen Sprachen abweichende Bezeichnungen, die, abhängig vom sprachlichen Kontext, gleichberechtigt nebeneinander existierten. So taucht der Lodzer Unternehmer Markus Silberstein unter eben dieser deutschen Bezeichnung, aber auch in der Schreibung Silbersztei(j)n (Polnisch), Silbershteyn (Jiddisch), Zil'berštejn (Russisch) auf, dasselbe trifft auf seine Heimatstadt zu, die gleichermaßen als Lodz/Łódź/Lodzsh/Lodz' bezeichnet wurde. Ähnliches gilt auch für die Namen der russischen Zaren, die in ihrer deutschen Variante wiedergegeben werden. Darüber hinaus erfolgt die Datierung im Regelfall auf Grundlage des im Zarenreich bis 1918 gültigen Julianischen Kalenders, der im 19. Jahrhundert eine Differenz von zwölf Tagen und im 20. Jahrhundert von dreizehn Tagen zum im Westen verwendeten Gregorianischen Kalender aufwies.

2. Lodz – Der Textilfabrikant Markus Silberstein

In diesem Kapitel werden die Geschäftskontakte des Lodzer Unternehmers Markus Silberstein hinsichtlich der in ihnen wirksamen sozialen Einbettungsformen untersucht, wobei die Frage im Zentrum steht, inwiefern Silbersteins ethnische und religiöse Zugehörigkeit seine wirtschaftlichen Netzwerke prägte. In einem ersten Schritt werde ich mich dem Raum widmen, in dem sich Silberstein bewegte: Lodz im Königreich Polen.[1] Nach einer kurzen Darstellung der jüdischen Geschichte in Polen folgt ein Abschnitt, der sich dem lokalen Kontext widmet. Die Beschreibung der demografischen und wirtschaftlichen Entwicklung sowie der sozialen und politischen Verfasstheit der Stadt erfolgt mit dem Ziel, eine Vorstellung von dem spezifischen Mikrokosmos zu entwickeln, in dem Silberstein aktiv war. Der Grundannahme dieser Studie folgend, dass der lokale Kontext die Vertrauensbildung in ökonomischen Transaktionsbeziehungen grundlegend beeinflusste, ist dieser erste Schritt notwendig, um eine umfassende Analyse der geschäftlichen Aktivitäten von Markus Silberstein vornehmen zu können, die im zweiten Teil des Kapitels erfolgt. In einem dritten und letzten Abschnitt werden schließlich die Wirtschaftsstrategien Silbersteins im Kontext seines biografischen Werdegangs untersucht, wobei die Wechselwirkung zwischen den wirtschaftlichen Aktivitäten und der Lebensführung des Unternehmers erkundet wird. Zunächst aber ist es notwendig, ein Schlaglicht auf die historische Entwicklung jüdischen Lebens in Polen zu werfen, da die Geschichte des Landes die lokalen Gegebenheiten nachhaltig beeinflusste.

Jüdisches Leben in Polen hat eine lange Tradition: Spätestens seit dem 12. Jahrhundert siedelten Juden auf dem polnischen Herrschaftsgebiet.[2] Ihre Rechte und Pflichten regelte ein 1264 von Fürst Bolesław erlassenes Privilegium, welches unter der Bezeichnung Statut von Kalisz bekannt ist und bis zum Ende des 18. Jahrhunderts die administrative Grundlage für das Leben

1 Die Bezeichnungen Königreich Polen, Kongresspolen und Russisch-Polen werden im Sinne der Lesbarkeit des Textes synonym verwendet, auch wenn dies nicht exakt den im jeweiligen historischen Kontext verwendeten Begrifflichkeiten entspricht. In jedem Fall ist mit den unterschiedlichen Bezeichnungen immer das Teilgebiet Polen-Litauens gemeint, das nach dem Wiener Kongress von 1815 in Personalunion mit dem Russländischen Reich verbunden war.

2 *Heyde:* Transkulturelle Kommunikation 24.

der Juden in Polen darstellte.[3] In ihm war die direkte Unterordnung der jüdischen Gemeinden unter die Rechtsprechung des Fürsten (später des Königs) geregelt, zugleich wurden ihnen relativ weitreichende Selbstverwaltungsbefugnisse übertragen. Diese Autonomie brachte es mit sich, dass die jüdische Bevölkerung Polens, auch wenn sie nicht formeller Teil der gesellschaftlichen Hierarchie war, nicht nur eine Religionsgemeinschaft, sondern ebenso eine soziale Entität darstellte.[4] Organisatorisch gebündelt wurden diese Autonomiebefugnisse auf lokaler Ebene durch die Institution des *Kahal*, der jüdischen Gemeindeverwaltung. Den Selbstverwaltungsbefugnissen standen jedoch rechtliche Beschränkungen gegenüber, die die Ansiedlung der jüdischen Bevölkerung auf bestimmte Gebiete begrenzte und ihnen den Landerwerb verwehrte.[5]

Diese Sonderstellung führte aber keineswegs zur Isolation der jüdischen Bevölkerung von ihrer christlichen Umgebung. Vielmehr bewirkten die rechtlichen Diskriminierungen, dass sich die Juden in Wirtschaftssektoren betätigen mussten, die sie in Kontakt mit der christlichen Bevölkerung brachten. Dazu gehörten in erster Linie der Handel, das Handwerk und die Verwaltung von Gütern Adeliger, wo sie häufig eine äußerst unpopuläre Mittlerfunktion zwischen den Großgrundbesitzern und den abhängigen Bauern einnahmen.[6] Das Engagement in all diesen Bereichen führte zwangsläufig zur Begegnung mit Nicht-Juden.

Von zentraler Bedeutung für die Herausbildung der ökonomischen Vertrauensbeziehungen in diesem Gesellschaftssystem waren die, abhängig von der Zugehörigkeit der Beteiligten, unterschiedlichen Rechtsgrundlagen zur Schlichtung von Konflikten. So besaß die jüdische Bevölkerung im Königreich Polen ab 1453 im Bereich der Rechtsprechung Autonomie, zumindest solange die Angelegenheit nur Juden betraf.[7] In diesem Fall regelten Rabbinatsgerichte auf Grundlage jüdischen religiösen Rechts die Streitigkeiten. Diese unterschiedliche Reichweite der formellen institutionellen Einbettung ökonomischer Transaktionen sorgte für einen qualitativen Unterschied beim Aufbau von Vertrauensbeziehungen zwischen Juden und Nicht-Juden.

In Kongresspolen, jenem Teil des Zarenreichs, in dem Lodz lag, wurden 1822 schließlich die Autonomie der jüdischen Gemeinden weitestgehend aufgehoben sowie mit dem Kahal und traditionellen Wohltätigkeitsvereinigungen wich-

3 *Weinryb*, Bernard D.: The Jews of Poland. A Social and Economic History of the Jewish Community in Poland from 1100–1800. Philadelphia 1973, 33.

4 *Nathans*, Benjamin: The Jews. In: *Lieven*, Dominic (Hg.): Cambridge History of Russia. Imperial Russia, 1689–1917. Vol. II. Cambridge 2006, 184–201, hier 187.

5 *Heyde*, Jürgen: »Jüdische Freiheit« oder: Integration und Autonomie in Polen im 15. und 16. Jahrhundert. In: Zeitschrift für Ostmitteleuropa-Forschung 57/1 (2008) 34–51.

6 *Bartal:* The Jews of Eastern Europe 17, 43.

7 *Weinryb:* The Jews of Poland 35.

tige Organe der jüdischen Selbstverwaltung auf lokaler Ebene verboten.[8] Dadurch wandelte sich das jüdische religiöse Recht von einer formellen zu einer informellen Institution. Das Verbot führte allerdings kaum zum Verschwinden der jüdischen Selbstverwaltungsorgane, häufig setzten sie ihre Aktivitäten unter anderem Namen fort.[9] Das Ende der jüdischen Gemeindeautonomie brachte aber nicht unmittelbar die Aufhebung der diskriminierenden Beschränkungen für die jüdische Bevölkerung mit sich. Die rechtliche Gleichstellung der Juden in Kongresspolen erfolgte erst 1862, im restlichen Zarenreich dauerte es bis zur Februarrevolution 1917.

Diese Konstellation – zunächst der Status von Juden als eigenständige soziale Entität, dann der weitgehende Fortbestand rechtlicher Diskriminierungen – ebnete in der Forschung der Annahme den Weg, jüdische Unternehmer im Osteuropa des 19. Jahrhunderts hätten bevorzugt mit anderen Juden Geschäfte gemacht, einerseits in Abwehr der antijüdischen Gesetze, andererseits, weil der Zusammenhalt unter der jüdischen Bevölkerung traditionell groß gewesen sei.[10] Diese These wird im vorliegenden Kapitel mittels einer Analyse der Geschäftsnetzwerke Markus Silbersteins überprüft.

Neben dem rechtlichen Rahmen waren natürlich auch die ökonomischen Entwicklungen für die Generierung von Vertrauen relevant. Diesbezüglich vollzog sich im 19. Jahrhundert in Kongresspolen wie auch im restlichen Zarenreich ein grundsätzlicher Umbruch. Mit dem fortschreitenden Bedeutungsverlust der Feudalwirtschaft entwickelte sich in einigen Regionen des Zarenreichs eine moderne Industrie.

Wie in anderen Regionen Europas sorgte die Industrialisierung für eine grundsätzliche Neukonfiguration gesellschaftlicher und wirtschaftlicher Zusammenhänge. Die veränderten Produktionsbedingungen, die mit deutlich höheren Profitraten und einer gesteigerten Ausbeutung der Arbeitskraft einhergingen, hatten soziale Verwerfungen zur Folge.[11] Zudem konzentrierte sich die industrielle Herstellung in großen urbanen Zentren, die von intensiven Migrationsbewegungen und rasantem Wachstum gekennzeichnet waren.[12] All diese Veränderungen brachten auch eine Verschiebung in den Mechanismen der Vertrauensgenerierung mit sich.

Eine der sogenannten Modernisierungsinseln im Zarenreich war die Stadt Lodz. Hier sorgte die prosperierende Entwicklung der Textilindustrie für ein explosives Wachstum im 19. Jahrhundert. War Lodz bis 1820 ein Dorf mit Stadt-

8 Vgl.: *Guesnet*, François: Polnische Juden im 19. Jahrhundert. Lebensbedingungen, Rechtsnormen und Organisation im Wandel. Köln u. a. 1998, 223–229.

9 Ebd. 226.

10 Vgl.: *Kahan:* Essays in Jewish Social and Economic History.

11 *Kahan:* Wirtschafts- und Sozialgeschichte Rußlands 30–38.

12 Ebd. 14.

recht, wurde der Ort innerhalb weniger Jahrzehnte zu einer Industriemetropole mit Hunderttausenden von Einwohnern.

2.1 Eine neue Stadt im alten Land

Aufgrund des Erfolgs der örtlichen Textilindustrie wuchs Lodz in Bezug auf Einwohnerzahl und Wirtschaftsleistung so dynamisch wie nur wenige europäische Städte im 19. Jahrhundert.[13] Gleichwohl war ein extremes Ungleichgewicht in der Entwicklung mancher Bereiche und in der Vernachlässigung anderer zu beobachten: So bildete die als »Manchester des Ostens«[14] apostrophierte Stadt bei Ausbruch des Ersten Weltkriegs zwar eines der wichtigsten Industriezentren des Zarenreichs, verfügte jedoch über keinerlei Kanalisation und nur unzureichend gepflasterte Straßen.[15]

Als Industriemetropole ein Kind des 19. Jahrhunderts war Lodz eine *neue Stadt,* die ihr Wachstum den wirtschaftlichen Umbrüchen der Industrialisierung zu verdanken hatte. Seit den 1820er Jahren prägten Deutsche, Juden und Polen die Stadt, wenn auch zu verschiedenen Zeitpunkten in unterschiedlichem Maße. Für Juden und Polen war Lodz nicht nur eine neue Stadt, sondern Bestandteil eines traditionellen Bezugssystems, das ich als *altes Land* bezeichnen möchte. Was diese Einbettung bedeutete, hat der Historiker Michael C. Steinlauf in Bezug auf ganz Polen prägnant formuliert:

»Each [place] is embedded in a web of experiences, associations, memories, both personal and historical, that define different societies, geographies, cultures, joys, sufferings. Therefore *Poyln* was not *Polska.*«[16]

13 Einige Autoren behaupten gar, Lodz sei die am schnellsten wachsende Stadt in ganz Europa gewesen: *Strobel,* Georg W.: Das multinationale Lodz, die Textilmetropole Polens, als Produkt von Migration und Kapitalwanderung. In: *Rautenberg,* Hans-Werner (Hg.): Wanderungen und Kulturaustausch im östlichen Mitteleuropa. Forschungen zum ausgehenden Mittelalter und zur jüngeren Neuzeit. München 2006, 163–224.

14 Der genaue Ursprung dieser Wendung liegt im Dunkeln. Sie war aber offensichtlich schon im letzten Jahrzehnt des 19. Jahrhunderts so populär, dass sie 1890 in der *Encyclopædia Britannica* verwendet wurde, wenn auch im Lemma zu Warschau: Warsaw. In: The Encyclopædia Britannica. A Dictionary of Arts, Sciences, and General Literature. Vol. XXIV. Chicago 1890, 375–377, hier 375: »Łodz [sic!], the Manchester of Poland«. Gleichzeitig listet ein populärwissenschaftliches Buch zu Städtebeinamen, allerdings ohne Quellennachweise, nicht weniger als 51 Orte auf, die mit dem Zusatz »Manchester« versehen wurden: *Deiss,* Richard: Elbflorenz und Spree-Athen: 555 Städtebeinamen und Stadtklischees von Blechbudenhausen bis Schlicktown. Norderstedt 2013, 6–11.

15 *Bielschowsky,* Frida: Die Textilindustrie des Lodzer Rayons. Ihr Werden und ihre Bedeutung. Leipzig 1912, 38; *Puś,* Wiesław: The Development of the City of Łódź. In: *Polonsky,* Antony (Hg.): Jews in Łódź. Oxford 1991, 3–19, hier 11.

16 *Steinlauf,* Michael C.: Whose Poland? Returning to Aleksander Hertz. In: Gal-Ed 12/1 (1991) 131–142, hier 140 f.

In Fortführung dieses Zitats ließe sich hinzufügen: Lodz war weder Łódź noch Lodzsh, aber gleichzeitig all das. Auch wenn für die deutschsprachigen Zuwanderer die Stadt zuerst nicht Teil eines traditionellen Bezugssystems war, entwickelte sich in der Zeit von ihrer Ansiedlung in den 1820er Jahren bis zum Ausbruch des Ersten Weltkriegs eine spezifische deutsche Lokalidentität, die auch in der Entstehung eines eigenständigen Dialekts, dem sogenannten *Lodzer Deutsch*, zum Ausdruck kam.[17] Neben dem polnischen Łódź und dem jüdischen Lodzsh, gab es nun auch ein deutsches Lodz.

Aufgrund der engen Verknüpfung des rapiden Wachstums mit den Prozessen der Industrialisierung und mit der Moderne war Lodz bereits seit dem Ende des 19. Jahrhunderts verschiedentlich projektiven Identifikationen ausgesetzt, die die Industriemetropole stets zu etwas Eindeutigem machten. War sie in Władysław Reymonts Roman *Ziemia obiecana* (1897/1898, dt.: *Das gelobte Land*) eine Ausgeburt der Schrecken des Kapitalismus, wurde sie im Staatssozialismus unter der Bezeichnung *Rotes Lodz* als Hort der Arbeiterbewegung verherrlicht. In der deutschen Historiografie galt Lodz erst als *Stadt des Nationalitätenkonflikts*, später als *Stadt der Völkerbegegnung*, ehe es mit der Integration Polens in die Europäische Union vermehrt als *Stadt der vier Kulturen* idealisiert wurde.[18]

Auch die historiografische Erforschung von Lodz folgte diesen Trends auf ihre Weise. Die Frage, welche ethnische Gruppe den wichtigsten Beitrag zum Wachstum geleistet hat, bewegte deutsche und polnische Historiker lange Zeit, wobei sie die überragende Bedeutung ihrer eigenen Gruppe häufig mithilfe statistischer Erörterungen zu belegen versuchten.[19] Inzwischen liegt der Schwerpunkt der sozialgeschichtlichen Studien zum 19. Jahrhundert auf der Bürgertumsforschung und widmet sich Fragen nach der Vergesellschaftung über ethnische Grenzen hinweg.[20]

17 *Effenberger*, Edmund: Das Lodzerdeutsch. Die Umgangssprache der Deutschen im Lodzer Raum bis 1945. Mönchengladbach 2010.

18 Auf die Überwucherung der Lodzer Geschichte mit Mythen wies nachdrücklich der Schriftsteller Jacek Indelak hin: *Indelak*, Jacek: Die Stadt der vier Kulturen und andere Mythen. In: Bauwelt 88/48 (1997) 2716–2721.

19 Exemplarisch seien hier zwei Werke genannt: *Heike*, Otto: Aufbau und Entwicklung der Lodzer Textilindustrie: Eine Arbeit deutscher Einwanderer in Polen für Europa. Mönchengladbach 1971; *Rosin*, Ryszard (Hg.): Łódź. Dzieje miasta [Lodz. Stadtgeschichte]. Łódź 1980.

20 *Pytlas*, Stefan: Łódzka burżuazja przemysłowa w latach 1864–1914 [Die Lodzer Industrie-Bourgeoisie 1864–1914]. Łódź 1994; *Pietrow-Ennker*, Bianka: Auf dem Weg zur Bürgergesellschaft. Modernisierungsprozesse in Lodz (1820–1914). In: *Hensel*, Jürgen (Hg.): Polen, Deutsche und Juden in Lodz 1820–1939. Eine schwierige Nachbarschaft. Osnabrück 1999, 103–129; *Gebhard*, Jörg/*Lindner*, Rainer/*Pietrow-Ennker*, Bianka (Hg.): Unternehmer im Russischen Reich. Sozialprofil, Symbolwelten, Integrationsstrategien im 19. und frühen 20. Jahrhundert. Osnabrück 2006; *Guesnet*, François: Żydowskie i niemieckie organizacje w Łodzi XIX wieku: typy i stosunki [Jüdische und deutsche Organisationen im Lodz des 19. Jahr-

Ein weiterer Forschungsschwerpunkt in der Beschäftigung mit der Geschichte von Lodz liegt auf Arbeiten zur Zeit der deutschen Besatzung von 1939 bis 1945.[21] Der nationalsozialistische Terror und die Errichtung des *Ghettos Litzmannstadt* bedeutete das Ende des multiethnischen Lodz: Die jüdische Bevölkerung der Stadt wurde von den Deutschen fast vollständig ausgelöscht, die deutschsprachigen Bewohner verließen Lodz gegen Ende des Krieges mit dem Rückzug der Wehrmacht oder flohen unmittelbar nach Kriegsende.

Bezüglich der Erforschung der jüdischen Geschichte von Lodz im 19. Jahrhundert war die Zwischenkriegszeit die fruchtbarste Periode als eine Reihe von grundlegenenden Studien erschien.[22] Besonders seit Beginn der 1990er Jahre ist ein erneutes Interesse an dem Gegenstand zu beobachten.[23]

hundert: Typen und Beziehungen]. In: *Samuś*, Paweł (Hg.): Polacy – Niemcy – Żydzi w Łodzi w XIX–XX w. Sąsiedzi dalecy i bliscy [Polen, Deutsche, Juden im Lodz des 19. und 20. Jahrhunderts. Nahe und ferne Nachbarn]. Łódź 1997, 162–191. Darüber hinaus wurden in den letzten Jahren kulturwissenschaftliche und religionsgeschichtliche Bände zu Lodz veröffentlicht: *Dyroff*, Stefan/*Radziszewska*, Krystyna/*Röskau-Rydel*, Isabel: Lodz jenseits von »Fabriken, Wildwest und Provinz«. Kulturwissenschaftliche Studien über die Deutschen in und aus den polnischen Gebieten. München 2009, und *Badziak*, Kazimierz/*Chylak*, Karol/*Łapa*, Małgorzata: Łódź wielowyznaniowa. Dzieje wspólnot religijnych do 1914 roku [Das multireligiöse Lodz. Die Geschichte der Religionsgemeinschaften bis 1914]. Łódź 2014.

21 Um nur einige Veröffentlichungen zu nennen: *Löw*, Andrea: Juden im Getto Litzmannstadt. Lebensbedingungen, Selbstwahrnehmung, Verhalten. Göttingen 2006; *Brechelmacher*, Angelika: Post 41. Berichte aus dem Getto Litzmannstadt. Ein Gedenkbuch. Wien 2015; *Unger*, Michal: The Last Ghetto. Life in the Lodz Ghetto, 1940–1944. Jerusalem 1995; *Trunk*, Isaiah: Łódź Ghetto. A History. Bloomington, Indianapolis 2006 (Übersetzung des jiddischen Originals von 1962); *Horwitz*, Gordon J.: Ghettostadt Lódz and the Making of a Nazi City. Cambridge/Massachusetts, London 2008; *Feuchert*, Sascha/*Leibfried*, Erwin/*Riecke*, Jörg (Hg.): Die Chronik des Gettos Lodz/Litzmannstadt. 5 Bde. Göttingen 2007.

22 Vgl.: *Alperin*, Aron: Żydzi w Łodzi [Die Juden in Lodz]. Łódź 1928; *Friedman*, Filip: Rola Żydów w rozwoju łódzkiego przemysłu włókienniczego [Die Rolle der Juden in der Entwicklung der Lodzer Textilindustrie]. In: Miesięcznik Żydowski [Jüdische Monatsschrift] 1/1 (1930/31) 431–450; *Ders.*: Ludność żydowska Łodzi do roku 1863 w świetle cyfr [Die jüdische Bevölkerung von Lodz bis 1863 im Licht der Zahlen]. In: Kwartalnik Statystyczny [Statistische Vierteljahresschrift] 10/4 (1933) 461–495; *Ders.*: Dzieje Żydów w Łodzi od podczątków osadnictwa do r. 1863 [Die Geschichte der Juden in Lodz von den Anfängen der Besiedlung bis zum Jahr 1863]. Łódź 1935; *Fridman:* Di industrializatsye; *Gminy Wyznaniowej Żydowskiej m. Łodzi* (Hg.): Stary cmentarz żydowski. Dzieje i zabytki [Der alte jüdische Friedhof. Geschichte und Denkmäler]. Łódź 1938.

23 *Puś*, Wiesław: Żydzi w Łodzi w atach zaborów 1793–1914 [Die Juden in Lodz während der Teilung 1793–1914]. Łódź 1998; *Kersz*, Izaak: Szkice z dziejów Gminy Żydowskiej oraz cmentarza w Łodzi [Skizzen aus der Geschichte der Lodzer jüdischen Gemeinde und des Lodzer Friedhofs]. Łódź 1996; *Guesnet*, François: Lodzer Juden im 19. Jahrhundert. Ihr Ort in einer multikulturellen Gesellschaft. Baalsdorf 1997; *Polonsky*, Antony (Hg.): Jews in Łódź. Oxford 1991; *Liszewski*, Stanisław/*Puś*, Wiesław (Hg.): Dzieje Żydów w Łodzi 1820–1944. Wybrane problemy. [Geschichte der Juden in Lodz 1820–1944. Ausgewählte Fragestellungen]. Łódź 1991.

Die Lodzer Textilindustrie bis 1914

Taktgeber für die Entwicklung von Lodz war die Textilindustrie, die wiederum in hohem Maße vom politischen Rahmen abhängig war, in dem sie sich entfaltete. Am Anfang des Aufstiegs der Lodzer Textilindustrie standen zwei staatliche Verordnungen. Ein Zarenukas aus dem Jahr 1816 sicherte ausländischen Handwerkern bei der Einwanderung nach Polen die Befreiung vom Kriegsdienst, von Abgaben und Steuern für sechs Jahre und die zollfreie Einführung ihres Hab und Guts sowie ihrer Maschinen zu.[24] Im Jahr 1820 fiel die Entscheidung, aufgrund der guten natürlichen Wasserversorgung und der verkehrsgünstigen Lage, den kleinen Ort 120 Kilometer südöstlich von Warschau in eine Fabrikstadt umzuwandeln.[25]

Dies bedeutete unter anderem, dass zuziehenden Webern und Tuchmachern für einen geringen Erbzins Grundstücke zur Verfügung gestellt wurden, auf denen sie mithilfe kostenfreien Baumaterials Gebäude errichten konnten.[26] Diese Anreize lockten in den ersten Jahren vor allem Handwerker aus den deutschen Landen an, die in den folgenden Jahrzehnten den Grundstein für den Aufstieg der Lodzer Textilproduktion legten.[27]

Schon früh etablierte sich ein Geschäftsmodell, das die Lodzer Textilindustrie bis zum Beginn des Ersten Weltkriegs beibehalten sollte: Importierte Rohbaumwolle oder eingeführtes Garn wurden in Lodz verarbeitet und die produzierten Waren anschließend fast ausschließlich auf dem Binnenmarkt verkauft, da sie wegen ihrer verhältnismäßig geringen Qualität im Ausland keine Abnehmer fanden. Zugleich verteuerte sich im Laufe des 19. Jahrhunderts der Import fertiger Textilprodukte in das Zarenreich aufgrund hoher Zölle und einer Abwertung des Rubels massiv, was den Absatz der Lodzer Unternehmer steigerte.[28]

Da die zarische Regierung die Wirtschaftspolitik aber auch für repressive Zwecke einsetzte, führte sie nach dem polnischen Aufstand 1830/1831 eine Zollgrenze zwischen dem Königreich Polen und dem Rest des Zarenreichs ein, was der wirtschaftlichen Entwicklung Kongresspolens schadete.[29] Diese Maßnahme wurde erst 1851 wieder aufgehoben und löste anschließend, gemeinsam mit der

24 *Bielschowsky:* Die Textilindustrie 11.

25 *Puś:* The Development of Łódź 4.

26 *Bielschowsky:* Die Textilindustrie 12 f.

27 *Pytlas,* Stefan: The National Composition of Łódź Industrialists before 1914. In: *Polonsky,* Antony (Hg.): Jews in Łódź. Oxford 1991, 37–56, hier 38.

28 *Badziak,* Kazimierz: Great Capitalist Fortunes in the Polish Lands Before 1939 (The Case of the Poznański Family). In: *Polonsky,* Antony (Hg.): Jews in Łódź. Oxford 1991, 57–87, hier 60.

29 *Pietrow-Ennker,* Bianka: Wirtschaftsbürger und Bürgerlichkeit im Königreich Polen: Das Beispiel von Lodz, dem »Manchester des Ostens«. In: Geschichte und Gesellschaft 31/2 (2005) 169–202, hier 170.

Außenhandelspolitik des Zarenreichs, einen Boom der Lodzer Textilindustrie ab den 1870er Jahren aus.[30]

Die flächendeckende Mechanisierung der Lodzer Baumwollwebereien setzte Mitte der 1860er Jahre ein.[31] Einzelne Unternehmer hatten bereits seit dem Ende der 1830er Jahre ihre Fertigung auf Dampfkraft umgestellt.[32] Gleichzeitig mit der Modernisierung der Produktion erschloss sich die Lodzer Textilindustrie neue Absatzmärkte. Stellte zuvor in erster Linie das Königreich Polen den Markt für Tuchwaren aus Lodz dar, kam nun das Innere des Zarenreichs hinzu.[33] In der Folge setzte in den 1880er Jahren ein regelrechter Gründungsboom ein.[34] Neben der staatlichen Zollpolitik war der Anschluss von Lodz an die Bahnstrecke Wien–Warschau (1866) von großer Bedeutung.[35] Auch die 1898 in Betrieb genommene Straßenbahn und die 1900 eröffnete Bahnstrecke nach Kalisz förderten das Wachstum.[36]

Allerdings erwies sich die Lodzer Industrie aufgrund ihrer geringen Diversifizierung[37] als sehr krisenanfällig. Zudem wirkte ihr explosionsartiges Wachstum destabilisierend. Neben Überproduktionskrisen drohten Angebotskrisen, wenn sich die benötigten Rohstoffe durch Einschränkung ihrer Produktion massiv verteuerten. Dies war beispielsweise während des amerikanischen Bürgerkriegs (1861–1865) der Fall.[38] Aber auch Finanzkrisen wie zur Zeit des Zweiten Burenkriegs (1899–1902) trafen die Lodzer Wirtschaft. Der Aufschwung der 1890er Jahre beruhte weitgehend auf Kreditfinanzierungen, die den Unternehmern von lokalen Banken zur Verfügung gestellt worden waren. Diese hatten sich das Geld wiederum bei deutschen Kreditinstituten geliehen, die ihre Kapitaldeckung mithilfe englischer Geldhäuser sicherten. Als die englischen Institute mit Beginn der Kriegshandlungen in Südafrika (1899) ihr Geld vom deutschen Markt abzogen, löste das einen Dominoeffekt aus, der schlussendlich der

30 *Bielschowsky:* Die Textilindustrie 7.

31 *Pytlas:* The National Composition 51.

32 Je früher die Mechanisierung der Produktion erfolgte, desto erfolgreicher konnte sich ein Unternehmen in den folgenden Jahrzehnten behaupten. So stellte der Großfabrikant Ludwik (Louis) Geyer seine Fabrik bereits 1837 auf Dampfkraft um. Vgl.: *Pietrow-Ennker:* Wirtschaftsbürger und Bürgerlichkeit 174.

33 *Fridman:* Di industrializatsye 96. 1914 nahm der russische Markt 70 bis 75 Prozent der Lodzer Textilproduktion ab. Vgl.: *Puś:* The Development of Łódź 8.

34 *Fridman:* Di industrializatsye 93. Marcos Silber nennt die letzten Jahrzehnte des 19. Jahrhunderts ein »goldenes Zeitalter für jüdische Unternehmer«. Łódź. In: *Diner,* Dan (Hg.): Enzyklopädie jüdischer Geschichte und Kultur. Bd 3: He–Lu. Stuttgart 2012, 555–561, hier 556.

35 *Bielschowsky:* Die Textilindustrie 26.

36 *Fridman:* Di industrializatsye 70.

37 So betrug 1869 der Anteil der Textilindustrie an der Gesamtproduktion der Stadt 99 Prozent und blieb bis zum Ausbruch des Ersten Weltkriegs sehr hoch. Vgl.: *Pytlas:* The National Composition 41.

38 *Pietrow-Ennker:* Wirtschaftsbürger und Bürgerlichkeit 174.

Lodzer Textilindustrie stark zusetzte.[39] Lodz war mit der Jahrhundertwende sowohl im Positiven wie im Negativen zu einem internationalen Wirtschaftsstandort aufgestiegen.

Der wirtschaftliche Erfolg hatte schon in den 1880er Jahren das Misstrauen von Moskauer Industriellen geweckt, die unlautere Mittel hinter dem Wachstum der Lodzer Unternehmen vermuteten. Sie brachten die zarische Regierung dazu, eine Kommission zur Untersuchung der polnischen Industrie einzusetzen, die unter der Leitung des Professors für Wirtschaftswissenschaften Ivan Ivanovič Janžul (1846–1914) im Jahr 1886 im Stile einer ethnografischen Expedition nach Polen aufbrach.[40] Die Arbeit der Kommission erreichte eine Neuausrichtung der russischen Zollpolitik. So mussten höhere Abgaben entrichtet werden, wenn die Rohbaumwolle direkt nach Kongresspolen eingeführt und nicht über Odessa ins Zarenreich importiert wurde. Zudem fiel künftig eine Gebühr für den Transport von Industriegütern zwischen Kongresspolen und dem Rest des Zarenreichs an, die für Produktlieferungen nach Kongresspolen weit geringer war als für solche in umgekehrter Richtung.

Trotz dieser Beschränkungen, die sich gegen das Lodzer Wirtschaftsmodell richteten, prosperierte die lokale Textilindustrie bis zum Ausbruch des Ersten Weltkriegs und die Stadt war 1913 in Bezug auf Produktionswert und Beschäftigtenzahl das größte Industriezentrum Kongresspolens.[41] Zwischen 1870 und 1913 war die Zahl der Arbeiter von 5.380 auf 94.580 gestiegen, der Produktionswert der Lodzer Industrie erhöhte sich im selben Zeitraum von 5,3 auf 251 Millionen Rubel.[42]

Im Ersten Weltkrieg wurde die Stadt von deutschen Truppen besetzt und Teile der Industrie zerstört. Nach dem Krieg musste die Textilindustrie auf den wichtigen russischen Absatzmarkt verzichten, was schwer auszugleichen war.[43] Obwohl es gelang, neue Gebiete für den Absatz von Tuchwaren zu erschließen (darunter den Balkan, das Baltikum und den Nahen Osten), ging die unruhige wirtschaftliche Zwischenkriegszeit auch an Lodz nicht spurlos vorüber: Einige alteingesessene Unternehmen mussten ihr Geschäft aufgeben.[44]

Diese Kennzeichen der wirtschaftlichen Entwicklung – das dauerhafte und teilweise explosionsartige Wachstum der Industrie, die Krisenanfälligkeit, die ambivalente Haltung des politischen Zentrums zur Lodzer Wirtschaft und

39 *Fridman:* Di industrializatsye 108.

40 *Bielschowsky:* Die Textilindustrie 100–109. Der Bericht der Kommission wurde 1888 veröffentlicht: *Janžul,* Ivan I.: Otčet I. I. Janžula po izsledovaniju fabričnozavodskoj promyšlennosti v carstve pol'skom [Bericht von I. I. Janžul über die Untersuchung der Fabrikindustrie im Königreich Polen]. Sankt-Peterburg 1888.

41 *Puś:* The Development of Łódź 9.

42 Ebd.

43 *Badziak:* Great Capitalist Fortunes 72.

44 Ebd. 72–80.

das vorherrschende Wirtschaftsmodell – brachten für die Vertrauensgenerierung auf lokaler, nationaler und internationaler Ebene einige Besonderheiten mit sich.

Aufgrund des anhaltenden Wachstums traten im lokalen Kontext permanent neue Marktteilnehmer auf den Plan, deren geschäftliche Reputation ungewiss war. Dies zog für Kooperationen mit neuen Geschäftspartnern Unsicherheiten nach sich und erforderte einen besonders guten Informationsfluss über deren Geschäftsgebaren. Auch die wenig diversifizierte Lodzer Industrie, die eine schnelle Ausbreitung von Instabilitäten beförderte, machte belastbare Vertrauensbeziehungen in besonderem Maße notwendig.

Im Kontext des Zarenreichs war es die kritische Haltung der zarischen Regierung gegenüber der Lodzer Wirtschaft, die einerseits das Zusammengehörigkeitsgefühl unter den dortigen Industriellen stärkte,[45] andererseits aber auch einen deutlichen Standortnachteil gegenüber Moskau bedeutete. Dies galt insbesondere für jüdische Unternehmer, die ja schon aufgrund ihrer Religionszugehörigkeit benachteiligt wurden. Stabile geschäftliche Vertrauensbeziehungen hätten eine zumindest teilweise Kompensation dieser Schwierigkeiten bieten können.

Die Verarbeitung importierter Rohstoffe oder Garne und ihr anschließender Absatz außerhalb von Lodz erforderten darüber hinaus auf nationaler wie internationaler Ebene äußerst belastbare Vertrauensverhältnisse. Einerseits mussten für die Beschaffung der Rohstoffe zuverlässige Partner im Ausland gefunden werden. Andererseits war es unabdingbar, über seriöse Abnehmer in anderen Teilen des Zarenreichs zu verfügen, denen die Waren noch dazu häufig auf Kredit überlassen wurden, die Bezahlung der Lieferung also erst nach Weiterverkauf erfolgte.

Demografische Entwicklung

Neben den wirtschaftlichen Verhältnissen war auch die demografische Entwicklung der Stadt eine wichtige Rahmenbedingung für den Aufbau ökonomischer Vertrauensbeziehungen auf lokaler Ebene. Sowohl die Intensität der Zunahme der Bevölkerung als auch die Veränderung ihrer ethnischen Zusammensetzung spielten hier eine Rolle. Es ist davon auszugehen, dass die zeitliche und strukturelle Einbettung von Vertrauensbeziehungen durch eine starke Zunahme der Einwohnerzahlen erschwert wurde, ebenso wie die informelle institutionelle Einbettung sich in einem ethnisch heterogenen Umfeld verkomplizierte.[46]

45 *Bielschowsky:* Die Textilindustrie 111.
46 Zu den Begrifflichkeiten vergleiche die Einleitung dieser Arbeit.

Tab. 1: Bevölkerungsentwicklung in Lodz 1820–1914

Jahr	Einwohnerzahl
1820	767
1828	4.909
1840	15.500
1870	47.650
1878	100.000
1892	149.889
1900	283.206
1914	477.862

Quellen: Pietrow-Ennker: Wirtschaftsbürger und Bürgerlichkeit 175; Fridman: Di industrializatsye 65.

Ein Blick auf die Bevölkerungsentwicklung von Lodz im langen 19. Jahrhundert vermittelt einen Eindruck davon, wie intensiv der Ort sich in weniger als 100 Jahren veränderte (vgl. Tab. 1). Die Übersicht zeigt verschiedene Wachstumsschübe an: Verdreifachte sich die Zahl der Bewohner von 1840 bis 1870, nahm die Bevölkerung in den folgenden 30 Jahren fast um das Sechsfache zu. Dieser rapide Bevölkerungsanstieg zum Ende des 19. Jahrhunderts korrespondierte mit dem Übergang der lokalen Textilproduktion von handwerklicher Fertigung zu industrieller Herstellung in großen Fabriken. Dort wurde eine große Anzahl an ungelernten Arbeitskräften benötigt. Nach der endgültigen Abschaffung der bäuerlichen Frondienste in Kongresspolen 1864 strömte die polnische Landbevölkerung in die Stadt und stellte in der Folge das Fabrikproletariat.[47] Auch im Fall des vermehrten Zuzugs von Juden findet sich eine Kombination aus ökonomischen und politisch-rechtlichen Faktoren: Mit der Emanzipation der jüdischen Bevölkerung in Kongresspolen 1862 und dem ökonomischen Wachstum wurde die Stadt zu einem Migrationsziel von Juden aus dem gesamten Zarenreich.[48]

An dieser Stelle deutet sich schon an, dass die ethnische Zusammensetzung der Lodzer Bevölkerung nicht stabil blieb. Nachdem ab den 1820er Jahren Handwerker aus den deutschen Landen einwanderten und die Bevölkerungsmehrheit in der Stadt stellten, kehrte sich diese Entwicklung nach 1850 um. Mit dem vermehrten Zuzug von Polen und Juden veränderte sich die ethnische

47 *Puś:* The Development of Łódź 7.
48 *Guesnet:* Lodzer Juden 5.

Gemengelage grundsätzlich (vgl. Tab. 2) und durchlief zwischen 1820 und 1915 mehrere Phasen.[49] War Lodz 1820 ein kleiner Ort, in dem Polen und Juden lebten, so verwandelte es sich gegen Mitte des Jahrhunderts in eine deutsche Großstadt in Polen, die an der Jahrhundertwende zu einer polnisch-jüdisch-deutschen Industriemetropole avancierte, ehe der Anteil der Deutschen zum Ersten Weltkrieg hin stark schrumpfte.

Tab. 2: Bevölkerungsanteile für Polen, Juden und Deutsche in Lodz 1820–1915

Jahr	**Polen** (in Prozent)	**Juden** (in Prozent)	**Deutsche** (in Prozent)
1820	66,0	34,0	0
1831	17,0	9,0	74,0
1839	13,2	9,1	77,7
1865	34,4	21,1	44,5
1897	46,4	29,4	21,4
1915	51,4	36,4	7,0

Quellen: Puś: The Development of Łódź 7 (für 1820, 1831); Pietrow-Ennker: Wirtschaftsbürger und Bürgerlichkeit 175. Andere Bevölkerungsgruppen sind nicht in die Übersicht einbezogen worden.

Soziale Schichtung und Ethnizität

In der entscheidenden Phase der ursprünglichen Etablierung der Textilindustrie von 1820 bis in die 1850er Jahre stellten die deutschen Einwohner die große Mehrheit der Stadtbevölkerung. Diese Tatsache war für den Zusammenhang zwischen ethnischer Zugehörigkeit und sozialer Schichtung in Lodz grundlegend: Da die Deutschen in der Frühphase der Industrialisierung präsent wa-

49 Betont werden muss allerdings, dass die Zahlen zum Wachstum und zur Zusammensetzung der Lodzer Einwohnerschaft lediglich als Illustration dienen können, aber keineswegs belastbares statistisches Material darstellen. Dafür unterschieden sich die Erhebungsgrundlagen und -methoden in zu großem Maße: In einem Fall wurden Vororte mit einbezogen, im anderen nicht, teils wurden alle sich in der Stadt befindlichen Personen erfasst, teils nur die in Lodz registrierte Bevölkerung. Auch zur Bestimmung der ethnischen Zugehörigkeit nutzten die Behörden unterschiedliche Maßstäbe. Sie erfolgte für manche Jahre auf Grundlage der Selbstverortung der Befragten, ihrer Religionszugehörigkeit oder ihrer Muttersprache. Daher werden interethnische beziehungsweise interkulturelle Prozesse der Akkulturation, Assimilation oder der Aufweichung ethnischer Differenzen von diesen Angaben teilweise verwischt. Vgl.: *Fridman:* Di industrializatsye 65 f.

ren, erlangten sie eine dominante Position im Sozialgefüge der Stadt, die sie auch bis zum Beginn des Ersten Weltkriegs halten konnten.

Aus diesem Grund stellten Deutsche die große Mehrheit der Textilproduzenten, der Angestellten in Textilunternehmen und der Vorabeiter in den Textilfabriken. Diese Konstellation hatte sich zum Beginn der 1860er Jahre herauskristallisiert. In dieser Zeit protestierten deutsche Handwerksmeister, die nicht in der Lage waren, ihren Betrieb zu industrialisieren, gegen die Veränderung der Produktionsbedingungen, drangen dabei sogar in Fabriken ein und zerstörten die dortigen Maschinen, wie es 1861 geschah.[50] Eine Lösung fand dieses Problem in der Anstellung der vorher selbstständigen Handwerksmeister als Obermeister, Saalmeister oder Vorarbeiter in den Fabriken, wo sie die meist polnischen Arbeiter anleiteten und überwachten.[51]

Eine Voraussetzung für die Umstellung der Lodzer Textilproduktion von handwerklicher auf industrielle Fertigung war, wie oben bereits festgestellt, das Vorhandensein eines Reservoirs ungelernter Arbeitskräfte, die niedrige Bezahlung akzeptierten. Aufgrund einer anhaltenden Krise der polnischen Landwirtschaft stand der aufstrebenden Textilindustrie ein hohes Arbeitskräfteangebot zur Verfügung, obwohl die Löhne in der Textilindustrie weiterhin gering waren.[52] In allen großen Fabriken Lodz' waren fast ausschließlich polnische Arbeiter beschäftigt, was nicht zuletzt daran lag, dass sie sich der Einstellung von Juden vehement widersetzten.[53]

Die jüdische Bevölkerung betätigte sich bis zur Mitte des 19. Jahrhunderts mehrheitlich im Handel, während die Handwerker die zweitgrößte Gruppe stellten.[54] Letztere wurden häufig im Verlagswesen von Textilunternehmern beschäftigt und stellten in Heimarbeit Stoffe her.[55] Mit der Aufhebung der Ansiedlungsbeschränkungen für Juden in Lodz 1861 und der rechtlichen Gleichstellung der jüdischen Bevölkerung im Königreich Polen 1862 verstärkte sich der Zuzug von Juden. In der Folge setzte in der jüdischen Bevölkerung eine soziale Umschichtung ein, sodass am Übergang zum 20. Jahrhundert Handwerker

50 *Bielschowsky:* Die Textilindustrie 22.

51 Ebd. 44f.; *Strobel:* Das multinationale Lodz 179.

52 Dies hing mit dem geringen Gewinn zusammen, den die Landwirtschaft in Kongresspolen aufgrund der Einfuhr billiger russischer Agrarprodukte abwarf: *Badziak:* Great Capitalist Fortunes 66.

53 *Fridman:* Di industrializatsye 125f. Offensichtlich war im Zarenreich der Widerstand nicht-jüdischer Arbeiter gegen die Beschäftigung von Juden weit verbreitet. Vgl.: *Peled,* Yoav/*Sharif,* Gershon: Split Labor Market and the State: The Effect of Modernization on Jewish Industrial Workers in Tsarist Russia. In: American Journal of Sociology 92/6 (1987) 1435–1460, hier 1445.

54 *Fridman:* Di industrializatsye 71. So waren 1861 44,8 Prozent der werktätigen jüdischen Bewohner von Lodz im Handel beschäftigt, während 33 Prozent im Handwerk oder der Industrie ihr Auskommen fanden.

55 *Guesnet:* Lodzer Juden 6.

die größte Gruppe bildeten.[56] Einzelne jüdische Großunternehmer und Großkaufleute waren zwar wirtschaftlich sehr erfolgreich, viele Lodzer Juden lebten jedoch in prekären Verhältnissen.[57] Eine große Zahl der jüdischen Kaufleute, Handwerker und Arbeiter glich eher jenen *Luftmenschen,*[58] die ihren Lebensunterhalt aus wirtschaftlichen Transaktionen bestritten, welche nur ein äußerst geringes Einkommen abwarfen.[59]

Doch wie sah die ethnische Zusammensetzung der Lodzer Textilunternehmer, denen auch Markus Silberstein angehörte, aus? Die deutschen Bewohner von Lodz waren unter ihnen besonders stark vertreten und hatten einen gewissen Startvorteil. Parallel zum Anstieg des jüdischen Bevölkerungsanteils zwischen 1860 und 1914 wuchs die Zahl jüdischer Unternehmer, wobei diese fast durchgängig kleine und mittlere Betriebe führten.[60] Polen gelang es hingegen nur in äußerst geringem Maße, in die Unternehmerschaft aufzusteigen.[61] Dies bedeutet aber nicht, dass es in Lodz keine vermögenden Polen gegeben hätte, doch waren sie fast ausschließlich Rentiers oder Besitzer von Immobilien.[62] Das industrielle Großbürgertum war also ausschließlich von deutschen und jüdischen Unternehmern geprägt. Konkret handelte es sich um neun Familien, von denen drei jüdisch waren.[63]

Interethnische Geschäftsbeziehungen in Lodz

Aus dieser ethno-sozialen Differenzierung, deren Rigidität an eine vormoderne Sozialordnung erinnert, folgten in Lodz alltägliche interethnische/interreligiöse Geschäftskontakte. So nahmen kleine und mittlere jüdische Kaufleute eine wichtige Mittlerfunktion ein und unterhielten Kontakte zu vielen Bewohnern der Stadt. Auch bestanden intensive interethnische Beziehungen zwischen deutschen Vorarbeitern und ihren polnischen Untergebenen. Zwar ergaben sich auf diese Weise häufig enge Kontakte, die jedoch gleichzeitig von Hierarchiegefällen und paternalistischem Verhalten geprägt waren.[64]

56 *Fridman:* Di industrializatsye 71. 1897 verdienten nur noch 30,2 Prozent der werktätigen Juden ihren Lebensunterhalt im Handel. 39,7 Prozent waren nun hingegen in Handwerk und Industrie angestellt.

57 *Silber:* Łódź 558; *Strobel:* Das multinationale Lodz 180; *Guesnet:* Lodzer Juden 24.

58 Zur Einordnung dieses Begriffs: *Berg,* Nicolas: Luftmenschen. Zur Geschichte einer Metapher. Göttingen 2008.

59 *Pytlas:* The National Composition 41.

60 *Fridman:* Di industrializatsye 86; *Pytlas:* The National Composition 40 f.

61 Ebd. 37, 50.

62 *Pietrow-Ennker:* Wirtschaftsbürger und Bürgerlichkeit 176.

63 Łódź 556.

64 *Crago,* Laura A.: The »Polishness« of Production: Factory Politics and the Reinvention of Working-Class National and Political Identities in Russian Poland's Textile Industry, 1880–1910. In: Slavic Review 59/1 (2000) 16–41, hier 31 f.

Die Verflechtung der verschiedenen ethnischen Gruppen in wirtschaftlichen Angelegenheiten barg Konfliktpotenzial. Ein Beispiel soll genügen, um Spannungen zu illustrieren, die aus ethnischen Zugehörigkeiten resultierten. Im Zentrum stehen die Arbeitsbedingungen in der Textilfabrik von Izrael K. Poznański (1833–1900), einem jüdischen Unternehmer.

Öffentlich wurden die Auseinandersetzung im Unternehmen Poznański durch die Publikation eines Briefs im Anhang des Berichts der oben bereits erwähnten Janžul-Kommission (1888).[65] Darin schilderte ein polnischer Arbeiter namens Cibulskij Probleme mit der Gesundheitsversorgung in der Fabrik. Mehrfach sei es vorgekommen, dass erkrankte Arbeiter vom Fabrikarzt falsch zusammengestellte Medikamente erhalten hätten. Die Folgen seien teilweise lebensbedrohlich gewesen. Als Ursache dieser Vorkommnisse führt der Verfasser des Briefs das große Gewinnstreben Poznańskis an: Dieser habe mit der minderwertigen Krankenversorgung Kosten einsparen wollen. Die soweit nachvollziehbare Argumentation bekommt nun eine irrationale, antisemitische Komponente. Cibulskij postuliert einen Unterschied zwischen Poznańskis öffentlichem Auftreten und seinen wahren Handlungsmotiven. Auch wenn der Fabrikant als großzügiger Philanthrop erscheine, seien seine Spendenaktivitäten lediglich ein Versuch, die Aufmerksamkeit »jüdischer Kapitalisten in England« zu erregen, von denen Poznański Kredite zu erhalten wünsche. Auf diesem Wege versuche der »durchtriebene« Poznański seinen alles beherrschenden Wunsch, eine Stütze der »jüdischen Finanzmacht des Semitismus« zu werden, zu verwirklichen. Der Brief schließt mit einem Appell an die zarischen Behörden, die »christlichen Arbeiter« vor den Misshandlungen durch die »jüdischen Fabrikanten« zu schützen.

Es liegt durchaus im Bereich des Möglichen, dass der Unternehmer Poznański an der Gesundheitsversorgung seiner Arbeiter sparte und es dadurch zu Unglücksfällen kam. Die in dem Brief behaupteten Motive aber gehen deutlich über einen arbeitsrechtlichen Konflikt zwischen Beschäftigten und ihrem Chef hinaus: Hier wird der soziale Antagonismus über den Verweis auf die ethnoreligiöse Zugehörigkeit des Arbeitgebers in eine ressentimentbeladene Anschuldigung transformiert.

Der Zusammenhang zwischen ethnischer und sozialer Zugehörigkeit in Lodz ist darüber hinaus für die Untersuchung der Vertrauensgenerierung in der Industriemetropole deshalb relevant, weil der Aufbau von Geschäftsbeziehungen über ethnische Grenzen hinweg einerseits eine Notwendigkeit war, andererseits diese Kontakte nicht automatisch zu einer Annäherung zwischen den Geschäftspartnern führen mussten. Auch wenn ein ökonomisches Austauschverhältnis zeitlich und strukturell eingebettet war, ergab sich eine informelle

65 *Janžul:* Otčet I. I. 135f. Sofern nicht anderweitig gekennzeichnet stammen alle Übersetzungen vom Autor der vorliegenden Studie.

institutionelle Einbettung, also die Annäherung von Sitten und Normen, nicht automatisch. Oder am konkreten Beispiel ausgedrückt: Nur weil der Arbeiter Cibulskij darauf vertraute, dass Poznański ihm seinen Lohn zahlen würde, nahm er noch lange keine neutrale oder gar wohlwollende Position gegenüber Juden ein. Vielleicht befeuerte das ökonomische Abhängigkeitsverhältnis seine ohnehin vorhandenen Vorurteile noch.

Nun ist eine Beziehung zwischen Arbeitgeber und Arbeitnehmer von vornherein hierarchisch geprägt. Wie aber wirkten sich eher egalitäre Geschäftskontakte, etwa zwischen deutschen und jüdischen Unternehmern, auf die interethnischen Beziehungen aus? Dies ist in der Forschung umstritten. Einerseits wird die Position vertreten, dass die intensiven ökonomischen Kontakte zwischen den ethnischen Gruppen zu einem »überethnischen Gesellschaftssinn«[66] bei den Lodzer Wirtschaftsbürgern geführt hätten. Andererseits findet sich die Annahme, die Textilunternehmer seien wie »diplomatische Vertreter [...] der eigenen Kultur«,[67] also sehr distanziert, miteinander umgegangen. Am Ende des vorliegenden Kapitels werde ich diese Thesen anhand der Lebensführung von Markus Silberstein überprüfen.

Die Lodzer Stadtgesellschaft

Die Frage nach der Intensität der überethnischen Vergesellschaftung in Lodz ist direkt mit den politischen und administrativen Grundlagen von *Gesellschaft als lokaler Veranstaltung*[68] verbunden. Die Herausbildung einer die ethnischen Grenzen überschreitenden Stadtöffentlichkeit war erheblichen Schwierigkeiten ausgesetzt, die in erster Linie der repressiven zarischen Politik geschuldet waren.

Zwar wurde 1861 eine lokale Selbstverwaltung etabliert, zu der auch ein von Teilen der Bevölkerung gewählter Stadtrat gehörte. Doch in der Folge der Niederschlagung des polnischen Januaraufstands schränkte die Zentralmacht dessen Befugnisse 1864 massiv ein. Nach der endgültigen Auflösung des Stadtrats 1869 ernannte die Gouvernementsverwaltung in Piotrków bis zum Ersten Weltkrieg die städtischen Mandatsträger. Zudem stand das städtische Budget unter Aufsicht der zarischen Behörden, was die Umsetzung vieler Vorhaben erschwerte.[69] Die Verwaltung von Lodz arbeitete aus diesen Gründen äußerst ineffektiv; es gab beispielsweise keine funktionierende städtische Armenfürsorge und die Infrastruktur der Stadt war gemessen an ihrer Größe bei weitem

66 *Pietrow-Ennker:* Wirtschaftsbürger und Bürgerlichkeit 194.

67 *Guesnet:* Lodzer Juden 20. Einen ähnlichen Ansatz vertritt: *Pytlas:* Łódzka burżuazja przemysłowa.

68 *Häfner,* Lutz: Gesellschaft als lokale Veranstaltung. Die Wolgastädte Kazan' und Saratov (1870–1914). Köln u. a. 2004.

69 *Pietrow-Ennker:* Wirtschaftsbürger und Bürgerlichkeit 177.

nicht ausreichend.[70] Zudem konnte sich aufgrund der Aufhebung der städtischen Selbstverwaltung keine institutionalisierte interethnische Kooperation auf politischer Ebene herausbilden.

Infolgedessen waren es häufig nicht-staatliche Akteure, die die grundlegende soziale Versorgung der Bevölkerung sicherstellten. Engagierten sich in der Armenfürsorge zunächst hauptsächlich religiöse Institutionen wie Kirchengemeinden oder jüdische Bruderschaften, betätigten sich ab Ende der 1870er Jahre zunehmend Wohltätigkeitsvereine, die von Lodzer Wirtschaftsbürgern getragen wurden, in diesem Bereich. Häufig hatten aber auch diese Vereine eine klar religiös beziehungsweise konfessionell definierte Zielgruppe: So existierte neben dem »Christlichen Wohltätigkeitsverein« (gegründet 1885) ab Ende der 1890er Jahre auch ein jüdisches Pendant.[71] Diese religiös codierte Trennung auf dem Gebiet der Armenfürsorge verstärkte die Binnenkohärenz der ethnischen Gruppen.[72]

Wenn man den Blick allerdings auf einen anderen Komplex richtet, lässt sich in der Lodzer Stadtgesellschaft durchaus interethnische Kooperation beobachten: Dies betrifft in erster Linie Zusammenschlüsse mit ökonomischer Zielsetzung wie die beiden Kaufmannsvereinigungen oder den Lodzer Ableger der »Obščestvo dlja sodejstvija russkoj promyšlennosti i torgovle« (Gesellschaft zur Förderung der russischen Industrie und des russischen Handels), die alle polnische, jüdische und deutsche Mitglieder vorweisen konnten.[73]

Im Bereich der geselligen Vereine ist aber wiederum eine ethnische Segregation erkennbar.[74] Das Bild der supraethnischen Vergesellschaftung in Lodz bleibt also uneinheitlich.[75] Die Analyse von Silbersteins Lebensführung wird auch im Hinblick auf diese Frage erfolgen.

70 *Pietrow-Ennker:* Auf dem Weg zur Bürgergesellschaft 120.

71 Zur Geschichte des jüdischen Wohltätigkeitsvereins vgl.: *Puś:* Żydzi w Łodzi 180.

72 *Guesnet:* Lodzer Juden 21.

73 Für eine Auflistung der Mitglieder der Gesellschaft zur Förderung der russischen Industrie und des russischen Handels vgl.: *O. V.:* Łódż. 10-go maja [Lodz. 10. Mai]. In: Kurjer Warszawski, Nr. 129 vom 29.4.(11.5.)1893, 7. Zu den beiden Lodzer Kaufmannsvereinigungen – die ältere Łódzkie Stowarzyszenie Kupców (dt.: Lodzer Kaufmannsgesellschaft), gegründet 1850, und die Zgromadzenie Kupców w Łodzi (dt.: Versammlung der Kaufmänner von Lodz), gegründet 1888 – vgl.: *Puś:* Żydzi w Łodzi 194.

74 *Bielschowsky:* Die Textilindustrie 26.

75 Für zwei grundsätzlich unterschiedliche Darstellungen vgl.: *Guesnet,* François: »Die beiden Bekenntnisse leben weit entfernt voneinander, sie kennen und schätzen sich gegenseitig nicht«. Das Verhältnis von Juden und Deutschen im Spiegel ihrer Organisation im Lodz des 19. Jahrhunderts. In: *Hensel,* Jürgen (Hg.): Polen, Deutsche und Juden in Lodz 1820–1939. Eine schwierige Nachbarschaft. Osnabrück 1999, 139–170; *Pietrow-Ennker:* Auf dem Weg zur Bürgergesellschaft; *Dies.:* Wirtschaftsbürger und Bürgerlichkeit.

Die jüdische Gemeinde von Lodz

Der Fokus dieser Arbeit auf jüdische Unternehmer macht es notwendig, schlaglichtartig auf die Geschichte der jüdischen Gemeinde von Lodz einzugehen. Die demografische und gesellschaftliche Entwicklung der jüdischen Bevölkerung bis zum Ersten Weltkrieg spiegelt die Prozesse von Bevölkerungsexplosion, Urbanisierung sowie sozialer und religiöser Differenzierung wider, die in dieser Epoche das Leben der Juden im Zarenreich prägten.[76] Gleichzeitig erfuhren diese allgemeinen Tendenzen aufgrund der eigentümlichen Bedingungen des industriellen Booms in Lodz eine Überformung, die Umbrüche und Kontinuitäten besonders deutlich sichtbar werden lässt. So zeigte die jüdische Gemeinde zwar starke Binnendifferenzen, wies zugleich aber eine große Kohärenz auf; Konversionen zum Christentum etwa waren sehr selten.[77]

Zu Beginn des 19. Jahrhunderts, also noch vor dem industriellen Aufschwung in Lodz, war der Anteil der jüdischen Bevölkerung mit gut 30 Prozent recht bedeutend. Es handelte sich mehrheitlich um Schankwirte und Kaufleute, die mit Salz und Textilien handelten.[78] In der Folge sank der jüdische Anteil der Einwohnerschaft stark und erholte sich erst wieder ab der Mitte des 19. Jahrhunderts. Ursache waren die Ansiedlungsbeschränkungen für Juden, die sich die deutschen Zuwanderer ausbedungen hatten. Die Aufhebung der rechtlichen Benachteiligungen der Juden in Kongresspolen im Jahr 1862 zog einen deutlichen Anstieg der Zahl jüdischer Einwohner in Lodz nach sich. So entstand im Laufe des 19. Jahrhunderts eine der größten jüdischen Gemeinden Europas (vgl. Tab. 3).

Der Anteil der Juden an der Stadtbevölkerung von Lodz war im langen 19. Jahrhundert also starken Schwankungen unterworfen. Doch kurz vor dem Ersten Weltkrieg erreichte er annährend das Niveau der Jahre vor dem industriellen Boom. Die soziale Zusammensetzung der jüdischen Zuwanderer durchlief verschiedene Phasen: Bis zum Ende der 1850er Jahre stammte die Mehrheit aus der unmittelbaren Umgebung; häufig waren sie als Kleinhändler und Handwerker tätig. Eine Ausnahme bildeten lediglich jüdische Händler, die in den 1840er Jahren aus den Grenzgebieten zu Preußen ausgewiesen worden waren und sich in Lodz niedergelassen hatten. Sie stellten die »Kerngruppe der reformorientierten Kräfte«[79] und gleichzeitig die wirtschaftlich potenteste Gruppe der jüdischen Einwohner dar. Zu ihnen gehörte auch Joachim Silber-

76 *Friedmann:* Wirtschaftliche Umschichtungsprozesse 180. Für einen allgemeinen Überblick zu den Entwicklungen bei den Juden im Zarenreich vgl.: *Bartal:* The Jews of Eastern Europe 38–46.

77 *Pytlas:* The National Composition 52.

78 *Guesnet:* Lodzer Juden 3.

79 *Guesnet:* Lodzer Juden 5.

Tab. 3: Entwicklung der jüdischen Bevölkerung in Lodz 1820–1911

Jahr	**Zahl jüdischer Einwohner von Lodz**	**Anteil an der Gesamtbevölkerung** (in Prozent)
1820	271	34,0
1831	k. A.	9,0
1870	10.000	20,0
1891	40.000	k. A.
1897	100.000	29,4
1908	88.348	22,4
1911	167.048	32,6

Quellen: Puś: The Development of Łódź 7 (für 1820, 1831); Pietrow-Ennker: Wirtschaftsbürger und Bürgerlichkeit 175 (1897); Guesnet: Lodzer Juden 3 (1891, 1897); Fridman: Di industrializatsye 65 (1870, 1908, 1911).

stein (ca. 1800–1885), Markus Silbersteins Vater, der aus Praszka, das direkt an der russisch-preußischen Grenze lag, nach Lodz gekommen war.[80]

Ab Mitte der 1860er Jahre wandelte sich die Sozialstruktur der Zuwanderer jedoch: Eine neue Gruppe kam hinzu, die abwertend Litwaken genannt wurde.[81] Dabei handelte es sich um Juden, die hauptsächlich aus den litauischen Gebieten stammten und von den polnischen Juden als Fremde wahrgenommen wurden. Sie spielten eine wichtige Rolle in der wirtschaftlichen Entwicklung der Textilindustrie, da sie aufgrund ihrer Sprachkenntnisse und ihres Detailwissen über den russischen Markt entscheidende Kompetenzen für die Erschließung von Absatzmärkten im Inneren des Russländischen Reiches mitbrachten.[82]

Auch wenn nach ihrer rechtlichen Gleichstellung in Kongresspolen 1862 mehr und mehr Juden aus dem Ansiedlungsrayon in die Lodzer Region kamen, stammte die Mehrzahl der jüdischen Einwanderer weiterhin aus den polnischen Gebieten. Der starke Zuzug von Juden nach Lodz hielt auch in den beiden folgenden Jahrzehnten an und steigerte sich zum Ende des 19. Jahrhunderts nochmals. Der Hauptgrund lag in der Anziehungskraft der florierenden Wirtschaft,

80 *Kempa*, Andrzej/*Szukalak*, Marek: Żydzi dawnej łodzi. Słownik biograficzny Żydów łódzkich oraz z łodzią związanych [Juden im alten Lodz. Biografisches Wörterbuch der Lodzer und mit Lodz in Verbindung stehenden Juden]. Łódź 2001, 140.

81 Zu den folgenden Ausführungen vgl.: *Guesnet:* Lodzer Juden 6.

82 *Bielschowsky:* Die Textilindustrie 97.

die Beschäftigungsmöglichkeiten versprach, letztlich aber durch schlechte Arbeitsbedingungen und niedrige Löhne in vielen Fällen die Hoffnungen auf ein besseres Leben enttäuschte.[83]

Zu Beginn des 20. Jahrhunderts nahm sowohl der Anteil als auch die absolute Zahl der jüdischen Bewohner von Lodz ab. Ursache dafür waren die Wirtschaftskrise in der Textilindustrie um die Jahrhundertwende sowie die antisemitische, revolutionäre und staatliche Gewalt der Jahre 1905 bis 1907, die zu einer Auswanderungswelle nach Übersee führten.[84] Doch in der Folgezeit stieg die Zahl der jüdischen Bewohner von Lodz erneut stark an, da die Verarmung der Juden in den ländlichen Regionen, bedingt durch Bevölkerungswachstum und begrenzte Erwerbsmöglichkeiten, die Urbanisierung jener Gruppe weiter forcierte.[85]

Im religiösen Leben der Juden von Lodz lässt sich, parallel zum Anstieg der Zahl der jüdischen Bewohner, eine starke Diversifizierung beobachten. Die drei wichtigsten religiösen Strömungen waren die Mitnagdim, also Anhänger des traditionsorientierten rabbinischen Judentums, die Chassidim, Verfechter der mystischen Bewegung in Nachfolge des Baal Shem Tov, und reformorientierte Juden, die sich das preußische Judentum zum Vorbild nahmen.[86] Die überwiegende Mehrheit der jüdischen Bevölkerung gehörte den ersten beiden Strömungen an. Neben fünf kleineren und größeren Synagogen existierten mindestens 160 bei den Behörden registrierte Bethäuser.[87] Sie waren die Orte, an denen sich das religiöse Leben der breiten Masse der jüdischen Bevölkerung von Lodz vollzog, da sich nur die Wenigsten Plätze in den repräsentativen Synagogen leisten konnten.[88]

Wenn die Synagogen auch für die religiöse Praxis der Mehrheit der Juden nur eine geringe Rolle spielten, übten sie in Bezug auf die soziale Schichtung der jüdischen Gemeinde eine wichtige Funktion aus. Dies lässt sich an den jährlichen Gebühren für einen Platz in der Gemeindesynagoge und der Reformsynagoge ablesen. Die Gemeinden in Osteuropa bestritten einen Teil der Bau- und Unterhaltskosten ihrer Gotteshäuser traditionell aus der Vermietung von Sitzplätzen. Doch der Unterschied zwischen den jährlichen Kosten für einen Platz von zehn Rubel in der Gemeindesynagoge und 1000 Rubel in der Reform-

83 *Strobel:* Das multinationale Lodz 173.

84 *Fridman:* Di industrializatsye 66.

85 *Kahan:* The Impact of Industrialization 37.

86 *Guesnet:* Das Verhältnis von Juden und Deutschen 140–142.

87 Für eine Auflistung der überlieferten Registrierungsanträge vgl.: *Walicki,* Jacek: Synagogi i domy modlitwy w Łodzi. Do 1939 r [Synagogen und Bethäuser in Lodz. Bis 1939]. Łódź 2000, I–XII. Dort findet sich auch der Hinweis, die betreffenden Unterlagen seien nur unvollständig überliefert worden. Es ist also davon auszugehen, dass die tatsächliche Zahl der Anträge in diesem Zeitraum höher lag.

88 *Samuś,* Paweł: The Jewish Community in the Political Life of Łódź in the Years 1865–1914. In: *Polonsky,* Antony (Hg.): Jews in Łódź. Oxford 1991, 88–104, hier 90 f.

synagoge hatte weniger mit der Deckung laufender Ausgaben zu tun, sondern verweist darauf, dass die Mitgliedschaft in den unterschiedlichen Gemeinden – vor allem für gut situierte Juden – eine Ressource sozialer Distinktion war.[89]

In absoluten Zahlen stellten in der zweiten Hälfte des 19. Jahrhunderts die Chassidim die größte jüdische Gruppe in Lodz. In den Organen der jüdischen Gemeinde war ihr Einfluss gleichwohl gering, die Wahl der Gemeindevertreter unterlag dem Zensuswahlrecht, und nur den wohlhabendsten Juden war die Beteiligung an der Abstimmung erlaubt. In den 1860er Jahren waren lediglich 2,1 Prozent der jüdischen Bevölkerung wahlberechtigt.[90]

Sowohl die geschilderte Zuwanderungsdynamik als auch die starke soziale Binnendifferenzierung der jüdischen Gemeinde lassen es fraglich erscheinen, ob sie tatsächlich in der Lage war, die strukturelle Einbettung von Geschäftsbeziehungen sicherzustellen. Vielmehr ist aufgrund der spezifischen Konstellation auch denkbar, dass die Vertrauensbildung in wirtschaftlichen Angelegenheiten zwischen Juden nicht unbedingt leichter fiel als zwischen Juden und Christen. Weiterhin ist es aber ebenfalls möglich, dass sich die religiöse Diversifizierung innerhalb der jüdischen Gemeinde in den Wirtschaftsbeziehungen jüdischer Unternehmer abbildete. Exemplarisch wird dieser Themenkomplex im nächsten Abschnitt anhand der Geschäftsnetzwerke Markus Silbersteins erkundet.

2.2 Markus Silbersteins Geschäftsnetzwerke

Im Januar 1890 schaltete Markus Silberstein gemeinsam mit anderen bedeutenden Lodzer Industriellen in der Warschauer Zeitung »Kurjer Warszawski« eine Anzeige, in der sie nachdrücklich den guten Ruf des Handelshauses der Gebrüder Kipper bezeugten (vgl. Abb. 1). Die Unterzeichner, neben Silberstein auch die Industriellen Izrael K. Poznański und Julius Heinzel (1861–1922) sowie die Textilunternehmen »Karl Scheibler« und »Ludwik Geyer«, betonten, das Handelshaus sei weiter in der Lage, seinen finanziellen Verpflichtungen nachzukommen. Sie wiesen alle Gerüchte über eine Insolvenz des Unternehmens als Lügen und üble Nachrede zurück.[91]

Warum traten die Industriellen mit einer solchen Anzeige an die Öffentlichkeit? Was versprachen sie sich davon? Offensichtlich war das Handelshaus der Gebrüder Kipper durch Gerüchte hinsichtlich einer drohenden Zahlungsunfähigkeit in Turbulenzen geraten. Ähnlich wie eine Bank sind auch Unternehmen mitunter nicht in der Lage, die Forderungen aller Gläubiger gleich-

89 *Walicki:* Synagogi i domy 51.
90 *Fridman:* Di industrializatsye 73.
91 Für die Anzeige vgl.: *Kurjer Warszawski*, Nummer 19 vom 7.(19.)1.1890, 10.

Łódź, d. 6 (18) stycznia 1890 r.
Niżej podpisani najchętniej niniejszem poświadczamy, że dom handlowy „B-cia Kipper" jak dawniej tak i obecnie najakuratniej uskutecznia swe wypłaty i zaprzeczamy stanowczo rozszerzającym się fałszywym pogłoskom o niewypłacalności tej firmy, uważając takowe za złośliwe oszczerstwo i tendencyjne kłamstwo.
Skład tow. wyrobów bawełnianych Karola Scheiblera
Towarz. Akcyjne wyrob. baweln. J. K. Poznańskiego.
W. Ginsberg. Juljusz Heinzel.
Skład tow. wyrob. baweln. Ludwika Geyer.
Max Goldfeder. Ed. Häntschel jr. M. Silberstein.
Ad. Dobranicki. Herman Konstadt. 233

Abb. 1: Anzeige im Kurjer Warszawski vom 7.(19.)1.1890

zeitig zu bedienen, auch wenn sie bei einer ordnungsgemäßen Abwicklung des Zahlungsverkehrs durchaus dazu fähig wären. Wenn sich aber Befürchtungen verbreiten, ein Unternehmen könne in naher Zukunft seinen Zahlungsverpflichtungen nicht mehr nachkommen, droht eine Panik unter den Gläubigern. In einem solchen Fall versucht jeder Gläubiger umgehend seine Schulden einzutreiben, was erst recht die Zahlungsunfähigkeit des Unternehmens befördert, da es nicht über ausreichend flüssiges Kapital verfügt, um den plötzlich auftretenden Forderungen gerecht zu werden. Wenn die Gläubiger hingegen das Vertrauen in die Finanzkraft des Unternehmens aufrechterhalten, kann es ihm eventuell gelingen, Ansprüche zu den vereinbarten Zeitpunkten zu befriedigen. Eine öffentlich kommunizierte Reputationsbezeugung kann im Zweifelsfall derartige Panikreaktionen vermeiden.

Mit der Anzeige im *Kurjer Warszawski* versuchten die Unterzeichnenden, den guten Ruf des Handelshauses der Gebrüder Kipper zu verteidigen, um zu verhindern, dass die Reaktionen seiner Gläubiger eine Insolvenz verursachen. Die Fabrikbesitzer bedienten sich zweier Mechanismen der sozialen Verankerung wirtschaftlicher Transaktionen, nämlich der zeitlichen und der strukturellen Einbettung, um das Vertrauen in die Zahlungsfähigkeit der Gebrüder Kipper zu aktualisieren. So betonten sie einerseits, das Handelshaus sei seinen Verpflichtungen in der Vergangenheit immer nachgekommen und versprachen, dass dies auch in Zukunft so bleiben werde. Andererseits wiesen sie gezielt öffentlich auf ihre Verbindung mit den Gebrüdern Kipper hin, um auf diese Weise deren sicheren Stauts im Netzwerk der bedeutendsten Lodzer Industriellen sichtbar zu machen.

Zudem ist es durchaus möglich, dass einige der Unterstützer selbst zu den Gläubigern des Handelshauses gehörten und durch das Schalten der Anzeige versuchten, eigene ausstehende Ansprüche zu schützen. Es ist aber auch nicht vollkommen auszuschließen, dass sich die Großindustriellen für das Handelshaus aus weniger eigennützigen Motiven einsetzten. So könnten sich geschäftliche und soziale Beziehungen überlagert haben, gehörten die Gebrüder Kipper doch zur wirtschaftlichen Elite der Stadt.[92] Daher ist davon auszugehen, dass sie Mitglieder der Kaufmannsvereinigung oder anderer Unternehmerclubs waren und somit zu den unterzeichenden Industriellen persönliche Beziehungen pflegten.

Wenn man die insgesamt zehn Unterzeichner der Anzeige unter ethnischen Gesichtspunkten einordnet, kommt man zu dem Ergebnis, dass es sich um vier Christen und sechs Juden handelte. Die Gebrüder Kipper selbst entstammten einer jüdischen Familie. War diese Form der Aktualisierung von ökonomischem Vertrauen über ethnische Grenzen hinweg der Regelfall in Lodz? Wenn ja, was bedeutete dies für die Entstehung von Geschäftsnetzwerken? Ist die Anzeige gar Ausdruck einer supranational organisierten Oberschicht, die »ethnisch übergreifende, sozial integrative Kulturmuster«[93] vereinte, wie Bianka Pietrow-Ennker meint? Spielte Ethnizität für die Lodzer Unternehmer bei der Vertrauensgenerierung gar keine Rolle?

Diese Fragen sollen anhand einer detaillierten Untersuchung der Geschäftsnetzwerke des jüdischen Unternehmers Markus Silberstein beantwortet werden. Durch die Auswertung der Buchhaltungsunterlagen wird die ethnische Distribution seiner Geschäftskontakte bestimmt und eine Analyse hinsichtlich der zeitlichen und strukturellen Einbettung der Geschäftsbeziehungen vorgenommen. Folgende Fragen stehen im Zentrum: Wer waren seine zentralen Zulieferer beziehungsweise Kunden? Lässt sich eine Veränderung in Silbersteins Wirtschaftsstrategien feststellen? Gibt es einen Zusammenhang zwischen ethnischer Zugehörigkeit und der Integration in Silbersteins Geschäftsnetzwerke?

Zudem wird zwischen Geschäftskontakten in Lodz, im restlichen Zarenreich und im Ausland unterschieden. In Lodz war es sehr wahrscheinlich, dass Silberstein seine Kunden und Zulieferer persönlich kannte, ein Umstand, der den Aufbau von Vertrauen über ethnische Grenzen hinweg deutlich erleichterte.[94] Die Analyse der Geschäftskontakte im restlichen Zarenreich zielt auf die Überprüfung der These, wonach jüdische Unternehmer zur Abwehr der diskriminierenden Gesetze geschlossene Netzwerke gebildet hätten.[95] Und auch für den Fernhandel lassen sich Spezifika bestimmen: Hier ist ein hoher Grad an Ver-

92 *Friedman*, Filip/*Gliksman*, Pinchas Z.: Życiorysy. Biografje osób pochowanych na starym cmentarzu Łódzkim [Lebensläufe. Biografien von Personen, die auf dem alten Lodzer Friedhof begraben wurden]. In: *Gminy Wyznaniowej Żydowskiej m. Łodzi* (Hg.): Stary cmentarz żydowski. Dzieje i zabytki [Der alte jüdische Friedhof. Geschichte und Denkmäler]. Łódź 1938, 166–305, hier 242.

93 *Pietrow-Ennker:* Wirtschaftsbürger und Bürgerlichkeit 189.

94 So wird auch bei Anthony Giddens zwischen »gesichtsabhängigen« und »gesichtsunabhängigen Bindungen« unterschieden, also der Bildung von Vertrauen in Situationen gemeinsamer Anwesenheit oder über größere Entfernungen. Vgl.: *Giddens:* Konsequenzen der Moderne 103.

95 Vgl. Kahans These der vertikalen Integration: *Kahan:* The Impact of Industrialization 11–17.

trauen notwendig, da die Durchsetzung von Ansprüchen in anderen Rechtssystemen besonders schwierig ist.[96] Daher erscheint im Fernhandel die Bildung ethnischer Netzwerke als besonders wahrscheinlich. Zunächst aber sei der berufliche Werdegang Markus Silbersteins kurz dargestellt, um einen Eindruck seiner Sozialisation in geschäftlichen Dingen zu vermitteln.

Unternehmensgeschichte der Fabrik M. Silberstein

Seine ersten Erfahrungen in der Berufswelt sammelte Markus Silberstein im väterlichen Kaufmannsbetrieb, wo er die betriebswirtschaftlichen Grundlagen erlernte. 1859 erhielt er eine Anstellung als Buchhalter in einem Textilunternehmen in Lodz, wo er erstmals intensiver mit dem Textilmarkt in Kontakt kam.[97] Nur wenige Jahre später verließ Silberstein diese Firma und eröffnete eine eigene Textilhandlung.[98] Mit diesem Unternehmen schuf er sich zwei Standbeine: In erster Linie vertrieb er Produkte des Textilfabrikanten Rudolf Kindler (1819–1891) aus Pabianice bei Lodz.[99] Darüber hinaus importierte er hochwertige ausländische Textilien, die er gewinnbringend weiterverkaufte.[100] So führte er bestimmte Produkte wie schwarzen Kaschmir als erster Händler nach Polen ein.[101]

Der genaue Zeitpunkt, zu dem Silberstein zur eigenständigen Fertigung von Textilwaren überging, ist unklar. Es gibt Hinweise darauf, dass er bereits An-

96 In der historiografischen Forschung werden häufig lediglich in Bezug auf die vorindustrielle Zeit für den Fernhandel besondere Schwierigkeiten unterstellt. Diese hätten sich aber im Laufe des 19. Jahrhunderts durch eine zunehmende institutionelle Einbettung des internationalen Handels stark reduziert. Hier folgt die Forschung nach wie vor den Annahmen Max Webers. Vgl.: *Berghoff*: Die Zähmung des entfesselten Prometheus? 147. Dennoch deuten wirtschaftssoziologische Untersuchungen darauf hin, dass auch heutzutage Geschäftskontakte in weiter entfernte Gebiete aufgrund der inhärenten Risiken höhere Transaktionskosten mit sich bringen. Vgl.: *Rooks u. a.*: How Inter-Firm Co-operation.

97 Um welches Unternehmen es sich genau handelte, ist in der Forschung nicht abschließend geklärt. Entweder arbeitete er bei dem jüdischen Unternehmer Markus Łaski (Vgl.: *Woźniak*, Krzysztof: Niesłusznie zapomniani: Silbersteinowie – przemysłowcy, filantropi, artyści [Zu Unrecht vergessen: Die Silbersteins – Unternehmer, Philanthropen, Künstler]. In: Kronika Miasta Łodzi 9/1 (2010) 125–136, hier 128) oder dem christlichen Fabrikanten Rudolf Kindler (Vgl.: *Fridman:* Di industrializatsye 100; *Kahan*, Lazar: Lazar Kahan's ilustirerter yohrbukh far industrie, handel un finansen [Lazar Kahans illustriertes Jahrbuch für Industrie, Handel und Finanzen]. Lodz, Varsha 1925, 38).

98 Unklar ist, ob dies bereits 1861 (*Woźniak:* Niesłusznie zapomniani) oder erst 1863 (*Kempa*, Andrzej/*Szukalak*, Marek: The Biographical Dictionary of the Jews in Lodz. Łódź 2006, 234) der Fall war.

99 *Kusiński*, Jacek/*Bonisławski*, Ryszard/*Janik*, Maciej: Księga fabryk Łodzi [Buch der Fabriken von Lodz]. Łódź 2009, 240.

100 *Fridman:* Di industrializatsye 100 f.

101 *Kahan:* Lazar Kahan's ilustirerter yohrbukh 38.

fang der 1870er Jahre eine Handweberei betrieb[102] beziehungsweise Waren von Webern in Heimarbeit, also im sogenannten Verlagssystem,[103] fertigen ließ.

Die Heirat mit Teresa (Hudesa) Kohn (1842–1914) 1865 ging unmittelbar mit der Ausweitung der wirtschaftlichen Aktivitäten Markus Silbersteins einher. Einerseits war mit der Eheschließung eine Mitgift im Gesamtwert von 3.500 Rubel verbunden, aber von viel größerer Bedeutung war, dass Silberstein durch die Heirat enge Beziehungen zur angesehenen Warschauer Kaufmannsfamilie Kohn, der Teresa entstammte, knüpfen konnte.[104] Schon ein Jahr nach der Hochzeit lässt eine Umwandlung der Rechtsform seines Unternehmens auf eine Expansion seiner geschäftlichen Aktivitäten schließen.[105] 1871 holte er sich mit seinem Schwager Zygmunt Lichtenfeld einen Kompagnon in das Unternehmen, der ebenfalls zeichnungsberechtigt war.[106] Dies kann als ein weiteres Anzeichen der Ausweitung der geschäftlichen Operationen gedeutet werden. Auch der Erwerb eines Hauses mit Grundstück im Jahr 1872 weist auf einen wachsenden wirtschaftlichen Erfolg hin.[107]

1878 nahm Silberstein seine erste eigene mechanische Weberei in Betrieb, die an der Lodzer Hauptverkehrsstraße Ulica Piotrkowska lag.[108] Dort wurden 100 Webstühle betrieben und 124 Arbeiter beschäftigt, die im Laufe des Jahres 1879 10.000 Stück Wollwaren und gemischte Gewebe im Wert von 120.000 Rubel herstellten.[109] Darüber hinaus bezahlte Silberstein in Pabianice bei Lodz Weber in Heimarbeit, die für ihn an 150 Handwebstühlen ebenfalls 10.000 Stück halbwollene Waren im Wert von 200.000 Rubel produzierten.[110] Mit diesen Ergebnissen gehörte die Firma zu den bedeutenderen Fabriken in Lodz, ohne aber zu den Großunternehmen zu zählen.

Zunächst ließ Silberstein Baumwollprodukte herstellen, ging aber bereits nach kurzer Zeit hauptsächlich zur Fertigung von Wollwaren über. Dabei ahmte er die zuvor von ihm importierten ausländischen Waren nach und ließ zum

102 *Kempa/Szukalak:* The Biographical Dictionary 234.

103 Die parallele Betätigung jüdischer Kaufleute im Textilhandel und der Textilproduktion mittels des Verlagssystems war in Lodz recht verbreitet. Vgl.: *Fridman:* Di industrializatsye 75. Zu Silbersteins Involvierung in die Heimweberei vgl.: Ebd. 106.

104 *Woźniak:* Niesłusznie zapomniani 126.

105 *Kempa/Szukalak:* Żydzi dawnej łodzi 140.

106 *O. V.:* Kronika Krajowa [Landeschronik]. In: Gazeta Handlowa [Handelsblatt], Nr. 258 vom 9.(21.)11.1871, 3.

107 *Kempa/Szukalak:* The Biographical Dictionary 140.

108 *Rynkowska,* Anna: Ulica Piotrkowska [Die Piotrkowska-Straße]. Łódź 1970, 164.

109 *Orlov,* Petr Aleksandrovič: Ukazatel' fabrik i zavodov evropejskoj Rossii s carstvom pol'skim i vel. kn. Finljandskim. Materialy dlja fabrično-zavodskoj statistiki [Verzeichnis der Fabriken und Betriebe des europäischen Russlands mit dem Königreich Polen und dem Großfürstentum Finnland. Materialien für die Fabrik- und Betriebsstatistik]. Sankt-Peterburg 1881, 588.

110 Ebd. 590.

Beispiel Textilien aus schwarzer Kaschmirwolle im großen Stil produzieren.[111] Dies scheint im Zusammenhang mit der Schutzzollpolitik des Zarenreichs seit 1877 zu stehen.[112] Sie verteuerte den Import fertiger Textilien aus dem Ausland, begünstigte jedoch die Einfuhr von Rohstoffen. Silbersteins bisheriges Geschäftsmodell war durch diese veränderten Rahmenbedingungen massiv gefährdet und bedurfte einer Anpassung, die er erfolgreich bewältigte.

Im Gegensatz zu Baumwolltextilien, die preiswert waren und überall im Zarenreich massenhaft abgesetzt wurden, beschränkte sich der Verkauf der hochwertigeren Wollwaren hauptsächlich auf die wohlhabenderen Städten, erfolgte dagegen kaum in ländlichen Regionen.[113] Aufgrund der niedrigeren Nachfrage waren die Konkurrenz und daher der Innovationsdruck in der Wollindustrie in Lodz geringer. Die großen Textilunternehmen konzentrierten sich hauptsächlich auf die Herstellung von Baumwollprodukten. So konnte Markus Silberstein mit der Inbetriebnahme von mechanischen Webstühlen für die Herstellung von Wollwaren in einem Wirtschaftssektor, der noch in einem großen Maße von der Handarbeit dominiert war, beträchtliche Gewinne erzielen.

Wie bereits in der Zeit, als er noch im Zwischenhandel tätig war, setzte Silberstein auch als Produzent auf hochwertige Waren. Zur Sicherstellung der Qualität seiner Textilien verwendete er in erster Linie ausländische Rohstoffe, deren Beschaffenheit besser war als jene der im Zarenreich erhältlichen Produkte.

Trotz der hohen Gewinne spezialisierte er sich nicht ausschließlich auf die Herstellung von Wollwaren, sondern ließ weiterhin auch Baumwollprodukte produzieren. In den 1880er Jahren expandierte die Lodzer Textilindustrie, und auch Silbersteins Firma baute ihre Geschäftstätigkeiten weiter aus. Nachdem er sich bis dato der Herstellung von Geweben durch die Verarbeitung von Garnen (Weberei) gewidmet hatte, trat im Laufe der 1880er Jahre auch die Produktion von Garn aus Rohmaterialien (Spinnerei) hinzu.[114]

Seit dem Übergang zur eigenen Produktion im großen Stil im Laufe der 1870er Jahre gehörte die Firma M. Silberstein dauerhaft zu den zehn größten Textilunternehmen von Lodz. In der Wollindustrie lag es nach der Fabrik von Julius Heinzel auf dem zweiten Platz, was den Wert der produzierten Waren anging. Tabelle 4 illustriert das anhaltende und intensive Wachstum der Fabrik von Markus Silberstein an einer Reihe von Kennziffern.[115]

111 *Kahan:* Lazar Kahan's ilustirerter yohrbukh 38.

112 *Bielschowsky:* Die Textilindustrie 31–34.

113 Ebd. 80–86.

114 *Kusiński u. a.:* Księga fabryk Łodzi 402.

115 Da die Angaben aus verschiedenen Quellen stammen und die Erhebungsmethoden sich in ihrer Zuverlässigkeit stark unterschieden, sind die Daten teilweise widersprüchlich. Dennoch eignen sie sich, um einen Eindruck von dem starken Wachstum der Fabrik Silbersteins zu vermitteln.

Tab. 4: Wirtschaftliche Entwicklung der Textilfabrik Markus Silbersteins

Jahr	Anzahl Beschäftigte	Wert der Produktion (in Rubel)	Dividende (in Prozent)
1879[116]	150	320.000	k. A.
1884[117]	385	k. A.	k. A.
1885[118]	327	876.000	k. A.
1886[119]	479	1.700.000	k. A.
1892/93	700[120]	k. A.	7[121]
1894[122]	1269	2.200.000	k. A.
1895[123]	k. A.	k. A.	17
1910[124]	1.400	4.000.000	k. A.

Quellen: vgl. Anmerkungen

Die Angaben korrespondieren mit der allgemeinen Entwicklung der Lodzer Industrie: Zwischen 1877 und 1896 wuchs der Wert aller dort hergestellten Waren um das Fünffache und die Zahl der Arbeiter verdreifachte sich.[125] Doch selbst im Vergleich zu diesem immensen Wachstum ist der Aufschwung des Unternehmens von Markus Silberstein herausragend: Der Gesamtwert der Produktion nahm zwischen 1879 und 1894 um das Siebenfache zu und die Arbeiterschaft wuchs um mehr als das Achtfache. Der große wirtschaftliche Erfolg in

116 *Orlov:* Ukazatel' fabrik (1881) 588, 590.

117 *Puś:* Żydzi w Łodzi 86.

118 *Orlov,* Petr Aleksandrovič: Ukazatel' fabrik i zavodov evropejskoj Rossii i carstva pol'skago. Materialy dlja fabrično-zavodskoj statistiki. [Verzeichnis der Fabriken und Betriebe des europäischen Russlands und des Königreichs Polen. Materialien für die Fabrik- und Betriebsstatistik]. Sankt-Peterburg 1887, 651.

119 *Janžul:* Otčet I. I. 32, 140.

120 *O. V.:* W Łodzi [In Lodz]. In: Kurjer Warszawski [Warschauer Kurier], Nr. 126 vom 25.4.(7.5.)1892, 3.

121 *O. V.:* Kronika handlowa [Nachrichten aus dem Handel]. In: Gazeta Handlowa [Handelsblatt], Nr. 118 vom 13.(25.)5.1893, 3.

122 *Orlov,* Petr Aleksandrovič: Ukazatel' fabrik i zavodov okrain Rossii: Carstva Pol'skago, Kavkaza, Sibiri i Sredne-Aziatskich Vladnij. Materialy dlja fabrično-zavodskoj statistiki. [Verzeichnis der Fabriken und Betriebe der Randgebiete Rußlands: Königreich Polen, Kaukasus, Sibirien und Zentralasiens. Materialien für die Fabrik- und Betriebsstatistik]. Sankt-Peterburg 1895, 11, 18, 29.

123 *O. V.:* Kronika handlowa [Nachrichten aus dem Handel]. In: Gazeta Handlowa [Handelsblatt], Nr. 152 vom 24.6.(6.7.)1896, 2–3, hier 3.

124 *Fridman:* Di industrializatsye 86.

125 *Puś:* Żydzi w Łodzi 83.

den 1890er Jahren ist auch daran zu erkennen, dass 1895 die durchschnittliche Dividende der sechs Lodzer Aktiengesellschaften, die im Textilgewerbe tätig waren, 7,2 Prozent betrug, die M. Silberstein AG aber 17 Prozent zahlte.[126]

Dieser Erfolg war nicht nur unternehmerischem Geschick, Glück und der hohen Qualität der produzierten Waren[127] geschuldet, sondern verdankte sich auch dem massiven Ausbau des Vertriebsnetzes.[128] Das Unternehmen beschäftigte eine »ganze Legion«[129] von reisenden Maklern und besuchte regelmäßig Messen in Warschau, Moskau und Nižnij Novgorod, auf denen die präsentierten Waren mit unzähligen Auszeichnungen prämiert wurden.[130]

Markus Silbersteins wirtschaftliche Aktivitäten durchliefen also zwei Phasen: Zuerst betätigte er sich als Händler und verkaufte importierte und lokale Produkte, bis er spätestens 1879 auch zur eigenen Fertigung überging. Er setzte seine Woll- und Baumwollwaren mithilfe eines Vertriebsnetzwerks ab, das in Lodz Vorbildcharakter besaß.[131] Seine Methoden bezüglich Produktion und Absatz der Waren entsprachen modernen industriellen Maßstäben.

Silbersteins lokale Geschäftsnetzwerke

Aber wie genau waren Silbersteins lokale Netzwerke beschaffen? Welche Rolle spielte die ethnische und religiöse Zugehörigkeit seiner Geschäftspartner für die ökonomischen Aktivitäten? Um diese Fragen beantworten zu können, wurden Buchhaltungsunterlagen der Firma Silberstein ausgewertet, die Rückschlüsse auf die Zusammensetzung der Geschäftskontakte des Unternehmers erlauben. Im Archiwum Państwowe w Łodzi (APŁ) sind dabei folgende relevanten Unterlagen erhalten geblieben: Ein Memorialbuch (1873–1899)[132] und eine Saldo-Bilanz (1880–1887).[133]

126 Für eine Auflistung der Angaben zu den Lodzer Aktiengesellschaften vgl.: *Bielschowsky:* Die Textilindustrie 90.

127 So wird die sehr gute Verarbeitung der Waren von Silberstein in einem Zeitungsartikel zur polnischen Textilindustrie explizit hervorgehoben. Vgl.: *O. V.:* Wielki przemyśł [Die Großindustrie]. In: Kurjer Warszawski [Warschauer Kurier], Nr. 29 vom 17.(29.)1.1888, 1–4, hier 2.

128 *Fridman:* Di industrializatsye 101.

129 Ebd.

130 Zur Beteiligung der Firma M. Silberstein an Messen vgl.: *O. V.:* Lista [Liste]. In: Kurjer Warszawski, Nr. 82 vom 2.(14.)4.1880, 2–3; *D.n.:* Tymczasowa lista nagród [Vorläufige Liste der Auszeichnungen]. In: Gazeta Handlowa [Handelsblatt], Nr. 219 vom 20.9.(2.10.)1882, 2; Społki Akcyjnej Wyrobow wełnianych i bawełnianych M. Silberstein w Łodzi, Saldo-Bilanz (1880–1887). Archiwum Państwowe w Łodzi (weiter APŁ). Sig. 11, 69, 102; *O. V.:* Nagrody [Auszeichnungen]. In: Słowo [Das Wort], Nr. 216 vom 10.(22.)9.1896, 3–4, hier 4.

131 *Kahan:* Lazar Kahan's ilustirerter yohrbukh 38.

132 Społki Akcyjnej Wyrobow wełnianych i bawełnianych M. Silberstein w Łodzi General-Memorial (1873–1899). APŁ, Sig. 117.

133 Społki Akcyjnej Wyrobow wełnianych i bawełnianych M. Silberstein w Łodzi, Saldo-Bilanz (1880–1887). APŁ, Sig. 11.

Da die Religionszugehörigkeit der Geschäftspartner in den Unterlagen selbstverständlich nicht vermerkt wurde, erfolgte eine Zuordnung anhand flankierender Informationen, die hauptsächlich zwei Datenbanken zu entnehmen waren: Einer digitalen Erfassung der Grabstellen auf jüdischen Friedhöfen in ganz Europa[134] und der namentlichen Aufführung der Opfer des Holocaust durch Yad Vashem (Jerusalem).[135] War es mithilfe der ersten Datenbank teilweise möglich, eine direkte Zuordnung der in den Geschäftsunterlagen erwähnten Personen vorzunehmen, können die Informationen in Bezug auf die Opfer des Holocaust lediglich einen Anhaltspunkt bieten, dass an einem bestimmten Ort eine jüdische Familie mit dem betreffenden Namen lebte. Darüber hinaus konnte weitere Forschungsliteratur herangezogen werden, die sich den jüdischen Gemeinden der jeweiligen Orte gewidmet hat.[136] Auf diese Weise wurde die Einordnung von mehr als 3.700 Geschäftskontakten vorgenommen.

Doch reicht eine rein quantitative Auswertung der Religionszugehörigkeit der Handelspartner Silbersteins nicht aus. Das bloße Zählen von jüdischen und nicht-jüdischen Geschäftskontakten hätte den paradoxen Effekt, dass ein Zulieferer, der für das Unternehmen nur eine sehr geringe Rolle spielte, weil er beispielsweise lediglich eine Handvoll Straußenfedern an die Firma Silberstein verkaufte, und der zentrale Lieferant für Wollgarn, von dessen Zuverlässigkeit das wirtschaftliche Überleben der Firma abhing, dasselbe Gewicht in der Auswertung hätten. Dies entspricht selbstredend nicht der Realität, wo eine Hierarchisierung der Kontakte stattfand.

Daher muss die quantitative Auswertung in einem zweiten Schritt durch eine qualitative Analyse der Geschäftsnetzwerke ergänzt werden. Hier erfolgt die Vorstellung der wichtigsten Lieferanten und Kunden und anhand der Entwicklung des Netzwerks wird versucht, eine Rekonstruktion der »ex-ante Einschätzungen« von Markus Silberstein vorzunehmen.

Wertet man zunächst die Buchhaltungsunterlagen hinsichtlich der religiösen Zugehörigkeit von Silbersteins Geschäftspartnern in Lodz quantitativ aus, kommt man zu den in Diagramm 1 dargestellten Ergebnissen.

Der Anteil jüdischer Geschäftspartner war demnach deutlich höher als jener der jüdischen Bevölkerung in Lodz. Letzterer schwankte im untersuchten Zeitraum zwischen 20 und 25 Prozent, der Anteil von Juden an Silbersteins Geschäftskontakten lag jedoch zwischen 54 und 75 Prozent. Auch unter Berücksichtigung der überdurchschnittlich häufigen Betätigung von Juden als

134 Online abrufbar unter: http://www.jewishgen.org/databases/Cemetery/ (am 10.4.2017).

135 Online abrufbar unter: http://yvng.yadvashem.org/index.html?language=de (am 10.4. 2017).

136 Für Lodz wurden die folgenden Informationsquellen herangezogen: *Friedman/Gliksman:* Życiorysy. Biografje osób; *Kempa/Szukalak:* Żydzi dawnej łodzi; *Kempa/Szukalak:* The Biographical Dictionary.

Diagramm 1: Geschäftskontakte Markus Silbersteins in Lodz 1880–1886

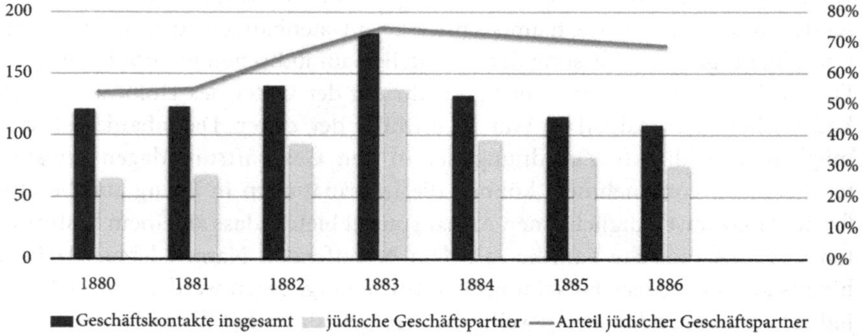

Quelle: Społki Akcyjnej Wyrobow wełnianych i bawełnianych M. Silberstein w Łodzi, Saldo-Bilanz (1880–1887). APŁ, Sig. 11.

Zwischenhändler und Produzenten in der Textilbranche sind die Werte überraschend hoch.

Es ist aber notwendig, diese Zahlen genauer auszuwerten und einzuordnen: Bei fast allen Geschäftskontakten von Silberstein in Lodz handelte sich um Kunden, also Abnehmer von Waren, und kaum um Zulieferer. Es liegt in der Natur der Sache, dass Kunden sich denjenigen, von dem sie Produkte beziehen, aussuchen, sie also in erster Linie Vertrauen in Silberstein hatten. Gleichwohl kam die Käufer-Verkäufer-Beziehung nicht ohne ein auf Gegenseitigkeit beruhendes Vertrauensverhältnis aus, weil die Waren häufig auf Kredit verkauft wurden, Silberstein demnach einschätzen musste, ob seine Kunden die Produkte in der Zukunft bezahlen können oder nicht.

Die große Mehrheit der jüdischen Kunden waren Klein- und Kleinstabnehmer, die für äußerst geringe Beträge Waren erwarben. An ihnen lässt sich die Wirkung der zeitlichen Einbettung besonders gut nachvollziehen: Viele Personen finden sich regelmäßig in den Geschäftsbüchern wieder. Im Gegensatz dazu kauften christliche Kleinabnehmer häufig nur einmalig Waren bei Silberstein.

Darüber hinaus lassen sich einige Großkunden identifizieren, etwa die beiden deutschsprachigen Lodzer Textilunternehmer Rudolf Kindler und Robert Biedermann (1836–1899). Diese Geschäftsbeziehungen sind einerseits zeitlich eingebettet, andererseits ist auch eine strukturelle Einbettung nachweisbar. So waren Markus Silberstein und Robert Biedermann gemeinsam in einem Joint Venture zum Bau der Kanalisation in Lodz aktiv.[137] Mit Rudolf Kindler verband Silberstein ebenfalls eine lange Geschäftsbeziehung. Wie erwähnt hatte er seine

137 *O. V.*: Kronika Krajowa [Landeschronik]. In: Gazeta Handlowa [Handelsblatt], Nr. 178 vom 28.7.(9.8.)1886, 3.

berufliche Karriere vermutlich in dessen Firma begonnen. Zudem waren Silberstein, Kindler und Biedermann Mitglieder der Lodzer Kaufmannsvereinigung und der »Gesellschaft zur Förderung des russischen Handels und der russischen Industrie«.[138]

Auch wenn diese beiden christlichen Unternehmer die größten Kunden der Firma Silberstein waren, befand sich unter den wichtigen Abnehmern der Textilfabrik ebenso eine Reihe von Juden, beispielsweise die Unternehmer Szaja Rosenblatt (1841–1921), August Baruch (1837–1905), Izydor Birnbaum (1836–1912) und die bereits erwähnten Brüder Markus und Karl Kipper. Bei diesen Geschäftspartnern lässt sich eine weitere Form der strukturellen Einbettung feststellen, nämlich die Mitgliedschaft in der reformorientierten jüdischen Gemeinde.

Deshalb liegt die Vermutung nahe, dass den Geschäftsbeziehungen nicht nur eine strukturelle, sondern auch eine informelle institutionelle Einbettung, also die Überschneidung von Einstellungen, Normen und Gepflogenheiten zugrunde lag. Dies scheint allein durch die gemeinsame Mitgliedschaft in einer reformorientierten Gemeinde wahrscheinlich, da diese eine gewisse Überschneidung in der Weltanschauung bedingte.

Einen weiteren Hinweis auf eine informelle institutionelle Einbettung stellt eine Spenderliste aus dem Jahr 1879 dar, die in der polnischsprachigen jüdischen Zeitung »Izraelita« veröffentlich wurde. Sie berichtete über die Stiftung eines Grabsteins für Daniel Neufeld (1814–1874),[139] einen jüdischen Schriftsteller und Publizisten, der für die Annäherung von Juden und Polen eingetreten war.[140] Neben Markus Silberstein tauchen auf dieser Spenderliste auch alle seine anderen wichtigen jüdischen Geschäftspartner auf, darunter die bereits erwähnten Baruch und Rosenblatt wie auch Silbersteins langjähriger Kompagnon und Schwager Zygmunt Lichtenfeld. Diese Gemeinsamkeit in weltanschaulichen Angelegenheiten kann, neben anderen Faktoren, vertrauensstiftend in den Geschäftsbeziehungen gewirkt haben.

Erwähnt werden muss allerdings, dass die Mitglieder der reformorientierten jüdischen Gemeinde in Lodz wirtschaftlich überdurchschnittlich erfolgreich und viele von ihnen in der Textilbranche tätig waren. Dennoch gab es eine Reihe wichtiger jüdischer Textilunternehmer, die nicht der reformorientierten jüdischen Gemeinde angehörten, sondern Mitglieder traditionsorientierter Syn-

138 *O. V.:* Łódż. 10-go maja.

139 *O. V.:* Na sporządzenie grobowca [Zur Graberrichtung]. In: Izraelita, Nr. 16 vom 13.(25.)4.1879, 135.

140 Zu Neufelds Biografie vgl.: *Wodziński,* Marcin: Haskalah and Hasidism in the Kingdom of Poland. A History of Conflict. Oxford, Portland 2005. Dort besonders zu seiner Arbeit als Herausgeber der Zeitung »Jutrzenka«: Ebd. 180–187. Vgl. zudem: *Shatzky,* Jacob: A tsushtayer tsu der biografye fun Daniel Neufeld [Ein Beitrag zu der Biografie von Daniel Neufeld]. In: YIVO-Bleter 7/1 (1934) 110–116.

agogen oder Anhänger chassidischer Rebbes waren.[141] Mit diesen Kaufleuten und Fabrikanten pflegte Silberstein aber keine geschäftlichen Kontakte. Es ist also naheliegend, dass die religiöse Ausrichtung seiner jüdischen Geschäftspartner für ihn eine entscheidende Rolle spielte und die informelle institutionelle Einbettung dieser Vertrauensbeziehungen von großer Bedeutung war. Die Zugehörigkeit zur reformorientierten Strömung des Judentums bestimmte scheinbar, mit wem Silberstein Geschäftsbeziehungen einging. Gleichzeitig ist nicht auszuschließen, dass Silbersteins religiöse Überzeugungen traditionsorientierte jüdische Unternehmer von geschäftlichen Kontakten absehen ließen, wie im vierten Kapitel dieser Arbeit gezeigt werden wird.

Als die Firma Silberstein 1892 in eine Aktiengesellschaft umgewandelt wurde, bot ihr Inhaber die Anteile des Unternehmens ausgewählten Personen - denen er offensichtlich vertraute - zum Kauf an, anstatt sie an der Börse zu veräußern. Schließlich sind mit der Teilhaberschaft an einem Unternehmen enorme Einflussmöglichkeiten auf dessen Geschäftspolitik verbunden. Bei den künftigen Anteilseignern handelte es sich, neben Markus Silberstein selbst, um seine Ehefrau, seinen Schwager Lichtenfeld sowie seine Söhne, Töchter und Schwiegersöhne.[142] Die Zugehörigkeit zu familiären Strukturen stellt mithin eine besondere Form der sozialen Integration dar, die Elemente zeitlicher, struktureller und häufig auch informeller institutioneller Einbettung vereint. Familienmitglieder kennen sich längere Zeit, verfügen über genaue Informationen bezüglich der jeweiligen Zuverlässigkeit und teilen oft auch Einstellungen und Normen. Dass Markus Silberstein seinen Angehörigen das größte Vertrauen entgegenbrachte, war in Lodz nichts Ungewöhnliches, denn hier wurden viele der großen Unternehmen als Familienbetriebe geführt, ein Umstand, der im 19. Jahrhundert auch in anderen Regionen Europas weit verbreitet war.[143]

Die Verknüpfung von Vertrauensbeziehungen und familiärer Zugehörigkeit spiegelt sich auch im Aufbau verwandtschaftlicher Beziehungen zu anderen Lodzer Fabrikantenfamilien wider. So heiratete Silbersteins Tochter Chana Ewelina (1868–1939) den Textilunternehmer Henryk Birnbaum (1858–1936) und

141 Vgl.: *Fridman:* Di industrializatsye 125; *Guesnet:* Polnische Juden im 19. Jahrhundert 102f. Gleichwohl besteht in der Erforschung der wirtschaftlichen Aktivitäten von chassidischen und anderen traditionsorientierten Juden für ganz Kongresspolen großer Nachholbedarf. Die lange akzeptierte Annahme, dass allein reformorientierte Juden ökonomisch erfolgreich gewesen seien, wurde in den letzten Jahren mehrfach kritisiert und punktuell widerlegt.Vgl.: *Dynner,* Glenn: Men of Silk. The Hasidic Conquest of Polish Jewish Society. Oxford 2006. Dennoch sind weitere Studien, besonders für das 19. Jahrhundert, dringend notwendig.

142 *O. V.:* Na zasadzie ... [Auf Grundlage ...]. In: Kurjer Warszawski [Warschauer Kurier], Nr. 105 vom 2.(14.)4.1892, 5.

143 Vgl.: *Kocka,* Jürgen: Familie, Unternehmer und Kapitalismus. An Beispielen aus der frühen deutschen Industrialisierung. In: Zeitschrift für Unternehmensgeschichte 24/3 (1979) 99–135.

eine weitere Tochter, Sara Salomea (1872–1938), ehelichte Maurycy Poznański (1868–1937), Spross der Textildynastie Poznański.[144] Da die religiösen Grenzen bei den Eheschließungen in der Lodzer Elite fast nie überschritten wurden,[145] konzentrierten sich – begünstigt durch den hohen Grad an Vertrauen innerhalb familiärer Strukturen – enge wirtschaftliche Beziehungen vor allem auf die eigene religiöse Gruppe. Auch wenn Markus Silberstein ausschließlich andere Juden an seinem Unternehmen beteiligt hat, handelte es sich bei diesen also durchweg um Familienmitglieder. Man darf dementsprechend familiäre nicht mit religiösen Netzwerken verwechseln, selbst wenn die Religionszugehörigkeit, neben anderem, ein zentrales Kriterium für die Aufnahme in die Familie darstellte.[146]

Zusammenfassend lässt sich feststellen: Die engen Kontakte zu Silbersteins christlichen Großkunden zeigen, dass es in Lodz intensive wirtschaftliche Beziehungen zwischen ethnischen Gruppen gab, die sich gemeinsam für Mitglieder ihres Netzwerks einsetzten. Insofern bestand eine strukturelle Einbettung. Dieses Ergebnis unterstützt die in der Forschung verbreitete Annahme, dass zwischen den ethnischen Gruppen in Lodz enge wirtschaftliche Verbindungen existierten. Gleichzeitig lag eine besondere strukturelle und informelle institutionelle Einbettung bezüglich der Kontakte mit anderen jüdischen Unternehmern vor. Deren Zugehörigkeit zur reformorientierten Gemeinde bildete eine Grundlage der Geschäftsbeziehungen mit Markus Silberstein. Dasselbe trifft auf den Komplex der Beteiligung an dem Textilunternehmen selbst zu, wobei sich hier der Kreis der Personen auf Familienmitglieder beschränkte.

Auffällig ist zudem der hohe Grad an zeitlicher Einbettung innerhalb der Gruppe jüdischer Klein- und Kleinstabnehmer, die weit ausgeprägter war als für Silbersteins Kontakte mit christlichen Kleinkunden. Diese große Treue der jüdischen Kunden zur Firma Silberstein konnte auf die strukturelle Einbettung in der jüdischen Gemeinde und somit auch eine informelle institutionelle Einbettung aufbauen.

Silbersteins Geschäftsnetzwerke im restlichen Zarenreich

Auch für Silbersteins Geschäftskontakte im restlichen Zarenreich lassen sich anhand der statistischen Auswertung spezifische Muster erkennen (vgl. Diagr. 2). Wie schon in Lodz findet sich ein überdurchschnittlich hoher Anteil jüdischer

144 *Kempa/Szukalak:* The Biographical Dictionary 235.

145 *Pietrow-Ennker:* Wirtschaftsbürger und Bürgerlichkeit 192.

146 Auf die Bedeutung von familiären Netzwerken und ihre Verknüpfung mit einer gemeinsamen Religionszugehörigkeit hat Silvia Marzagalli hingewiesen. Vgl.: *Marzagalli,* Silvia: Trade across Religous and Confessional Boundaries in Early Modern France. In: *Trivellato,* Francesca/*Halevi,* Leor/*Antunes,* Catia (Hg.): Religion and Trade. Cross-Cultural Exchanges in World History, 1000–1900. Oxford 2014, 167–191, hier 171.

Diagramm 2: Geschäftskontakte Markus Silbersteins im Zarenreich 1880–1886

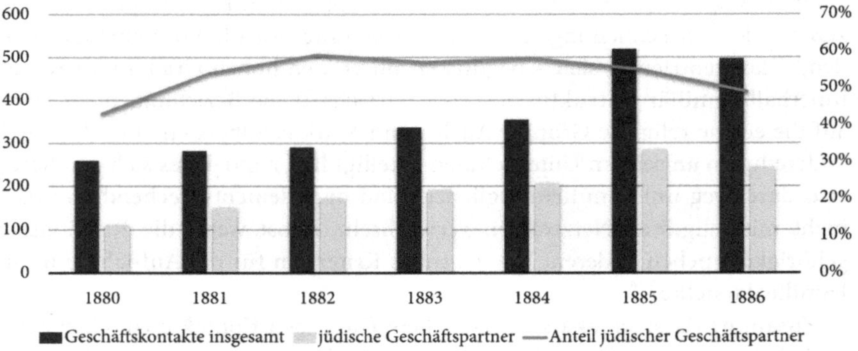

Quelle: Społki Akcyjnej Wyrobow wełnianych i bawełnianych M. Silberstein w Łodzi, Saldo-Bilanz (1880–1887). APŁ, Sig. 11.

Geschäftspartner, der zwischen 46 und 59 Prozent lag. Im Gegensatz zu Lodz bestätigt hier der zweite Blick auf die wichtigsten Kunden und Zulieferer die zentrale Bedeutung jüdischer Geschäftspartner. Dabei muss allerdings zwischen dem Ansiedlungsrayon und den übrigen Regionen des Zarenreichs unterschieden werden, in denen Juden sich nicht ohne offizielle Genehmigung niederlassen durften. Bei Silbersteins Hauptkunden in Moskau und Sankt Petersburg handelte es sich fast ausschließlich um christliche Kaufleute. Im Ansiedlungsrayon aber waren beinahe alle seine Geschäftspartner jüdische Unternehmer.

Im Hinblick auf Silbersteins Geschäftskontakte in Warschau lässt sich eine signifikante Überschneidung mit den dortigen reformorientierten jüdischen Kreisen beobachten. Diese strukturelle Einbettung verwundert kaum, war Markus Silberstein doch der Schwiegersohn des Warschauer Kaufmanns Moses Kohn (1820–1892), der einer der ersten Vertreter der jüdischen Aufklärung in Polen war und der reformorientierten jüdischen Gemeinde der Stadt angehörte.[147] Neben einer informellen institutionellen Einbettung mag dies einer der Gründe sein, warum Silberstein in Warschau hauptsächlich mit reformorientierten jüdischen Kaufleuten Handel trieb.

Im Ansiedlungsrayon wiederum waren nicht nur die wichtigsten Kunden Silbersteins Juden, sondern auch alle seine zentralen Zulieferer. Zwar bezog er das für seine Produktion benötigte Garn fast ausschließlich aus dem Ausland, doch erwarb er aus dem Zarenreich wichtige Waren für die Herstellung seiner Textilprodukte, beispielsweise Knöpfe, die ihm ein jüdischer Fabrikant lieferte. Aufgrund der großen Bedeutung jüdischer Geschäftspartner im Ansiedlungs-

147 Zur Biografie von Moses Kohn vgl.: *Friedman/Gliksman:* Życiorysy. Biografje osób 293 f.

rayon liegt es nahe, dass die gemeinsame religiöse Zugehörigkeit eine Form der strukturellen Einbettung darstellte. Dabei scheint die Unterscheidung zwischen den verschiedenen jüdischen Strömungen aufgrund der geografischen Konzentration der reformorientierten Juden in den urbanen Zentren nur dort Einfluss auf die Auswahl der Geschäftspartner gehabt zu haben.

Wie baute Silberstein im Vergleich dazu die Geschäftskontakte zu seinen vornehmlich christlichen Kunden im Inneren des Zarenreichs auf? Hier fällt vornehmlich Silbersteins regelmäßige Teilnahme an Messen in Warschau, Moskau und Nižnij Novgorod ins Auge.[148] In Ermangelung einer überregionalen strukturellen Einbettung der Unternehmer im Zarenreich[149] war die Teilnahme an Messen offensichtlich von großer Bedeutung. Die Gelegenheit zur persönlichen Begegnung konnte die kaum vorhandene institutionelle Einbettung von Geschäftsbeziehungen ausgeglichen. Dies war umso wichtiger, als es bis zu den Revolutionen des Jahres 1917 kein kodifiziertes Zivilrecht gab.[150] Silberstein zog angesichts dieser Schwächen in der strukturellen und institutionellen Einbettung im Zarenreich, wenn möglich, jüdische Geschäftspartner nicht-jüdischen Unternehmern vor.

Für den Absatz von Textilprodukten auf dem russischen Markt hatte Silberstein Makler angestellt.[151] Sie erhielten die Waren auf Kommission und mussten sie erst nach erfolgreichem Verkauf bezahlen. Die Makler bereisten die verschiedenen Regionen des Zarenreichs und organisierten den Absatz der Textilprodukte. Bei ihnen handelte es sich fast ausschließlich um jüdische Handelsreisende.[152] Dies mag angesichts des traditionell hohen Anteils von Juden im Handel keine Überraschung sein, zeigt aber erneut, dass Silberstein bei Transaktionen im Zarenreich bevorzugt mit jüdischen Kaufleuten zusammenarbeitete.

Die strukturelle und institutionelle Einbettung von Silbersteins Geschäftskontakten in Lodz unterschied sich also deutlich von jener im übrigen Zaren-

148 Zur Beteiligung der Firma M. Silberstein an Messen vgl.: *O. V.:* Lista [Liste]; *D.n.:* Tymczasowa lista nagród; *O. V.:* Nagrody [Auszeichnungen] 4; Społki Akcyjnej Wyrobow wełnianych i bawełnianych M. Silberstein w Łodzi, Saldo-Bilanz (1880–1887). APŁ, Sig. 11, 9, 102.

149 Vgl.: *Pietrow-Ennker,* Bianka: Unternehmer im Russischen Reich. Kulturelle Dimensionen sozialer Integration. In: *Gebhard,* Jörg/*Lindner,* Rainer/*Pietrow-Ennker,* Bianka (Hg.): Unternehmer im Russischen Reich. Sozialprofil, Symbolwelten, Integrationsstrategien im 19. und frühen 20. Jahrhundert. Osnabrück 2006, 407–428.

150 *Bielschowsky:* Die Textilindustrie 11. Vielmehr besaß in weiten Teilen der Svod Zakonov Rossijskoj Imperii (dt.: Gesetzessammlung des Russländischen Reichs) von 1835 Gültigkeit zur Klärung von privatrechtlichen Streitigkeiten.

151 *Fridman:* Di industrializatsye 101.

152 Eine Aufstellung der Makler findet sich in der Saldo-Bilanz des Unternehmens auf Seite 148: Społki Akcyjnej Wyrobow wełnianych i bawełnianych M. Silberstein w Łodzi, Saldo-Bilanz (1880–1887). APŁ, Sig. 11.

reich: Während er in Lodz in interethnische Unternehmernetzwerke eingebunden war, standen derartige Gefüge im weiteren Kontext des Zarenreichs nur in geringerem Maße zur Verfügung. Diese mangelnde strukturelle und institutionelle Einbettung über ethnische Grenzen hinweg machte in der Konsequenz die jüdischen Geschäftskontakte unerlässlich, da sich hier offenbar aufgrund der gemeinsamen ethno-religiösen Zugehörigkeit eine Einbettung leichter ergab.

Silbersteins internationale Geschäftsnetzwerke

Als letzter Schritt der Analyse steht die Auswertung der Handelsbeziehungen von Markus Silberstein ins Ausland offen. Weil für diesen Geschäftszweig Daten aus den Jahren 1874/1875 vorliegen, kann auch jene Zeit untersucht werden, als Silberstein vorrangig im Textilhandel und noch nicht in der Textilproduktion tätig war. Dies ermöglicht zu zeigen, inwiefern sich seine Wirtschaftsstrategien angesichts unterschiedlicher Erfordernisse veränderten und welche Kontinuitäten sich zeigten. Die Ergebnisse sind in Diagramm 3 zusammengefasst.

Auffällig ist der im Vergleich zu den Kontakten in Lodz und im restlichen Zarenreich niedrige Anteil jüdischer Geschäftspartner. Zudem schwankte er im Zeitverlauf sehr stark (zwischen 19 und 35 Prozent). Ein weiterer Unterschied zu den bereits untersuchten Handelsbeziehungen liegt in der deutlich niedrigeren absoluten Zahl der Geschäftskontakte Silbersteins im Ausland. Waren es im Jahr 1884 beispielsweise in Lodz 132, im restlichen Zarenreich 487, so waren es im Ausland lediglich 27 Personen, mit denen er Handel trieb.

Trotz ihrer geringen Zahl besaßen die Geschäftskontakte ins Ausland für Silbersteins Geschäftsmodell einen hohen Stellenwert: Von dort erwarb er Textilien, die er im Zarenreich weiterverkaufte. Später importierte Silberstein aus dem Ausland Garn zur eigenen Produktion von Textilwaren. Wenn es bei der Versorgung mit diesen Waren zu Engpässen kam oder ihre Qualität sich plötzlich verschlechterte, war seine wirtschaftliche Existenz gefährdet. Die Durchsetzung finanzieller Forderungen gestaltete sich beim Bezug von Waren aus dem Ausland zudem besonders schwierig, da dort ein anderes Rechtssystem in Geltung war. Vor diesem Hintergrund kam der Auswahl der Geschäftspartner besondere Relevanz zu, um die entsprechenden Risiken zu reduzieren. Strukturelle oder informelle institutionelle Einbettung erwies sich hier also als überaus bedeutsam. Im skizzierten Zusammenhang ist es besonders interessant, inwieweit ethnische Handelsnetzwerke vorlagen.

Zwar war der Anteil jüdischer Geschäftspartner geringer als in Lodz oder im restlichen Zarenreich, doch unterhielt Silberstein rege Verbindungen zu einer Gruppe jüdischer Zwischenhändler aus Manchester. Bei ihnen erwarb er 1874/1875 den Großteil der Textilien, die er in seiner Firma weitervertrieb. Von den sechs Handelshäusern, mit denen er in Manchester in Kontakt stand, befanden sich fünf im Besitz jüdischer Kaufleute. Dies ist insofern bemerkenswert,

Diagramm 3: Geschäftskontakte Markus Silbersteins im Ausland 1874–1886

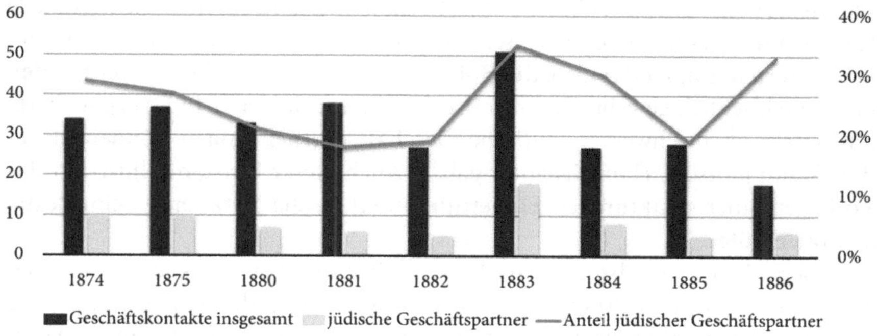

Quelle: Społki Akcyjnej Wyrobow wełnianych i bawełnianych M. Silberstein w Łodzi, Saldo-Bilanz (1880–1887). APŁ, Sig. 11; Społki Akcyjnej Wyrobow wełnianych i bawełnianych M. Silberstein w Łodzi, General-Memorial (1873–1899). APŁ, Sig. 117.

weil in Manchester eine große Anzahl an Textilhändlern unterschiedlicher Nationalität und Religion tätig war.[153] Bei Silbersteins Geschäftskontakten nach Manchester lag also eine strukturelle Einbettung in ethnische Netzwerke vor. Überdies gehörten, ähnlich wie Silbersteins Geschäftspartner in Lodz und Warschau, die jüdischen Kaufleute in Manchester fast ausnahmslos der reformorientierten Gemeinde an.[154]

Wie eng Silbersteins Beziehungen nach Manchester waren, wurde zu Beginn der 1880er Jahre deutlich, als er zur eigenen Produktion von Textilien über-

153 Stanley Chapman weist darauf hin, dass bereits ab 1870 griechische Händler die größte Gruppe unter den ausländischen Kaufleuten Manchesters darstellten. Zudem waren in der Stadt Vertreter anderer Minderheiten (Deutsche, Niederländer, dann erst Juden) von großer Bedeutung für den Handel mit Textilprodukten. Vgl.: *Chapman:* Merchant Enterprise in Britain 157, 166f.

154 Einer dieser Geschäftspartner war das Unternehmen N. P. Nathans, das von Nathan Pintus Nathan (1815–1857?) gründet wurde. Sein Testament, das sich in einer Übersetzung ins Englische in den britischen *National Archives* befindet, weist auf eine Nähe Nathans zur jüdischen Reformbewegung hin. Vgl.: Will of Nathan Pintus Nathan of Hamburg, Germany (18.3.1857). The National Archives (weiter TNA), PROB 11/2248/232. Nach Pintus' Tod führten die Erben das Handelshaus erfolgreich weiter. Seine Nachfahren engagierten sich zudem aktiv in der reformorientierten jüdischen Gemeinde von Manchester und in jüdischen Wohlfahrtsorganisationen. Vgl.: *O. V.:* Obituary. Sir Gustavus Nathan. In: Jewish Chronicle, Nr. 1733 vom 20.6.1902, 13; *Williams,* Bill: The Making of Manchester Jewry. 1740–1875. Manchester 1976. Ein weiterer Geschäftskontakt in Manchester war das Handelshaus Straus Brothers & Sons, dessen Gründer Raphael Sigismund Straus (1816/17–1880) ursprünglich aus Frankfurt am Main stammte. In der englischen Industriestadt war er ab 1856 Schatzmeister der reformorientierten jüdischen Gemeinde. Vgl.: Straus, Raphael Sigismund. In: *Rubinstein,* William D./*Jolles,* Michael/*Rubinstein,* Hilary D. (Hg.): The Palgrave Dictionary of Anglo-Jewish History. Houndmills 2011, 966.

ging. Von nun an erwarb er das benötigte Garn von seinen langjährigen Geschäftspartnern aus Manchester, obwohl diese Industriestadt als Bezugsquelle für Garn und Baumwolle untypisch war. Das Zentrum für den Handel mit jenen Gütern in England bildete die Hafenstadt Liverpool; in Manchester wurden fast ausschließlich gewebte Baumwollstoffe umgeschlagen.[155] In Liverpool hätte Silberstein aber schwerlich jüdische Geschäftspartner finden können, da es dort kaum jüdische Handelshäuser gab.[156] Auch dieser Umstand illustriert das Vorliegen einer strukturellen Einbettung in ethnische Netzwerke beim Bezug zentraler Güter.

Silberstein war es also auch nach dem Übergang von der kaufmännischen Tätigkeit zur eigenen Produktion von Baumwollwaren derartig wichtig, seine alten Geschäftsverbindungen aufrechtzuerhalten, dass er das benötigte Garn über die bestehenden Netzwerke bezog, obwohl sie auf den Verkauf fertiger Textilien ausgerichtet waren. An dieser Stelle kann natürlich auf die zeitliche Einbettung dieser Geschäftsbeziehungen verwiesen werden: Silberstein entschied sich auf Grundlage der guten Erfahrungen, die er mit den Zwischenhändlern in der Vergangenheit gemacht hatte, das für die Produktion notwendige Garn von ihnen zu beziehen. Schließlich dürfte die informelle institutionelle Einbettung der Geschäftsbeziehungen aufgrund der gemeinsamen Zugehörigkeit zur jüdischen Reformbewegung stabilisierend gewirkt haben.

Doch lässt sich bereits ab dem Jahr 1881 ein grundlegender Wandel der Bezugswege von Markus Silberstein feststellen. Statt die Garne von den jüdischen Zwischenhändlern aus Manchester zu erwerben, bezog er sie fortan direkt. Dabei handelte es sich in erster Linie um die Wollspinnereien Germain & Co sowie Köchlin, Schwarz & Co, die beide im damals zum Deutschen Reich gehörenden Elsass angesiedelt waren. Dieser direkte Einkauf beim Produzenten war ein Trend, der sich für Silbersteins Geschäftskontakte zu Beginn der 1880er Jahre immer mehr verstärkte. Spielten die Zwischenhändler Heymann & Alexander (Bradford, England) in den Jahren 1882/1883 noch eine wichtige Rolle beim Bezug von Kammgarn, büßten sie in den folgenden Jahren stark an Bedeutung ein. Im Gegenzug wurden Beziehungen zur Spinnerei von Heinrich Dietel (1814–1883) aus Wilkau in Sachsen aufgenommen.

In all diesen Fällen spielte eine strukturelle Einbettung der Geschäftsbeziehung kraft gemeinsamer religiöser Zugehörigkeit offenbar kaum mehr eine Rolle. Germain & Co war eine Aktiengesellschaft,[157] deren Gründer Protestan-

155 *Chapman:* Merchant Enterprise in Britain 76.

156 *Pollins,* Harold: Economic History of the Jews in England. Rutherford u. a. 1982, 95.

157 Zur Geschichte des Unternehmens vgl.: *Filature de laine peignée Germain & Co*: Notice historique sur la Filature de Laine Peignée de Malmerspach. Dédiée par la gérance à Messieurs les Actionnaires. Mulhouse 1884.

ten waren. Dasselbe trifft auf die Familie Köchlin[158] und Heinrich Dietel[159] zu. Das Handelshaus Heymann & Alexander hatte noch die stärkste Verbindung zur jüdischen Welt: Gegründet wurde es in den 1830er Jahren von Lewis Heymann (1802–1869),[160] einem jüdischen Kaufmann aus Mecklenburg, der nach seiner Übersiedlung nach England zum Christentum konvertierte, und dem Hamburger Kaufmann Adolph Alexander (1799–1869),[161] der 1851 bis 1866 Vorsitzender der deutsch-israelitischen Gemeinde der Hansestadt war.

Blieben nicht-jüdische Zulieferer für Garne und Rohstoffe bis zum Beginn der 1880er Jahre noch die Ausnahme, wurden enge geschäftliche Kontakte zu ihnen in der Folgezeit zum Regelfall. Diese Verschiebung in der Wahl zentraler Handelspartner hing sicherlich mit dem Übergang zur eigenen Produktion von Textilien zusammen, die qualitativ hochwertige Rohstoffe zu günstigen Preisen nötig machte.

Dennoch ist es erklärungsbedürftig, warum sich Silberstein von den jüdischen Zwischenhändlern abwandte, insbesondere, da dies nicht erfolgte, als er seine Wirtschaftstätigkeit vom Handel auf die Produktion umstellte, sondern erst zu einem späteren Zeitpunkt. Es scheint, als ob er erst zu diesem späten Zeitpunkt das nötige Vertrauen zu nicht-jüdischen Zulieferern fassen konnte. Die Zuverlässigkeit seiner Handelspartner musste nun nicht mehr mittels struktureller Einbettung aufgrund der gemeinsamen Zugehörigkeit zu einer ethnischen/religiösen Gruppe gesichert werden. Vielmehr wurde die Generierung des nötigen Vertrauens über alternative Formen der Einbettung gewährleistet.

Die strukturelle Einbettung der Geschäftsbeziehungen zu den neuen Wollspinnereien basierte auf anderen Netzwerken. So belieferte etwa die Firma Germain & Co viele weitere Unternehmen in Lodz und anderen Orten in Kongresspolen. Vor diesem Hintergrund ist es naheliegend, dass Markus Silberstein durch seine lokalen Netzwerke Auskünfte über die Reputation der Garnproduzenten einholte und sich deshalb entschloss, mit ihnen in eine wirtschaftliche Austauschbeziehung zu treten. Die initiierte Geschäftsverbindung verlief für beide Seiten erfolgreich und hatte bis zum Ersten Weltkrieg Bestand: Sie wurde also auch zeitlich eingebettet.

158 Die Familie Köchlin (auch Koechlin) spielte in der Wirtschaftsgeschichte des Elsass eine prominente Rolle. Sie war nicht nur in der Textilindustrie aktiv, sondern betätigte sich auch beim Bau von Eisenbahnstrecken und im Maschinenbau. Vgl.: *Smith*, Michael Stephen: The Emergence of Modern Business Enterprise in France, 1800–1930. Cambridge/Massachusetts 2006, insbesondere Kap. 4 und 7.

159 Dietel war in späteren Jahren in der evangelischen Gemeinde von Sosnowiec (eine Kleinstadt nahe Katowice) aktiv. Vgl.: *O. V.:* Aus Sosnowice. In: Evangelisch-Lutherisches Kirchenblatt, Nr. 18 vom 18.(3.)9.1896, 142–143.

160 Vgl.: Heymann, Lewis. In: *Rubinstein*, William D./*Jolles*, Michael/*Rubinstein*, Hilary D. (Hg.): The Palgrave Dictionary 424.

161 Für eine kurze biografische Skizze Adolph Alexanders vgl.: *Heyden*, Wilhelm: Die Mitglieder der Hamburger Bürgerschaft 1859–1862. Hamburg 1909, 3f.

Silbersteins Geschäftskontakte im Fernhandel glichen sich an die Gegebenheiten in Lodz an: War es in seiner Heimatstadt für ihn üblich, in ökonomischen Angelegenheiten ethnische Grenzen zu überschreiten, wurde er schließlich auch im Ausland Teil interethnischer Geschäftsnetzwerke. Unter Lodzer Fabrikanten war dies allerdings die Ausnahme. Ein Großteil der deutschen Textilunternehmen bezog zentrale Güter ausschließlich von deutschen Zwischenhändlern.[162]

2.3 Markus Silbersteins Leben in einem Moment der Umwälzung

Silbersteins Abkehr von ethnischen Geschäftsnetzwerken im Fernhandel stellte also eine Besonderheit unter den Lodzer Unternehmern dar, die im folgenden Abschnitt in den Kontext seiner biografischen Entwicklung eingeordnet werden soll. Den Ausgangspunkt bildet die Annahme einer reziproken Beeinflussung von Lebensführung und wirtschaftlichen Praktiken. Diese Interpretation basiert nicht auf polarisierenden Annahmen, dass entweder die Wirtschaft die restlichen Lebensbereiche dominiert oder die Kultur die Entwicklung der Ökonomie bestimmt, sondern stellt interdependente Einflüsse zwischen den beiden Sphären in das Zentrum der Betrachtung.[163] Silbersteins ökonomische Aktivitäten sollen mit seiner Lebensführung jenseits des Wirtschaftens in Bezug gesetzt werden, um so eine umfassendere Interpretation des unternehmerischen Handelns zu entwerfen. Daher erfolgt die Rekonstruktion der Lebenswelt Markus Silbersteins anhand des sozialen Engagements, der Betätigung in religiösen Organisationen und der bürgerlichen Repräsentation. Erst über dieses genauere Verständnis seiner Person gewinnen die oben beschriebenen sozialen Einbettungsformen an Anschaulichkeit und Aussagekraft.

Grundsätzlich steht Silbersteins Biografie im Kontext seiner Familiengeschichte für einen fundamentalen Übergang. Auch wenn sich Joachim Silberstein, Markus' Vater, bereits in der reformorientierten Bewegung engagiert hatte, verlief sein Leben als Kaufmann in den traditionellen Bahnen der jüdischen Gemeinschaft. Markus hingegen war an seinem Lebensende vielfacher Millionär[164] und Anteilseigner mehrerer Großunternehmen.[165] Außerdem gehörte er zur Lodzer gesellschaftlichen Elite: Im Jahr 1897 wurde ihm, als Teil einer Delegation von führenden Unternehmern Kongresspolens, eine

162 *Bielschowsky:* Die Textilindustrie 71.

163 Vergleiche zu diesem Ansatz das Modell der *multiple markets,* zusammengefasst bei: *Zelizer:* Beyond the Polemics.

164 *Pytlas:* Łódzka burżuazja przemysłowa 58 f.

165 *Kempa/Szukalak:* The Biographical Dictionary 235.

Audienz bei Zar Nikolaus II. gewährt.[166] Infolge des wirtschaftlichen und sozialen Aufstiegs waren Silbersteins Kinder qua Geburt Mitglieder der höchsten gesellschaftlichen Kreise. Sie konnten Schulen und Universitäten im Ausland besuchen und einige verließen Lodz dauerhaft. Zwischen dem polyglotten Leben seiner Kinder und der traditionellen Lebenswelt seines Vaters nimmt die Biografie Markus Silbersteins ein Mittelposition ein.

Er kombinierte Elemente traditionellen jüdischen Lebens mit neuen Formen gesellschaftlichen Engagements und bürgerlicher Repräsentation. Aufgrund dieser hybriden Lebensgestaltung gilt Silbersteins kulturelle Zugehörigkeit bis heute als umstritten. Ihm wurde sowohl bescheinigt, ein »Jude mit jüdischem Herz«[167] zu sein, als auch die deutsche Kultur angenommen,[168] beziehungsweise die Assimilation an das Polentum unterstützt zu haben.[169] Doch werden diese verkürzten Charakterisierungen Silbersteins Leben in einem Übergangsmoment nicht gerecht.

Karitatives Engagement

Der Wohltätigkeit (hebr.: *zedaka*) kam im traditionellen Judentum ein hoher Stellenwert zu.[170] Armenhilfe galt als religiöse Pflicht, der durch wiederholtes, aber punktuelles Engagement Genüge getan wurde. Die Haskala, die jüdische Aufklärung, entwickelte eine neue Sicht auf karitatives Handeln, das von nun an auf eine dauerhafte Hilfe zur Selbsthilfe ausgerichtet war. Diese grundlegende Veränderung jüdischen Sozialengagements kann auch an Markus Silberstein beobachtet werden.

Betätigte er sich zu Beginn der 1880er Jahre noch als Vorsitzender einer traditionellen jüdischen Bruderschaft, unterstützte er ab Mitte des Jahrzehnts die Gründung einer Gewerbeschule, eines Waisenhauses mit angeschlossener Schule und eines jüdischen Wohltätigkeitsvereins. Dies führte allerdings nicht dazu, dass Silberstein die traditionellen Bahnen der Zedaka vollkommen verließ.

166 *NK:* Łódź, we wrześniu [Lodz im September]. In: Izraelita, Nr. 37 vom 5.(17.)9.1897, 354–355.

167 *Kahan:* Lazar Kahan's ilustirerter yohrbukh 39.

168 Vgl.: *Guesnet:* Polnische Juden im 19. Jahrhundert 327; *Owen,* Thomas C.: Impediments to a Bourgeois Consciousness in Russia, 1880–1905: The Estate Structure, Ethnic Diversity, and Economic Regionalism. In: *Clowes,* Edith W./*Kassow,* Samuel D./*West,* James L. (Hg.): Between Tsar and People. Educated Society and the Quest for Public Identity in Late Imperial Russia. Princeton 1991, 75–92, hier 85.

169 *Pytlas:* Łódzka burżuazja przemysłowa 426.

170 Vgl.: *Grill,* Tobias: Das Wirken deutscher Rabbiner und deutsch-jüdischer Pädagogen in den jüdischen Gemeinden Osteuropas (1839–1939). Ein Beitrag zur Kulturtransferforschung. Dissertation. München 2009, 542–544.

Die Intensität des sozialen Engagements war eng mit seinem wirtschaftlichen Erfolg verbunden. So lassen sich in den Geschäftsbüchern zunächst kaum Spenden nachweisen, ab Mitte der 1880er Jahre gehörten sie aber zu den regelmäßigen Ausgaben der Firma. Ihre Höhe zeigt den zunehmenden Reichtum der Familie Silberstein an: Spendete sie 1886 noch gut 2.600 Rubel, waren es 1898 über 100.000 Rubel.[171]

Im Jahr 1881 beteiligte sich Markus Silberstein an der Gründung der Vereinigung »Bikur Cholim« (dt.: Das Besuchen der Kranken), deren Vorsitz er bis 1887 innehatte.[172] Bikur Cholim war eine *chevra* (dt.: Bruderschaft), also eine Organisation der jüdischen Gemeinde, die karitativen Zwecken diente,[173] und deren Leitung mit großer Anerkennung einherging.

Nach der Abgabe des Vorsitzes von Bikur Cholim setzte sich Silberstein gemeinsam mit dem Lodzer Stadtrabbiner Eliyahu Chaim Meisel (1821–1912) für die Errichtung einer jüdischen Gewerbeschule ein, die 1890 ihre Arbeit aufnahm.[174] Zu diesem Zweck gelang es Silberstein, eine Vielzahl jüdischer und nicht-jüdischer Unternehmer zur finanziellen Unterstützung des Vorhabens zu bewegen.[175] Die Gewerbeschule sollte in erster Linie Kindern aus armen Verhältnissen den Zugang zu einer Berufsausbildung ermöglichen. Der Journalist Saul Raphael Landau (1870–1943) beschrieb sie bei einem Besuch in Lodz 1898 als »Musteranstalt«, an der neben profanen Fächern und der praktischen handwerklichen Ausbildung auch religiöse Bildung und das Hebräische vermittelt würden.[176] Silberstein brachte kontinuierlich Geldbeträge für den Betrieb der Schule ein.[177] Dass diese neue Form der Wohltätigkeit, die auf eine anhaltende Veränderung der Lage der Armen zielte, mit traditionellen Kommunikationsformen im religiösen Raum kompatibel war, zeigt die Ankündigung der Gründung der Gewerbeschule während des Eröffnungsgottesdienstes der reformorientierten Neuen Synagoge.[178]

171 Społki Akcyjnej Wyrobow wełnianych i bawełnianych M. Silberstein w Łodzi, General-Memorial (1873–1899). APŁ, Sig. 117.

172 *Puś:* Żydzi w Łodzi 179.

173 Die Ausführungen zur Bikur Cholim stützen sich auf: *Grill:* Das Wirken deutscher Rabbiner 542 f.

174 *Kempa/Szukalak:* The Biographical Dictionary 235.

175 *Elkan:* Z życia [Aus dem Leben]. In: Izraelita, Nr. 29 vom 14.(26.)7.1889, 232–234, hier 233.

176 *Landau,* Saul R.: Unter jüdischen Proletariern. Reiseschilderungen aus Ostgalizien und Russland. Wien 1898, 82.

177 So findet sich in seinen Geschäftsbüchern beispielsweise für das Jahr 1898 eine Spende von 10.000 Rubel: Społki Akcyjnej Wyrobow wełnianych i bawełnianych M. Silberstein w Łodzi, Memorial (1892–1899). APŁ, Sig. 118, 255.

178 *N.:* Nowa synagoga i jej otwarcie [Die neue Synagoge und ihre Eröffnung]. In: Izraelita, Nr. 37 vom 11.(23.)9.1887, 295–297, hier 296.

Auch Silbersteins Engagement für ein jüdisches Waisenhaus in Lodz weist auf das Prinzip Hilfe zur Selbsthilfe hin. Im Jahr 1893 begünstigte er maßgeblich die Gründung einer solchen Einrichtung für 65 Kinder[179] und widmete das Waisenhaus dem Andenken seines Neffens Stanisław J. Silberstein, der 1891 bei einem Betriebsunfall ums Leben gekommen war.[180] Die Cholera-Epidemie in Lodz 1892 verlieh der Gründung dieser Einrichtung zusätzliche Dringlichkeit, da sich die Zahl der Waisenkinder in ihrer Folge stark erhöhte.[181] Das Aufsichts- und Unterstützungskomitee für das Waisenhaus bestand unter anderem aus Zygmunt Lichtenfeld und August Baruch, zwei engen Geschäftspartnern Silbersteins.[182]

Silberstein wollte den Kindern aber mehr bieten als nur ein Dach über dem Kopf, was 1895 zur Gründung einer Schule am Waisenheim führte, deren pädagogische Ausrichtung er anschließend selbst beaufsichtigte.[183] Die Schüler wurden in den Fächern jüdische Religion, Hebräisch, Russisch, Polnisch, Deutsch, Arithmetik und Geografie unterrichtet; zudem erhielten sie eine handwerkliche Ausbildung in Silbersteins Textilfabrik.[184] Neben Naturalien wie Kartoffeln, Kohl und Sellerie[185] spendete Silberstein immer wieder große Geldbeträge für den Betrieb der Einrichtung: So vermachte er dem Waisenhaus allein im Jahr 1898 die Summe von 115.000 Rubel.[186]

Das Engagement im Sinne einer modernen Sozialpolitik schloss eine Fortführung traditioneller Formen der Wohltätigkeit nicht aus. Darüber geben die Unterlagen des Lodzer Notars Josif Leopol'dovič Grabovskij[187] Aufschluss, der Markus Silberstein und seine Frau Teresa am 11. Dezember 1892 in seiner Kanzlei empfing.[188] Sie gaben zu Protokoll, Silberstein habe im September desselben Jahres während des Gottesdienstes zu Jom Kippur öffentlich versprochen, dem jüdischen Krankenhaus in Lodz 3.000 Rubel zu spenden, die dem Andenken

179 *Fyn:* Łódzkie instytucje filantropijne [Philanthropische Institutionen in Lodz]. In: Izraelita, Nr. 21 vom 17.(29.)5.1896, 181–182.

180 *O. V.:* Wspomnienia pośmiertne [Posthume Erinnerungen]. In: Izraelita, Nr. 6 vom 25.1.(6.2.)1891, 58.

181 *Fyn:* Łódzkie instytucje filantropijne.

182 Ebd.

183 *NK:* Łódź w grudniu [Lodz im Dezember]. In: Izraelita, Nr. 49 vom 11.(23.)12.1898, 519–520, hier 519.

184 Ebd.

185 Społki Akcyjnej Wyrobow wełnianych i bawełnianych M. Silberstein w Łodzi, Memorial (1892–1899). APŁ 118, 255.

186 *Puś:* Żydzi w Łodzi 189.

187 Diese Namensschreibung stammt aus einem russischsprachigen Dokument. Der Notar ist auch unter dem Namen Josef bzw. Józef Grabowski bekannt.

188 Petrokovskij gubernskij sovet. O darenii Markusem Ioachimovičem i Teresoju Moiseevnoju suprugami Zil'berštejn 3000r. v pol'zu Lodzinskoj evrejskoj bol'nicy (18.12.1892–16.12.1893). Central Archives for the History of the Jewish People, HM7248c.

seines im August 1892 verstorbenen Schwiegervaters gewidmet sein sollten.[189] An diese Spende knüpfte er jedoch zwei Bedingungen: Erstens sollte das Krankenhaus mit einer Tafel an Moses Kohn erinnern und zweitens zu seinem Todestag im jüdischen Monat Elul in der Synagoge des Krankenhauses ein Gottesdienst abgehalten werden, bei dem das *Kaddisch* und das Gebet *El male rachamim* (dt.: Gott voll des Erbarmens) zu Ehren des Verstorbenen zu sprechen seien.[190] Dieser Verpflichtung habe das Krankenhaus unter genauer Beachtung der Jahrzeit, also des Todestages Moses Kohns, nachzukommen. Durch die Ankündigung der Spende während eines Gottesdienstes und die an sie geknüpften Bedingungen ist sie im Bereich der traditionellen jüdischen Wohltätigkeit zu verorten. Zur Pflege des Andenkens an seine Angehörigen schien ihm dieses Vorgehen offensichtlich angemessen.

Des Weiteren förderten Teresa und Markus Silberstein Sommerlager für jüdische Kinder,[191] gründeten einen jüdischen Kindergarten,[192] spendeten an den »Verein zur gegenseitigen Unterstützung jüdischer Lehrer und Lehrerinnen«,[193] beteiligten sich finanziell an der Einrichtung eines jüdischen Krankenhauses in Warschau,[194] halfen von Zeit zu Zeit Einzelpersonen mit kleineren Geldbeträgen,[195] überwiesen 500 Rubel an die jüdische Gemeinde in Frankfurt am Main[196] und steuerten Geld zum Betrieb einer jüdischen Armenküche in Lodz bei.[197] Zudem war Silberstein maßgeblich an der Gründung des hiesigen jüdischen Wohltätigkeitsvereins beteiligt, der Ende der 1890er Jahre seine Arbeit aufnahm. Bereits seit der Etablierung des christlichen Wohltätigkeitsvereins 1885 war versucht worden, ein jüdisches Pendant bei den Behörden durchzusetzen, die sich dem Anliegen allerdings lange Zeit verschlossen.[198] Auch in seinem Testament zeigte sich Silberstein großzügig gegenüber einer Vielzahl von Orga-

189 Ebd. 2.

190 Ebd. 2ob.

191 *O. V.:* Na rzecz [Zur Sache]. In: Kurjer Warszawski, Nr. 142 vom 13.(25.)5.1891, 5; *Emes:* Z Łodzi [Aus Lodz]. In: Izraelita, Nr. 21 vom 19.(31.)5.1895, 174; *O. V.:* Zarząd łódzkich kolonij letnich [Vorstand der Lodzer Sommerlager]. In: Izraelita, Nr. 39 vom 22.9.(4.10.)1895, 324; *Puś:* Żydzi w Łodzi 192.

192 NK: Łódź, w sierpniu [Lodz im August]. In: Izraelit, a Nr. 32 vom 7.(19.)8.1898, 337–338.

193 *O. V.:* Echa łódzkie [Echo Lodz]. In: Kurjer Warszawski, Nr. 85 vom 14.(26.)3.1896, 5; *O. V.:* Z prowincji [Aus der Provinz]. In: Izraelita, Nr. 12 vom 13.(25.)3.1898, 129.

194 *Emes:* Z Łodzi.

195 Społki Akcyjnej Wyrobow wełnianych i bawełnianych M. Silberstein w Łodzi, Memorial (1892–1899). APŁ, Sig. 118, 7, 71, 75. Hier sind etwa die Bezahlung von Schulgeld oder ein Zuschuss zum Kauf eines Hochzeitskleids dokumentiert.

196 Społki Akcyjnej Wyrobow wełnianych i bawełnianych M. Silberstein w Łodzi, Memorial (1892–1899). APŁ, Sig. 118, 6.

197 *O. V.:* Z wycieczki do Łodzi [Von einem Ausflug nach Lodz]. In: Izraelita, Nr. 18 vom 26.4.(8.5.)1896, 156.

198 *Puś:* Żydzi w Łodzi 180.

nisationen. Darunter waren jüdische Vereine in Lodz, Warschau und Krakau sowie in den nahe gelegenen Orten Pabianice und Ujazd.[199]

Im Vergleich zu dieser Bandbreite an Aktivitäten zur Förderung jüdischer Institutionen nimmt sich Silbersteins wohltätiges Engagement für supraethnische oder christliche Vereine bescheiden aus. Hier finden sich in den Unterlagen lediglich eine Mitgliedschaft beim Roten Kreuz,[200] die Vergabe von Stipendien an zwei christliche Gymnasiasten[201] und die Bereitstellung von Preisen für eine Tombola zugunsten eines Waisenhauses für jüdische und christliche Kinder in Warschau.[202] Zwar nannte Markus Silberstein den christlichen Wohltätigkeitsverein von Lodz in seinem Testament prominent an erster Stelle und vererbte ihm 3.000 Rubel, dennoch kann diese symbolische Geste nicht darüber hinweg täuschen, dass der Schwerpunkt seiner karitativen Tätigkeit im jüdischen Milieu lag.

Für Unternehmer im Zarenreich, ganz gleich ob jüdisch oder christlich, hatte das Engagement für mildtätige Zwecke häufig die Funktion, soziales Kapital zu generieren und auf diese Weise die eigene Reputation zu steigern.[203] Wenn Silberstein seine Aktivitäten im sozialen Bereich fast ausschließlich auf die jüdische Sphäre begrenzte, korrespondiert dies mit dem hohen Anteil jüdischer Geschäftspartner in Lodz selbst. Offensichtlich bezog er den Großteil seines sozialen Kapitals aus den Verbindungen zur jüdischen Gemeinde. Zwar war Silberstein in Lodz auch Teil interethnischer Unternehmernetzwerke, doch waren seine Spenden für christliche oder supraethnische Wohlfahrtsvereinigungen eher gering. Gleichwohl ließ er den christlichen Arbeitern seiner eigenen Betriebe materielle Unterstützung zukommen.

Im karitativen Bereich lässt sich im Verhalten von Markus Silberstein also ab Beginn der 1880er Jahre eine grundsätzliche Veränderung feststellen: die eine Hinwendung zu modernen, bürgerlichen Formen des sozialen Engagements.[204] Diese Verschiebung erfolgte parallel zu den Veränderungen in Silbersteins Fernhandelsnetzwerken. Eine klare Wechselwirkung zwischen diesen beiden Bereichen erscheint auf den ersten Blick unwahrscheinlich. Doch wenn man das eingangs formulierte Konzept der Interdependenz verschiedenen Be-

199 Społki Akcyjnej Wyrobow wełnianych i bawełnianych M. Silberstein w Łodzi, Memorial (1892–1899). APŁ, Sig. 118, 297 f.

200 *Kempa/Szukalak:* The Biographical Dictionary 235.

201 Anlässlich der Bar Mitzwa seines Sohns spendete Markus Silberstein zu diesem Zweck insgesamt 160 Rubel. Vgl.: *Osser,* H.: Z miasta i kraju [Aus Stadt und Land]. In: Izraelita, Nr. 15 vom 31.3.(12.4.)1889, 123.

202 *O. V.:* Na przytulisko [In der Zufluchtsstätte]. In: Kurjer Warszawski, Nr. 130 vom 30.4.(12.5.)1894, 5.

203 *Pietrow-Ennker:* Unternehmer im Russischen Reich 416.

204 Diese Beobachtung machte Bianka Pietrow-Ennker am Beispiel von I. K. Poznański, verband sie aber mit der Behauptung, dies stelle eine Akkulturierung an das christliche Wirtschaftsbürgertum dar. Vgl.: *Pietrow-Ennker:* Wirtschaftsbürger und Bürgerlichkeit 185 f.

tätigungsfelder Silbersteins ernstnimmt, ist diese Koinzidenz bemerkenswert. Die Gleichzeitigkeit weist auf eine Entwicklung der psychischen Konfiguration Silbersteins und eine umfassende Abkehr von traditionellen Einstellungen hin.

Silberstein und das reformorientierte Judentum

Ein Bereich, in dem sich nachweisen lässt, wie Markus Silberstein sein Engagement in einer partikularen Sphäre einsetzte, um allgemeine gesellschaftliche Anerkennung in Lodz zu gewinnen, ist seine Mitgliedschaft in der reformorientierten jüdischen Gemeinde. An diesem Beispiel lässt sich zudem erkennen, wie er sich für den religiösen Wandel in der jüdischen Welt engagierte. Somit kann ein weiteres Moment des Übergangs in seiner Biografie aufgezeigt werden.

Die Zugehörigkeit zum »Deutschen Tempel« der reformorientierten Gemeinde von Lodz lässt sich anhand von Silbersteins Geschäftsbüchern erstmals für das Jahr 1881 feststellen, als er den Mitgliedsbeitrag von 80 Rubel pro Monat zahlte.[205] Ab dieser Zeit war er auch im Baukomitee für die Errichtung der reformorientierten Synagoge aktiv, die 1887 fertiggestellt wurde.[206] Neben seiner finanziellen und organisatorischen Unterstützung stiftete Silberstein zur Einweihung der Neuen Synagoge die *parochet,* also den Vorhang vor dem Thoraschrein, der aus purem Goldsamt bestanden haben soll.[207] Solch einem Vorhang kommt eine große Bedeutung in der Gestaltung einer Synagoge zu, da der Thoraschrein, den er verdeckt, im Regelfall den zentralen Bezugspunkt eines jüdischen Gotteshauses darstellt. Dieses prestigeträchtige Geschenk war Ausdruck der Position, die Silberstein im Laufe der 1880er Jahre in der reformorientierten Gemeinde erreicht hatte. Er war zum Mitglied des Ad-hoc-Komitees zur Erstellung des Synagogenstatuts bestimmt worden. Zudem wurde er von den 77 Gründungsmitgliedern der Neuen Synagoge in das reguläre Synagogenkomitee gewählt.[208] Vorsitzender war zunächst der Fabrikant Izrael K. Poznański, Silberstein nahm diesen Posten später für einige Jahre ein, auf ihn folgte der Unternehmer Szaja Rosenblatt.[209]

Die Mitglieder der reformorientierten Gemeinde waren an engen Beziehungen mit der christlichen Bevölkerung interessiert, wie sich den Berichten über die Eröffnung der Neuen Synagoge entnehmen lässt.[210] Zur Einweihung des 550 Personen fassenden Gotteshauses am 15. September 1887 erschienen nicht

205 Społki Akcyjnej Wyrobow wełnianych i bawełnianych M. Silberstein w Łodzi, General-Memorial (1873–1899). APŁ, Sig. 117, 142.

206 Vgl.: *Puś:* Żydzi w Łodzi 174. Zum Bau der Synagoge der reformorientierten Kreise vgl.: *Walicki:* Synagogi i domy 36–60.

207 *N:* Nowa synagoga 296.

208 *Walicki:* Synagogi i domy 49.

209 *Puś:* Żydzi w Łodzi 177.

210 *N:* Nowa synagoga.

nur hohe städtische Beamte, sondern auch der lokale Gouverneur. Ihm wurde der Schlüssel zur Synagoge übergeben, mit dem er ihre Türen persönlich öffnete. Er beteiligte sich auch am anschließenden Gottesdienst, der neben Gebeten für den Zaren und die Obrigkeit im Allgemeinen eine Predigt unter dem Titel »Mein Haus wird ein Bethaus heißen für alle Völker« (Jes 56,7) von Hermann Klüger (1840–1920) umfasste, die auf Polnisch gehalten wurde.[211] Seinen Abschluss fand der Gottesdienst mit dem Singen der russländischen Nationalhymne, intoniert vom Chor der Synagoge, der von einem Orchester begleitet wurde.[212] An den anschließenden Feierlichkeiten mit Bankett, die sich bis nach Mitternacht hinzogen, nahmen viele Vertreter der christlichen Wirtschaftselite teil. Zu ihr gehörte unter anderem der Textilunternehmer Karl Scheibler, der sich mit 15.000 Rubeln an den insgesamt 225.000 Rubel umfassenden Baukosten der Synagoge beteiligt hatte.[213]

Der Lodzer Stadtrabbiner Meisel hingegen war der Eröffnung ferngeblieben, stand er doch dem reformorientieren Judentum und seinen Veränderungen des Ritus ablehnend gegenüber. Anwesend waren allerdings die Chefredakteure der beiden Warschauer Zeitungen »Izraelita« (dt.: Der Israelit) und »Ha-Tsefira« (dt.: Der Morgen). Diese enge Verbindung der fortschrittlichen Juden aus Lodz mit Gleichgesinnten aus Warschau[214] spiegelt sich auch in Markus Silbersteins Geschäftsbeziehungen wider: Unter seinen dortigen Geschäftspartnern waren fast ausschließlich Mitglieder der reformorientierten Gemeinde.

Insgesamt können die intensiven Verbindungen zu den christlichen Eliten aus Politik und Wirtschaft, die ihren symbolischen Ausdruck unter anderem in der beschriebenen Eröffnung der Neuen Synagoge fanden, ebenso wie das kühle Verhältnis zu den traditionellen jüdischen Autoritäten, hier verkörpert durch den Stadtrabbiner, als Quintessenz der gesellschaftlichen Ausrichtung der reformorientieren jüdischen Gemeinden im Zarenreich bezeichnet werden. Silbersteins prominente Stellung im reformorientierten Judentum von Lodz verortet ihn genau an dieser Schnittstelle neuer Selbstdefinitionen das Religiöse und die interethnischen Kontakte betreffend.

Markus Silberstein strebte also nach Formen der gesellschaftlichen Repräsentation, die kompatibel mit der sozialen Welt der christlichen Wirtschaftsbürger von Lodz waren, ohne dabei seine jüdische Zugehörigkeit aufzugeben. Dieser Tendenz der interethnischen Annäherung folgten auch seine wirtschaftlichen Aktivitäten. Er partizipierte also an einer gesellschaftlichen Neuausrichtung der jüdischen Eliten und gestaltete diesen Wandel selbst mit.

211 *Walicki:* Synagogi i domy 52; *N:* Nowa synagoga.

212 *Walicki:* Synagogi i domy 52. Dieser Punkt ist insofern bemerkenswert, als in Synagogen seit Jahrhunderten zum Zeichen der Trauer über den Verlust des Zweiten Tempels auf Instrumentalmusik verzichtet worden war.

213 *N:* Nowa synagoga 296.

214 *Walicki:* Synagogi i domy 52.

Bürgerliche Selbstdarstellung

Bei dem Bereich der bürgerlichen Repräsentation handelt es sich um die gesellschaftliche Sphäre, die den höchsten Grad an Übereinstimmung zwischen jüdischen und christlichen Wirtschaftsbürgern in Lodz aufweist. Dies trifft auch auf Markus Silberstein zu. Die trotz allem vorhandenen »feinen Unterschiede« (Pierre Bourdieu) zwischen jüdischen und christlichen Unternehmern werde ich im Folgenden am Beispiel der Errichtung von Fabrikgebäuden, Villen und Grabmälern, der Ausformung einer vornehmen Lebensart, der Ausbildung der Kinder, der Gestaltung von Kuraufenthalten und anhand der Kunstförderung nachzeichnen.

Als Silberstein 1894 auf dem Grundstück an der Ulica Petrovska in Lodz ein dreistöckiges Fabrikgebäude errichten ließ, erfolgte dessen Planung auch unter ästhetischen Gesichtspunkten. Das Gebäude war von Türmen gekrönt, die Anleihen bei gotischen Motiven nahmen, und unter dem Dach verlief ein Arkadenfries.[215] Der Bau von mehrstöckigen, kunstvoll gestalteten Fabriken hatte in Lodz eine repräsentative Funktion, was in der Errichtung bedeutender Baudenkmäler, wie etwa der weißen Fabrik von Ludwik Geyer (1805–1869), resultierte.[216]

Ein weiteres wichtiges materielles Repräsentationsobjekt stellte die Fabrikantenvilla dar. Die jüdischen Unternehmer folgten in der Gestaltung häufig dem Vorbild christlicher Industrieller.[217] Im Unterschied zum Fabrikgebäude oder zur Villa verblieben die Grabstätten der jüdischen Fabrikantenfamilien von Lodz in einem jüdischen Architekturdiskurs. So weist das Grab von Jakub Hertz (1846–1929), Unternehmer und Schwiegersohn von Izrael K. Poznański, klare ästhetische Gemeinsamkeiten mit der Gruft von Amschel Mayer von Rothschild (1773–1855) in Frankfurt am Main auf.[218] Die Erbbegräbnisstätte der Familie Silberstein orientierte sich an der Gestaltung der Ruhestätte des Freiherrn Friedrich Schey von Koromla (1815–1881) in Wien.[219]

Markus Silbersteins Lebensart betreffend weisen die Beschäftigung eines Butlers, der Bezug wertvollen Glases von der Firma A. H. Pfeiffer aus Karlsbad[220] sowie die regelmäßige Bestellung teurer Zigarren aus Frankfurt am Main[221] und

215 *Rynkowska:* Ulica Piotrkowska 164.

216 *Pietrow-Ennker:* Wirtschaftsbürger und Bürgerlichkeit 186.

217 Eine hilfreiche Darstellung der Lodzer Architekturgeschichte findet sich bei: *Bedoire,* Fredric: The Jewish Contribution to Modern Architecture, 1830–1930. Jersey City 2004, 401–420.

218 Ebd.

219 Ebd. 405.

220 Społki Akcyjnej Wyrobow wełnianych i bawełnianych M. Silberstein w Łodzi, Memorial (1892–1899). APŁ, Sig. 118, 11.

221 Ebd. 16.

koscheren Weins aus Bingen am Rhein[222] auf ein bürgerliches Distinktionsbedürfnis hin, das gleichzeitig einen jüdischen Kern besaß.

Zur großbürgerlichen Lebensführung gehörte es in Lodz, seine Kinder an Bildungseinrichtungen im Ausland zu schicken.[223] So war es auch im Hause Silberstein Usus. Markus' Tochter Jadwiga Diana (1875–1945) etwa besuchte ein Mädchenpensionat in Genf,[224] sein Sohn Mieczysław (1876–1907) studierte in Deutschland sowie der Schweiz und wurde 1901 an der Universität Lausanne in Chemie promoviert.[225] Inwiefern die Kinder eine traditionelle jüdische Bildung erworben haben, geht aus den Quellen nicht hervor.

Einen weiteren Aspekt der zeitgenössischen bürgerlichen Lebensweise – auch für Markus Silberstein – bildeten regelmäßige Kuraufenthalte.[226] So besuchte die Familie schon 1880 den österreichischen Kurort Bad Ischl.[227] Zum Ende seines Lebens hin verbrachte Silberstein den Winter häufig im südfranzösischen Nizza, wo er im März 1899 auch starb.[228] Doch waren Kuraufenthalte nicht ausschließlich ein Bereich, in dem sich Juden an die Gewohnheiten christlicher Bürger anglichen, vielmehr entstand eine eigenständige jüdische Ausprägung einer Kultur der Kuren.[229]

222 Ebd. Der Wein stammte vom jüdischen Händler Wilhelm Chotzen, daher ist davon auszugehen, dass es sich um ein koscheres Erzeugnis handelte.

223 *Pietrow-Ennker*: Wirtschaftsbürger und Bürgerlichkeit 190 f.

224 Społki Akcyjnej Wyrobow wełnianych i bawełnianych M. Silberstein w Łodzi, Memorial (1892–1899). APŁ, Sig. 118, 19. Das Mädchenpensionat von Madame Mathilde Chaboux (1844–1933) war offensichtlich bei gesellschaftlichen Eliten in ganz Europa beliebt. So besuchte etwa Prinzessin Mary Karadja (1868–1943), Tochter des schwedischen Großunternehmers Lars Olsson Smith (1836–1913), die zu Beginn des 20. Jahrhunderts als Medium große Bekanntheit in spiritistischen Kreisen erlangte, die Einrichtung. Eine weitere Schülerin war die Tochter des amerikanisch-britischen Historikers Hosea Ballou Morse (1855–1934). Vgl.: *Fairbank*, John King/*Henderson Coolidge*, Martha/*Smith*, Richard J.: H. B. Morse. Customs Commissioner and Historian of China. Lexington 1995, 166.

225 *Silberstein*, Mieczyslaw: Über ein neues Isomeres des Rosindulins. Lausanne 1901.

226 In den Memoiren von Helena Anna Geyer (1855–1935), Gattin des Lodzer Fabrikanten Gustav Adolf Geyer (1844–1893) finden sich zahlreiche Hinweise auf Kuraufenthalte. Vgl.: *Geyer*, Helena Anna: Z mojego życia. Wspomnienia z lat 1855–1914 [Aus meinem Leben. Erinnerungen aus den Jahren 1855–1914]. Pod redakcją Krzystofa Pawła Woźniaka z komentarzem językoznawczym Jörga Riecke [Unter Redaktion von Krzystof Paweł Woźniak mit dem sprachwissenschaftlichen Kommentar von Jörg Riecke]. Łódź 2002. Zudem schildert der Schriftsteller Israel J. Singer ironisch die Vorbereitungen und die Durchführung von Kuraufenthalten jüdischer Bürger aus Lodz. Vgl.: *Singer*, Israel J.: Die Brüder Aschkenasi. Berlin 2005, 122, 305–308, 318 f.

227 *O. V.*: Fremden-Liste. In: Ischler Cur-Liste, Nr. 31 vom 9.9.1880, ohne Paginierung.

228 *Sp*: Z żałobnej karty [Aus der Beleidsbekundung]. In: Izraelita, Nr. 10 vom 26.2. (10.3.)1899, 101–102.

229 Vgl.: *Zadoff*, Mirjam: Nächstes Jahr in Marienbad. Gegenwelten jüdischer Kulturen der Moderne. Göttingen 2007.

Zudem betätigte sich Markus Silberstein als Sammler polnischer zeitgenössischer Kunst und war Mitglied der »Towarzystwo Zachęty Sztuk Pięknych w Królestwie Polskim« (Gesellschaft zur Förderung der schönen Künste im Königreich Polen).[230] Er förderte unter anderem den jüdischen Künstler Samuel Hirszenberg (1865–1908), Sohn eines Lodzer Webers, der die Kunsthochschulen in Krakau und München besucht hatte, 1891 nach Lodz zurückkehrte und 1907 nach Palästina emigrierte.[231] Hirszenberg fertigte 1902 ein Portrait von Teresa Silberstein (vgl. Abb. 2) an.[232] Zuvor hatte bereits der Künstler Konrad Krzyżanowski (1872–1922) ein Bildnis von Silbersteins Frau gemalt.[233] Silberstein bezog darüber hinaus von Warschauer Künstlersalons Gemälde in großer Zahl, um seine privaten und beruflichen Räumlichkeiten auszuschmücken.[234] Der Glanz seiner Gemäldesammlung verschafft der Familie bis heute Anerkennung.[235]

Mitunter richtete sich Silbersteins Mäzenatentum an Kunstschaffende, die gewisse jüdische Spezifika aufwiesen. Solchen widmete sich etwa Samuel Hirszenberg und war damit nur begrenzt erfolgreich.[236] Silbersteins Förderung seines Werks ermöglichte daher die Entstehung einer figürlichen jüdischen Kunst, die von traditionellen jüdischen Kunstformen radikal abwich.[237]

230 *Kempa/Szukalak:* The Biographical Dictionary 235.

231 Für eine kurze Biografie Hirszenbergs und eine Übersicht über den aktuellen Forschungsstand vgl.: *Weik*, Lea: Jüdische Künstler und das Bild des Ewigen Juden. Vom antijüdischen Stereotyp zur jüdischen Identifikationsfigur. Heidelberg 2015, insbesondere 72–75. Eine jiddischsprachige Broschüre, gedruckt in Warschau im Jahr 1952, charakterisiert Hirszenberg ausschließlich als Arbeitersohn, der vom Kapitalismus wie von der zarischen Herrschaft gleichermaßen abgestoßen gewesen sei. Das Portrait von Teresa Silberstein wird als Auftragsarbeit für einen Großindustriellen in diesem Zusammenhang selbstverständlich nicht erwähnt. Vgl.: *Sandel*, Josef: Shmuel Hirshenberg [Samuel Hirszenberg]. Varshe 1952.

232 Ein Teil der ehemals umfangreichen Kunstsammlung ging 1983 an das Polenmuseum in Rapperswil über. Er war Bestandteil der Erbmasse von Iza Poznańska de Landsberger (1901–1978), der Tochter Sara Salomea Silbersteins (1872–1938) und Maurycy Poznańskis, also der Enkelin sowohl Izrael K. Poznańskis und Markus Silbersteins.

233 *Krzyżanowski*, Konrad: Portret Teresy z Konów Silberstein [Portrait von Teresa Kohn-Silberstein], 1899, Öl auf Leinwand, Muzeum Narodowe w Warszawie, Zbiory sztuki polskiej do 1914 r., Inv.-Nr. l.d. K. Krzyżanowski/99.

234 *O. V.:* Milioner i malarze [Der Millionär und die Maler]. In: Gazeta Narodowa (Dodatek) [Volkszeitung, Sonderbeilage], Nr. 95 vom 4.4.1897, 1.

235 So stellte das Lodzer Stadtmuseum (Muzeum Miasta Łodzi) im Jahr 2015, im Rahmen der Feierlichkeiten zum 40-jährigen Bestehen, jene von der Familie Silberstein gesammelten Kunstwerke aus, die die Wirren und Gewalt des 20. Jahrhunderts überstanden haben und widmete dem Mäzenatentum der Familien Silberstein und Poznański einen Ausstellungskatalog. Vgl.: *Jakóbczyk*, Maja/*Nowakowska*, Monika: Dziedzictwo dwóch kultur. Kolekcja rodziny Poznańskich z Muzeum Polskiego w Rapperswilu [Das Erbe zweier Kulturen. Die Kunstsammlung der Familie Poznański aus dem Polenmuseum im Rapperswil]. Łódź 2015.

236 *Weik:* Jüdische Künstler 73.

237 Vgl. zu diesem Themenkomplex: *Cohen*, Richard I.: Jewish Icons. Art and Society in Modern Europe. Berkeley u. a. 1998.

Abb. 2: Portrait von Teresa Silberstein (Samuel Hirszenberg, 1902). Archiv des Polenmuseums in Rapperswil.

Wenn Silberstein edlen, aber eben koscheren, Wein bestellte, sich als Mäzen eines Künstlers betätigte, der hauptsächlich jüdische Sujets malte, oder eine repräsentative Grabstätte von einem jüdischen Architekten planen ließ, folgte er zwar in der Form christlichen Wirtschaftsbürgern, aber gab den Dingen gleichzeitig einen Inhalt, der durch seine jüdische Herkunft geprägt war. Im Bereich der bürgerlichen Selbstdarstellung halten sich die Gemeinsamkeiten und Unterschiede zwischen Silberstein und den christlichen Fabrikanten von Lodz gewissermaßen die Waage.

2.4 Die Interdependenz von ökonomischen Strategien und Lebensführung

Bei Markus Silberstein lassen sich also sowohl im Bereich des wirtschaftlichen als auch des alltäglichen Handelns fundamentale Veränderungen beobachten. Sie betreffen in der ökonomischen Sphäre in erster Linie die Abwendung von jüdischen Handelsnetzwerken, in der Lebensführung die Bereiche Wohltätigkeit, Religiosität und bürgerliche Selbstdarstellung.

In beiden Zusammenhängen näherte er sich christlichen Unternehmern an: Einerseits mittels der Übernahme von Formen bürgerlichen Lebens, andererseits durch intensivere wirtschaftliche Kontakte mit Christen, die Vertrauensverhältnisse voraussetzten.

Gleichwohl blieb Silbersteins jüdische Zugehörigkeit bedeutungsvoll. Dies zeigt sich sowohl in der weitgehenden Begrenzung seines sozialen Engagements auf die jüdische Welt von Lodz, auch wenn sich die Formen der *zedaka* modernisierten. Im wirtschaftlichen Bereich wird dieser Balanceakt anhand des Vergleichs von Silbersteins Geschäftsbeziehungen im Ausland deutlich, wo er sich aus jüdischen Geschäftsnetzwerken zurückzog, und im Ansiedlungsrayon, wo er kontinuierlich enge Kontakte zu anderen jüdischen Unternehmern aufrechterhielt. Die Netzwerke jüdischer Unternehmer innerhalb des Zarenreichs boten also im Gegensatz zu supraethnischen Handelskontakten, denen es zunächst an struktureller und institutioneller Einbettung ermangelte, bestimmte Vorteile.

In diesem Abschnitt konnte gezeigt werden, dass die Entstehung ökonomischer Vertrauensverhältnisse in hohem Maße vom geografischen Kontext abhängig war. Die Wirkmacht der strukturellen und informellen institutionellen Einbettung von Silbersteins Geschäftskontakten trat besonders in der Auswahl seiner jüdischen Geschäftspartner hervor, die größtenteils Anhänger des reformorientierten Judentums waren. Gleichwohl folgte der Absatz von Waren außerhalb des Ansiedlungsrayons einem wirtschaftlichen Pragmatismus: Hier pflegte Silberstein enge und stabile Geschäftsbeziehungen mit christlichen Kaufleuten.

Schließlich ist in diesem Kapitel deutlich geworden, dass Silbersteins ökonomische Aktivitäten nicht isoliert von den anderen Bereichen seines Lebens stattfanden. Seine intensiven Kontakte zu Christen führten zur Übernahme bestimmter sozialer und kultureller Eigenheiten, ohne dass er sich gänzlich assimilierte: Vielmehr bildete er eine eigenständige, moderne jüdische großbürgerliche Lebensweise aus. Ein ähnliches Resümee lässt sich bezüglich Silbersteins wirtschaftlichem Handeln ziehen: Zwar verlor die ethnische Zugehörigkeit seiner Geschäftspartner im Laufe der Zeit an Bedeutung, blieb angesichts der schwierigen Voraussetzungen für interethnische Wirtschaftskontakte im Zarenreich jedoch weiterhin von Relevanz.

3. Wilna – Die Tabakfabrik G. und L. Edelstein

Stellten die beiden anderen in der vorliegenden Untersuchung betrachteten Städte Lodz und Odessa Produkte der großen wirtschaftlichen und sozialen Transformation im Osteuropa des 19. Jahrhunderts dar, war Wilna als *alte Stadt in einem alten Land* in dieser Phase der Veränderungen aufgrund der erheblichen Bedeutung traditioneller Normen und Gebräuche besonderen Spannungen ausgesetzt. Das Wirtschaften jüdischer Unternehmer im späten 19. Jahrhundert vollzog sich unter gänzlich anderen Vorzeichen als in Lodz oder Odessa: Erstens war Wilna kein modernes Industrie- oder Handelszentrum, sondern eine mittelalterliche Stadt, die für das osteuropäische Judentum einen wichtigen religiösen Bezugspunkt darstellte. Zweitens existierten wirtschaftliche Bereiche, in die fast ausschließlich Juden involviert waren, was die Wirkmächtigkeit informeller Normen und Gebräuche verstärkte. Drittens gerieten diese überlieferten Werte zunehmend in Konflikt mit modernen ökonomischen Praktiken, die sich im Rahmen der Transformation der lokalen Wirtschaft und Gesellschaft verbreiteten. In der Summe löste sich die *moralische Gemeinschaft*[1] der Juden in Wilna aufgrund sozialer Stratifizierung und gesellschaftlicher Differenzierung zunehmend auf, was zu intensiven Konflikten führte.

Diese Entwicklungen können exemplarisch anhand der Tabakfabrik der Gebrüder Edelstein rekonstruiert werden. Die Tabakbranche wies, zumindest im Ansiedlungsrayon, in allen Bereichen der Wertschöpfungskette einen hohen Anteil an Juden auf.[2] Auch im Geschäft der Gebrüder Edelstein fanden sich jüdische Zulieferer, jüdische Arbeiter und jüdische Abnehmer. Zudem war die Fabrik das größte Unternehmen Wilnas, das im Jahr 1890 fast 300 Beschäftigte zählte.[3] Sie bildete während der wirtschaftlichen und gesellschaftlichen Transformation der jüdischen Gemeinde von Wilna einen zentralen Schauplatz gesellschaftlicher Auseinandersetzungen, was sich etwa in den Arbeitskämpfen der Jahre 1895 und 1896 widerspiegelte, die auch innerhalb der religiösen Sphäre ausgefochten wurden. Darüber hinaus lassen sich auf Grundlage der Geschäftskorrespondenz der Tabakfabrik die Sitten und Gebräuche jüdischer

1 Zu diesem Begriff, siehe oben, Einleitung, insbesondere 9.

2 *Wasserman*, Henry: Tobacco Trade and Industries. In: *Gross*, Nachum (Hg.): Economic History of the Jews. Jerusalem 1975, 206–208, hier 206f.

3 *Orlov*, Petr Aleksandrovič: Ukazatel' fabrik i zavodov evropejskoj Rossii. Materialy dlja fabrično-zavodskoj statistiki. [Verzeichnis der Fabriken und Betriebe des europäischen Russlands. Materialien für die Fabrik- und Betriebsstatistik]. Sankt-Peterburg 1894, 701.

Unternehmer in Osteuropa und ihre fundamentale Veränderung zum Ende des 19. Jahrhunderts beschreiben. Doch zunächst wird die Geschichte der Stadt und ihrer jüdischen Gemeinde skizziert, bevor anschließend die Tabakfabrik Edelstein in den Fokus der Analyse rückt.

3.1 Zwischen Tradition und Transformation

Ähnlich wie Lodz war Wilna im späten 19. Jahrhundert nicht nur *eine* Stadt, sondern mindestens drei. Zwar gab es im Alltag von Polen, Juden und Russen zahlreiche Berührungspunkte, im kulturellen Bereich trennten sie gleichwohl Welten.[4] Das polnische *Wilno* war von großer Bedeutung für die polnische Kultur, unter anderem weil Adam Mickiewicz (1798–1855), der polnische Nationaldichter, an der hiesigen Universität studiert hatte. Das jiddische *Vilne* hingegen besaß als religiöses Zentrum und Heimat des *Gaon von Wilna,* Elijah Ben Salomon Salman (1720–1797), großen Einfluss auf Millionen von Juden in Osteuropa, weshalb religiöse Konflikte innerhalb der jüdischen Gemeinde der Stadt immer auch eine Bedeutung über den lokalen Kontext hinaus hatten.[5] Das 1795 im Rahmen der Inkorporation der Stadt ins Zarenreich entstandene russische *Vil'na* spielte schließlich, spätestens seit der Niederschlagung des polnischen Januaraufstands 1863, eine große Rolle für das Projekt der Russifizierung und die Verbreitung der christlichen Orthodoxie.[6]

Doch sollen in diesem Kapitel, im Unterschied zum vorangehenden, in erster Linie die wirtschaftlichen Kontakte innerhalb der jüdischen Gemeinschaft und weniger die ökonomischen Beziehungen zu Christen im Zentrum der Analyse stehen. Der Fokus liegt auf den implizit wirksamen Normen und Gebräuchen, die Wirtschaftsbeziehungen zwischen Juden zugrunde lagen und von der historischen Entwicklung der rechtlichen Autonomie sowie eigenständiger jüdischer Zünfte und der erheblichen Bedeutung Wilnas als Zentrum religiöser Studien bestimmt waren. Gleichzeitig spielten für die Entstehung des jüdischen Wilna und die Entwicklung seiner Gemeinde lokale Traditionen der Tolerierung und Rechtsfindung eine große Rolle.

4 *Weeks,* Theodore R.: Repräsentationen russischer Herrschaft in Vil'na; Rhetorik, Denkmäler und städtischer Wandel in einer Provinzhauptstadt (1864–1914). In: *Baberowski,* Jörg/*Feest,* David/*Gumb,* Christoph (Hg.): Imperiale Herrschaft in der Provinz. Repräsentationen politischer Macht im späten Zarenreich. Frankfurt am Main 2008, 121–144, hier 124.

5 *Briedis,* Laimonas: Vilnius. City of Strangers. Vilnius 2008, 131.

6 *Weeks:* Repräsentationen russischer Herrschaft 124.

Forschungsstand

Die Geschichte Wilnas ist geprägt vom Zusammenleben der polyethnischen Einwohnerschaft und der umstrittenen Rolle der Stadt zwischen den polnischen, litauischen und russischen Nationalbewegungen.[7] David Frick, der die Praktiken der Koexistenz im Wilna des 17. Jahrhunderts untersuchte, rekonstruierte etwa die intensive Verflechtung der Einwohnerschaft über ethnische Grenzen hinweg und die Ausgestaltung des Alltagslebens sowie der interreligiösen Beziehungen.[8] Dem Entstehen der Nationalbewegungen im 19. Jahrhunert widmete sich Theodore R. Weeks. Er beschrieb die Auswirkungen auf das Zusammenleben in der multikulturellen Stadt, die bis in die jüngste Geschichte von Bedeutung waren. Seine kürzlich erschienene Monografie ist der Geschichte Wilnas zwischen 1795 und 2000 gewidmet, wobei er besonders der Frage nachgeht, wie sich das Entstehen der Nationalbewegungen auf die multikulturelle Stadt auswirkte, und welche Folgen spätere historischen Entwicklungen hatten: die Inkorporation in die Zweite Polnische Republik nach dem Ersten Weltkrieg, die Besatzungen und die deutsche Vernichtungspolitik während des Zweiten Weltkriegs, die Eingliederung in die Sowjetunion und schließlich die Neuformierung des litauischen Staates 1990.[9]

Darstellungen zur jüdischen Geschichte der Stadt befassen sich in erster Linie mit der Zeit des Zweiten Weltkriegs und der Ermordung der Juden Wilnas durch die deutschen Besatzer.[10] Zudem liegen, neben einigen Überblicks-

7 Diese Darstellung erhebt keinerlei Anspruch auf Vollständigkeit, sondern zielt darauf ab, die relevanten historischen Gegebenheiten abzubilden.

8 *Frick,* David: Kith, Kin, and Neighbors. Communities and Confessions in Seventeenth-Century Wilno. Ithaca, London 2013.

9 *Weeks,* Theodore R.: Vilnius Between Nations 1795–2000. DeKalb 2015. Darüber hinaus sei auf ein weiteres Überblickswerk zur Stadt- sowie einen Sammelband zur Erinnerungsgeschichte verwiesen: *Briedis:* Vilnius; *Venclova,* Tomas: Vilnius. Eine Stadt in Europa. Frankfurt am Main 2006; *Schulze Wessel,* Martin/*Götz,* Irene/*Makhotina,* Ekaterina (Hg.): Vilnius. Geschichte und Gedächtnis einer Stadt zwischen den Kulturen. Frankfurt, New York 2010. Zudem wurde die wichtige Studie zur Geschichte der antijüdischen Gewalt in Litauen von Darius Staliūnas herangezogen: *Staliūnas,* Darius: Enemies for a Day. Antisemitism and Anti-Jewish Violence in Lithuania under the Tsars. Budapest, New York 2015.

10 Darunter beispielsweise: *Dvorzetsky,* Mark Meir: Yerusholayim de-Lita in kamf un umkum. Zikhroynes fun vilner geto [Das Jerusalem Litauens in Kampf und Untergang. Erinnerungen an das Wilnaer Ghetto]. Paris 1948; *Arad,* Yitzhak: Ghetto in Flames. The Struggle and Destruction of the Jews in Vilna in the Holocaust. Jerusalem 1980; *Shneidman,* Norman N.: Jerusalem of Lithuania. The Rise and Fall of Jewish Vilnius: A Personal Perspective. Oakville, Buffalo 1998; *Kruk,* Herman/*Harshav,* Benjamin: The Last Days of the Jerusalem of Lithuania. Chronicles from the Vilna Ghetto and the Camps, 1939–1944. New Haven, London 2002; *Schroeter,* Gertrud: Worte aus einer zerstörten Welt. Das Ghetto in Wilna. St. Ingbert 2008.

werken,[11] Studien zur Geschichte der jüdischen Arbeiterbewegung in Wilna,[12] zur jüdischen Presse,[13] zur Bedeutung der Stadt als religiöses Zentrum,[14] zur Entwicklung der jüdischen Gemeinde in der Zwischenkriegszeit[15] und zur Funktion der Stadt als Bezugspunkt der Wilnaer jüdischen Diaspora vor.[16] Wenig Material findet sich zur Wirtschafts- und Sozialgeschichte der jüdischen Bevölkerung.[17] Im Folgenden sollen die verschiedenen Stränge der jüdischen Geschichte Wilnas, die bisher getrennt betrachtet wurden, zusammengeführt, und auf diese Weise die wirtschaftlichen Transformationen und Konflikte im religiösen Bereich miteinander in Beziehung gesetzt werden.

Wilna bis 1795

Der Rechtsstatus der frühen jüdischen Gemeinde von Wilna wurde maßgeblich von zwei Faktoren beeinflusst. Erstens war Wilna eher eine polonisierte als eine polnische Stadt.[18] In den Regelungen des Zusammenlebens der verschiedenen religiösen beziehungsweise konfessionellen Gruppen wirkten noch pagane Praktiken der Tolerierung, die aus der vorchristlichen Zeit Litauens stammten und Diversität begünstigten.[19] Zweitens war Wilna seit Mitte des 16. Jahr-

11 Vgl.: *Klausner,* Israel: Toldot ha-kehilah ha-ivrit be-vilnah [Die Geschichte der jüdischen Gemeinde in Wilna]. Vilna 1938; *Cohen,* Israel: Vilna. Philadelphia 1943; *Klausner,* Israel: Vilnah, Yerushalayim de-Lita. Dorot aharonim 1881–1939 [Wilna, Jerusalem Litauens. Die jüngste Epoche 1881–1939]. Tel Aviv 1983.

12 So spielt Wilna in Monografien zur Geschichte der jüdischen Arbeiterorganisation »Bund« eine wichtige Rolle: *YIVO* (Hg.): Di yidishe sotsyalistishe bavegung bis der grindung fun »bund«. Forshungen, zikhroynes, materyaln [Die jüdische sozialistische Bewegung bis zur Gründung des Bund. Forschungen, Erinnerungen, Materialien]. The socialist movement among the Jews up to 1897. Vilne, Pariz 1939; *Mendelsohn,* Ezra: Class Struggle in the Pale. The Formative Years of the Jewish Workers' Movement in Tsarist Russia. Cambridge 1970; *Peled,* Yoav: Class and Ethnicity in the Pale. The Political Economy of Jewish Workers' Nationalism in Late Imperial Russia. New York 1989; *Minczeles,* Henri: Histoire générale du Bund. Un mouvement révolutionnaire juif. Paris 1995. Zudem findet Wilna in den Memoiren jüdischer Arbeiterführer Erwähnung, vgl.: *Martov,* Julij: Zapiski social-demokrata. Kniga pervaja [Erinnerungen eines Sozialdemokraten. Erstes Buch]. Berlin u. a. 1922; *Mill,* John: Pionern un boyer. Memuarn. Bd. 1 [Pioniere und Erbauer. Memoiren. Bd. 1]. New York 1946; *Bernshtayn,* Leon: Ershte shprotsungen: zikhroynes [Erste Triebe: Erinnerungen]. Buenos-Aires 1956.

13 *Marten-Finnis,* Susanne: Vilna as a Centre of the Modern Jewish Press, 1840–1928: Aspirations, Challenges, and Progress. Oxford 2004.

14 *Maggid-Steinschneider,* Hillel Noah: 'Ir Vilna [Die Stadt Wilna]. Vilne 1900.

15 *Dmitrieva,* Marina/*Petersen,* Heidemarie (Hg.): Jüdische Kultur(en) im Neuen Europa: Wilna 1918–1939. Wiesbaden 2004.

16 *Lipphardt,* Anna: Vilne. Die Juden aus Vilnius nach dem Holocaust. Eine transnationale Beziehungsgeschichte. Paderborn 2010.

17 Eine der wenigen Ausnahmen ist: *Lestschinski:* Wilna, der Niedergang.

18 *Frick:* Kith, Kin, and Neighbors 416.

19 Ebd.

hunderts eine polyethnische und multireligiöse Stadt, in der es im Gegensatz zu vielen anderen Orten Polen-Litauens keine katholisch-jüdische Binarität gab.[20] Vielmehr lebten und beteten auch calvinistische, evangelisch-lutherische, unierte und orthodoxe Christen innerhalb der Stadtmauern und es gab direkt außerhalb des Stadtkerns eine Siedlung muslimischer Tataren. Auch wenn die katholische Bevölkerung das politische, wirtschaftliche und kulturelle Leben der Stadt dominierte, bildeten Angehörige anderer christlicher Konfessionen Teile der lokalen Eliten.[21] Diese konfessionelle Koexistenz beeinflusste nicht zuletzt das christlich-jüdische Verhältnis, sodass sich das jüdische Leben in Wilna relativ frei entfalten konnte.[22]

Im Jahr 1323 erhob Großfürst Gediminas (um 1275–1341) Wilna zur Hauptstadt des Großfürstentums Litauen und lud Kaufleute aus anderen Teilen Europas zur Niederlassung ein. Schon im 13. Jahrhundert lebten also unterschiedliche ethnische Gruppen in der Stadt.[23] Aufgrund der Lage am Schnittpunkt verschiedener Handelsrouten war Wilna nicht nur der politische Mittelpunkt Litauens, sondern wurde im Laufe der Zeit auch zu einem bedeutenden Zentrum des Warenumschlags.[24]

Den Ausgangspunkt der Christianisierung des Großfürstentums Litauen bildete die Union von Krewo 1385, die dynastische Verbindung von Litauen und dem Königreich Polen. Infolge der Einbindung in das entstehende Polen-Litauen und in die katholische Welt wurde Wilna neuen kulturellen Einflüssen ausgesetzt.[25] Dies führte im Laufe der nächsten Jahrhunderte, besonders mit der Union von Lublin 1569, zu einer Polonisierung der litauischen Oberschicht, die sich zwar weiterhin als litauisch verstand, aber Polnisch sprach.[26] Auch wenn die Union von Lublin, die Polen und Litauen in einer Realunion verband und den Schwerpunkt der herrschaftlichen Repräsentation auf die polnischen Gebiete verschob, für einen politischen Bedeutungsverlust von Wilna sorgte, erlebte die Stadt von Beginn des 16. Jahrhunderts an bis 1655 eine wirtschaftliche und kulturelle Blütephase.[27] Sie entwickelte sich aufgrund der florierender Wirtschaft und der politischen Stabilität zu einem Zentrum von Bildung und Wissenschaft. Im Jahr 1579 wurde eine jesuitische Akademie gegründet,

20 Ebd. 415.

21 *Briedis:* Vilnius 58.

22 *Frick:* Kith, Kin, and Neighbors 415.

23 *Agranovskij,* Genrich: Oni zdes' žili … Zametki o evrejskom nasledii Vil'njusa [Sie lebten hier … Notizen zum jüdischen Erbe von Vilnius]. Vilnius 2014, 10.

24 *Weeks:* Vilnius Between Nations 11 f.

25 *Venclova:* Vilnius 50–56.

26 *Fishman,* David E.: Introduction. In: *Abramowicz,* Hirsz: Profiles of a Lost World. Memoirs of East European Jewish Life before World War II. Detroit 1999, 9–17, hier 11. Siehe zudem: *Venclova:* Vilnius 27.

27 *Weeks:* Vilnius Between Nations 15 f.

die den Nukleus der späteren Universität bildete.[28] Auch Druckereien siedelten sich in dieser Zeit in Wilna an.[29]

In der polyethnischen und multireligiösen Atmosphäre entstanden neben einer großen Synagoge eine Vielzahl jüdischer Bethäuser sowie eine Moschee.[30]

Das Zusammenleben in Wilna gestaltete sich weitestgehend friedlich und konstruktiv, da alle Gruppen im Interesse von Stabilität und Wohlstand bereit waren, Kompromisse einzugehen.[31] Neben der Einbindung aller christlichen Konfessionen in den Stadtmagistrat wurde auch die Leitung der Zünfte unter den christlichen Gruppen aufgeteilt, zudem entstanden eigenständige jüdische Zünfte.[32] Wenn es zu Konflikten zwischen den verschiedenen Gruppen kam, spielten die lokalen Gerichte bei ihrer Schlichtung eine zentrale Rolle.[33] Sie wurden von allen in der Stadt lebenden Gruppen, auch Juden und Muslimen, angerufen und stellten eine funktionierende Problemlösungsinstanz dar.

Freilich verliefen die Beziehungen zwischen den Religionsgemeinschaften nicht ausschließlich harmonisch.[34] Obwohl körperliche Gewalt aus religiösen Gründen in Wilna selten war, gehörten Spott, Häme oder Beleidigungen beinahe zum Alltag.[35] Diese Formen der Abwertung folgten hochgradig ritualisierten Mustern, überschritten selten ein bestimmtes Niveau und wurden von den Gerichten unter Kontrolle gehalten.[36] In säkularen wie religiösen Angelegenheiten genossen die nicht-katholischen Religionsgemeinschaften eine weitgehende Autonomie.[37] In der jüdischen Gemeinschaft erfolgte die Rechtsfindung, auch wirtschaftliche Angelegenheiten betreffend, durch Rabbinatsgerichte (hebr.: *bet din*), die ihre Entscheidungen auf Grundlage der Halacha, also der jüdischen Religionsgesetze, trafen. Zur Durchsetzung von Sanktionen verfügte die jüdische Gemeinde über ein eigenes Gefängnis[38] und einen Pranger, der sich bis zum Beginn des 20. Jahrhunderts im Eingangsbereich der Hauptsynagoge befand.[39] Die jüdischen Institutionen versuchten zwar, die alleinige Zuständigkeit für innerjüdische Angelegenheiten zu beanspruchen, dennoch

28 *Weeks:* Repräsentationen russischer Herrschaft 123.

29 Vgl. etwa: *Trueb,* Isabel: Studien zum frühen russischen Buchdruck. Zürich 2008, 27–32.

30 *Weeks:* Vilnius Between Nations 16.

31 *Frick:* Kith, Kin, and Neighbors 400.

32 *Briedis:* Vilnius 58; *Cohen:* Vilna, 131.

33 *Frick:* Kith, Kin, and Neighbors 410 f.

34 Ebd. 401–409.

35 Ebd. 409.

36 Ebd. 417.

37 *Cohen:* Vilna 114.

38 Ebd. 115 f.

39 *Krinsky,* Carol Herselle: Europas Synagogen. Architektur, Geschichte und Bedeutung. Stuttgart 1988, 215. Vgl. zur Geschichte der Großen Synagoge in Wilna: *Jankevičienė,* Algė: Vilniaus Didžioji sinagoga. The Great Synagogue of Vilnius. Vilnius 1996.

riefen Juden in Rechtsstreitigkeiten immer wieder christliche Gerichte an und nahmen die Verärgerung ihrer Glaubensbrüder in Kauf.[40]

Doch geriet das Wilnaer Aushandlungssystem mit der rechtlichen Autonomie der nicht-katholischen Bevölkerung ab Mitte des 17. Jahrhunderts aufgrund politischer Instabilität infolge von Kriegen, Stadtbränden und Seuchen unter Druck.[41] Die ohnehin dominierenden Katholiken bauten zeitgleich ihre Vorherrschaft in der Stadt weiter aus und 1764 wurde die Eigenständigkeit der jüdischen Gemeinde, wie in anderen Teilen Polen-Litauens, massiv eingeschränkt.[42] Trotzdem blieb die Trennung zwischen internen und externen Angelegenheiten[43] in der jüdischen Gemeinschaft noch bis zum Ende des 19. Jahrhunderts relevant, und auch Rabbinatsgerichte spielten weiterhin eine zentrale Rolle.[44] Zwar verlor sich der Einfluss der Halacha als Quelle formeller institutioneller Einbettung von Geschäftsbeziehungen zwischen Juden, gleichwohl besaß sie nach wie vor einen wichtigen Stellenwert als informelle Rechtsquelle. Welche Auswirkungen dieser Modus Vivendi auf die wirtschaftlichen Beziehungen innerhalb der jüdischen Gemeinde Wilnas hatte, wird im empirischen Teil dieses Kapitels gezeigt.

Wilna 1795–1914

Als die Stadt im Rahmen der Teilungen Polen-Litauens durch Preußen, Habsburg und das Zarenreich 1795 an das Russländische Reich fiel, besaß sie nur noch einen Schatten ihres einstigen Glanzes.[45] Wie weite Teile des ehemaligen Großfürstentums Litauen gehörte auch die Region um Wilna zu jenen Gebieten Polen-Litauens, die vollständig in die staatliche Struktur des Zarenreichs eingebunden wurden.[46]

Dennoch dominierten die polnisch-katholischen Eliten weiterhin das politische Leben der Stadt – so kontrollierten sie etwa den Magistrat. Zudem blieb Wilna in den folgenden Jahrzehnten weiterhin ein Zentrum der polnischen Kultur. Zwar wurden zarische Truppen in der Stadt stationiert und das Verwaltungspersonal wurde ausgetauscht, aber Druckereien und Bildungseinrichtungen konnten weiter relativ uneingeschränkt agieren.[47] Doch änderte sich die

40 *Cohen:* Vilna 120.

41 *Briedis:* Vilnius. City of Strangers 59.

42 *Weeks:* Vilnius Between Nations 17; *Cohen:* Vilna 114.

43 Damit ist gemeint, dass bei Problemen mit Nicht-Juden im Regelfall die königlichen oder städtischen Gerichte angerufen wurden, während bei Streitigkeiten mit anderen Juden normalerweise jüdische Gerichte zuständig waren.

44 *Rülf,* Isaac: Drei Tage in Jüdisch-Russland. Ein Cultur- und Sittenbild. Frankfurt am Main 1882, 31 f. Zudem: *Cohen:* Vilna 261.

45 *Weeks:* Vilnius Between Nations.

46 *Agranovskij:* Oni zdes' žili 11.

47 *Weeks:* Vilnius Between Nations 21.

Situation nach der Niederschlagung des polnischen Novemberaufstands 1830/1831. Die zarische Administration wendete sich gegen die katholische Kirche und polnische Bildungseinrichtungen. Grundstücke der katholischen Kirche wurden beschlagnahmt und Klöster geschlossen. Auch die Universität musste 1832, mit Ausnahme der medizinischen Fakultät, ihren Betrieb einstellen.[48] Diese Maßnahmen zielten gleichwohl noch nicht in letzter Konsequenz darauf, das kulturelle, politische und soziale Gefüge der Stadt zu transformieren.[49]

Die Reaktionen der zarischen Behörden auf die Niederschlagung des polnischen Januaraufstand 1863/1864 stellten hingegen eine Zäsur in der Geschichte von Wilna dar. Nun versuchten sie mit Eifer, die Russifizierung des religiösen und kulturellen Lebens der Stadt voranzutreiben.[50] Tiefgreifende städtebauliche Veränderungen wurden initiiert,[51] so wurden etwa neue Stadtviertel errichtet, die außerhalb des mittelalterlichen Siedlungskerns lagen, der bisher das Zentrum Wilnas dargestellt hatte.[52] Ein Quartier entlang des neu angelegten Boulevards westlich des alten Stadtkerns umfasste hauptsächlich Verwaltungs-, Wohn- und Geschäftsgebäude und bildete künftig das Hauptansiedlungsgebiet der russischen Bevölkerung.[53] Diese Maßnahmen führten zu einer Phase der intensiven Modernisierung Wilnas in den letzten beiden Jahrzehnten des 19. Jahrhunderts, die im Kontext der Russifizierungsbemühungen jedoch von Teilen der Stadtbevölkerung abgelehnt wurden.[54]

Parallel vollzogen sich seit den 1860er Jahren auch grundlegende soziale und wirtschaftliche Veränderungen, die mit der Abschaffung der Leibeigenschaft 1861 und dem allgemeinen Bevölkerungswachstum einhergingen. So stieg die Einwohnerzahl im letzten Viertel des Jahrhunderts infolge der Landflucht der bäuerlichen Bevölkerung aus den umliegenden Regionen stark an (vgl. Tab. 5).[55]

Die Angaben zeigen deutlich, dass die Bevölkerung von Wilna in der ersten Hälfte des 19. Jahrhunderts wesentlich langsamer wuchs als in den Jahren ab 1850. Zwischen 1875 und 1897 nahm die Einwohnerzahl besonders stark zu – um über 70.000 Personen. Die Stadt fungierte zu dieser Zeit als Durchgangsstation für viele Auswanderungswillige,[56] die tatsächliche Bevölkerungsfluktuation dürfte also noch deutlich höher gelegen haben. Der Bevölkerungsanstieg

48 *Briedis:* Vilnius 128.

49 *Weeks:* Vilnius Between Nations 36.

50 Ebd. 64–72.

51 Vgl. grundlegend: *Weeks:* Repräsentationen russischer Herrschaft.

52 Ebd. 132–134.

53 Ebd. 133.

54 *Weeks:* Vilnius Between Nations 60 f.

55 *Balkelis,* Tomas: Opening Gates to the West: Lithuanian and Jewish Migrations from the Lithuanian Provinces, 1867–1914. In: Etniškumo Studijos/Ethnicity Studies 8/1–2 (2010) 41–66, hier 51.

56 *Balkelis:* Opening Gates to the West 58.

Tab. 5: Bevölkerungsentwicklung in Wilna 1795–1914

Jahr	Einwohnerzahl
1795	25.430
1818	33.568
1835	35.922
1862	60.000
1875	82.668
1897	154.532
1914	200.000

Quellen: Weeks: Vilnius Between Nations 23–26, 61 (für 1795, 1818, 1835, 1862, 1897); Zinov'ev, Nikolaj Vasil'evič: Vil'na, po perepisi 18 Aprelja 1875 goda, proizvedennoj pod rukovodstvom severozapadnago otdela imperatorskago russkago geografičeskago obščestva [Wilna nach dem Zensus vom 18. April 1875, durchgeführt unter der Leitung der nordwestlichen Abteilung der zarischen russischen geographischen Gesellschaft]. Vil'na 1881, 18 (1875); Briedis: Vilnius 168 (1914).

wie auch die große Fluktuationsrate sorgten für grundsätzliche Verschiebungen in der sozialen und ökonomischen Struktur Wilnas.

Waren Handel und Handwerk seit dem Mittelalter die bestimmenden Wirtschaftszweige gewesen,[57] siedelte sich seit den 1870er Jahren eine – wenn auch im Vergleich zu Lodz weniger ausgedehnte – Industrie an.[58] Die Tabakverarbeitung entwickelte sich zum wichtigsten Industriezweig, gefolgt vom Brauereiwesen und der Lederindustrie.[59] Doch die Arbeitsbedingungen in diesen Fabriken waren vergleichsweise schlecht und die Löhne der Industriearbeiter in Wilna gehörten zu den niedrigsten im ganzen Zarenreich.[60] Von der Pauperisierung der Bevölkerung zum Ende des 19. Jahrhunderts waren im Besonderen die Juden betroffen, von denen in dieser Periode 80 Prozent als arm galten.

57 *Weeks:* Repräsentationen russischer Herrschaft 123.

58 *Subbotin,* Andre P.: V čerte evrejskoj osedlosti. Otryvki iz ėkonimičeskich izsledovanij v zapadnoj i jugo-zapadnoj Rossii za leto 1887 g. Minsk, Vil'na, Kovna i ich raiony [Im jüdischen Ansiedlungsrayon. Auszüge aus ökonomischen Studien zum westlichen und südwestlichen Russland aus dem Sommer 1887. Minsk, Wilna, Kowno und ihre Bezirke]. Sankt-Peterburg 1888, 82.

59 Ebd.

60 *Kahan,* Arcadius: Vilna: The Sociocultural Anatomy of a Jewish Community in Interwar Poland. In: *Ders.:* Essays in Jewish Social and Economic History. Chicago, London, 149–160, hier 151.

Nicht zuletzt hing diese Entwicklung mit der antijüdischen Gesetzgebung im Zarenreich zusammen.[61] Die schlechte wirtschaftliche Situation zog eine umfangreiche jüdische Auswanderung aus Wilna und dem restlichen Litauen nach sich.[62] Die zunehmende Stratifizierung der Wilnaer Stadtgesellschaft brachte im Gegenzug eine Mittelschicht hervor, die es vor allem in die neu entstandenen Stadtviertel zog.[63]

All diese Wandlungsprozess trugen zur Auflösung der traditionellen Sozial- und Rechtsordnung der Stadt bei. Die althergebrachten Rechtsfindungsinstanzen verloren an Bedeutung, neue Interessenvertretungen bildeten sich aus. Gleichzeitig erschütterten diese Verschiebungen die Mechanismen der ökonomischen Vertrauensbildung nachhaltig. Besonders die Herausbildung neuer Formen der institutionellen Einbettung ökonomischer Beziehungen barg erheblichen Konfliktstoff: Berief sich eine Vertragspartei auf überlieferte Normen und Gebräuche, die für die andere Seite keine Gültigkeit mehr besaßen, waren Missverständnisse vorprogrammiert.

Diese Friktionen zwischen einer traditionellen Werteordnung und neuen moralischen Vorstellungen, die der gesellschaftlichen und wirtschaftlichen Modernisierung entsprangen, bieten gleichwohl die Möglichkeit, Bestandteile von Vertrauensbeziehungen zu analysieren, die sonst nur im Verborgenen wirken, weil sie selbstverständlich sind. Auf diese Weise ist es möglich, soziale Normen in einer Zeit des Umbruchs zu erkunden, zu bestimmen, wie sich die Bedeutung religiöser und ethnischer Zugehörigkeiten in Wirtschaftsbeziehungen gestaltete, und welchen Veränderungen letztere unterworfen waren.

Die jüdische Gemeinde von Wilna

Am Ende des 19. Jahrhunderts bildete die lange Geschichte ihrer Gemeinschaft einen wichtigen Identifikationspunkt für die Juden Wilnas. Diese Form der vertikalen Legitimation der Institutionen und Aktivitäten bezog ihre Kraft aus dem fast 400-jährigen Bestehen der jüdischen Gemeinde.[64] Auch das spannungsreiche Verhältnis zu den christlichen Eliten und die zentrale Rolle des rabbinischen Judentums in Osteuropas prägten Denk- und Lebensweisen der jüdischen Bevölkerung am Übergang zum 20. Jahrhundert. Gleichzeitig wirkten

61 *Cohen:* Vilna 337; *Kahan,* Arcadius: Notes on Jewish Entrepreneurship in Tsarist Russia. In: *Ders.:* Essays in Jewish Social and Economic History. Chicago, London, 82–100, hier 98.

62 *Lipphardt:* Vilne 54.

63 *Weeks:* Vilnius Between Nations 63.

64 *Kahan:* Vilna 149. Dabei bezieht sich Kahan mit dem Begriff *vertical legitimation* auf Max Weinreichs Geschichte des Jiddischen, die ursprünglich 1973 veröffentlicht wurde. Vgl. die englische Übersetzung als Neuauflage: *Weinreich,* Max: History of the Yiddish Language. New Haven, London 2008.

sich die wirtschaftliche und soziale Transformation, die antijüdische Politik der zarischen Behörden und die Russifizierung Wilnas auf den Alltag aus. Die in dieser Konstellation aufbrechenden Konflikte führten zur widersprüchlichen Doppelfunktion Wilnas in der jüdischen Geschichte Osteuropas: Einerseits galt die Stadt als eines der wichtigsten religiösen Zentren des Judentums, andererseits war sie – obwohl keine Industriestadt – ein maßgeblicher Bezugspunkt der jüdischen Arbeiterbewegung. Der zentrale Nexus zwischen Religion und Arbeiterbewegung findet sich am Ende des 19. Jahrhunderts, als die traditionelle Welt des osteuropäischen Judentums immer stärker mit den durch Modernisierung und Industrialisierung hervorgerufenen radikalen Umwälzungen konfrontiert war.

Bereits im 14. Jahrhundert ließen sich erstmals Juden in Wilna nieder, eine dauerhafte jüdische Präsenz gab es aber erst am Beginn des 16. Jahrhunderts.[65] Das Verhältnis zwischen dem katholisch dominierten städtischen Magistrat und hinzukommenden Juden war von Beginn an spannungsreich. Die christlichen Bürger bemühten sich nach der dauerhaften Niederlassung der ersten Juden beim König um ein Patent *de non tolerandis Judaeis,* das die Ansiedlung von jüdischen Bewohnern untersagt hätte.[66] Tatsächlich wurde 1527 ein solches Niederlassungsverbot verhängt,[67] was die Entstehung einer jüdischen Gemeinde in Wilna allerdings nicht dauerhaft verhinderte. Mit der Unterstützung von Adligen und des Königshauses kamen ab den 1550er Jahren erneut jüdische Zuwanderer nach Wilna,[68] die in den folgenden Jahrzehnten die notwendigen Institutionen einer jüdischen Gemeinde schufen. Im Jahr 1592 wurde den Juden von König Sigismund III. Wasa (1566–1632) schließlich ein Privileg verliehen, das es ihnen erlaubte, legal innerhalb der Stadtmauern zu wohnen, sich wirtschaftlich zu betätigten und ihren Glauben zu praktizieren.[69] Doch versuchte der christliche Magistrat immer wieder, die Rechte der Juden einzuschränken, wobei es auch mehrfach zu gewaltsamen Übergriffen kam.[70] Im Gesamtbild weist die Vielzahl der rechtlichen Auseinandersetzungen zwischen den jüdischen und christlichen Bewohnern von Wilna aber auf keine besonders ausgeprägte Judenfeindschaft hin, sondern kann eher als Beweis einer funktionierenden Rechtsprechung gedeutet werden.[71] Zudem bekleideten Juden öffent-

65 *Cohen:* Vilna 3; *Weeks:* Vilnius Between Nations 13.

66 Viele Städte in Polen-Litauen verboten die Ansiedlung von Juden auf ihrem Gebiet. François Guesnet nennt die Zahl von mehr als 90 Städten allein auf dem Territorium des späteren Kongresspolens, die, zumindest auf dem Papier, dieses Privileg in Anspruch nahmen. Vgl.: *Guesnet:* Polnische Juden im 19. Jahrhundert 36.

67 *Cohen:* Vilna 4.

68 Ebd. 23.

69 *Frick:* Kith, Kin, and Neighbors 410.

70 *Cohen:* Vilna 27, 29, 34, 45, 50, 54, 56, 66–72.

71 *Frick:* Kith, Kin, and Neighbors 410 f.

liche Ämter, beispielsweise als Steuereintreiber, was auf ihre partielle Integration in die Stadtgesellschaft schließen lässt.[72]

Gleichzeitig stärkten die andauernden Zwistigkeiten mit den christlichen Bürgern und die rechtliche Autonomie in internen Angelegenheiten die Kohäsionskraft der jüdischen Gemeinde sowie ihre religiös grundierten Normen und Gebräuche.[73] Das eigene Rechtssystem, die gemeinsame Sprache, die verbindende Religion und Gemeinschaft stiftende Marker wie ähnliche Kleidung oder Ernährungsgewohnheiten schmiedeten die Juden Wilnas zu einer *moralischen Gemeinschaft* zusammen, die bis in das 20. Jahrhundert hinein Betand hatte.[74]

Die überregionale Bedeutung für das osteuropäische Judentum erreichte im 18. Jahrhundert mit dem Wirken Elijah Ben Salomon Salmans, des *Gaon von Wilna*, ihren Höhepunkt[75] und damit gerade zu jener Zeit, als die jüdische Gemeinde, wie auch der Rest der Stadt durch Kriege, Seuchen und Stadtbrände zusehends verarmte.[76] Der Aufstieg des jüdischen Wilna zu einem religiösen Zentrum verdankte sich nicht zuletzt der anti-chassidischen Ausrichtung des Gaon. Die im Laufe des 18. Jahrhunderts aufkommende mystizistische Bewegung der Chassidim wurde von der rabbinischen Elite abgelehnt und bekämpft.[77] Weil der Gaon von Wilna und die jüdische Gemeinde das wichtigste Zentrum der Mitnagdim genannten Gegner des Chassidismus waren,[78] stand Wilna in der Folge für diese anti-chassidische Bewegung.[79] Auch die Bezeichnung Wilnas als »Jerusalem Litauens«, die Napoleon zugeschrieben wird,[80] der 1812 mit seinen Truppen durch die Stadt zog, deutet auf den hohen Symbolwert der Stadt für die Juden Osteuropas hin.

Die religiöse Lernkultur der Juden Wilnas beschränkte sich nicht nur auf Rabbiner oder andere Religionsgelehrte, vielmehr strebten auch jüdische Handwerker und Arbeiter nach Gelehrsamkeit.[81] Religiöse Studien waren integraler Bestandteil des Alltags und viele Juden der Stadt waren sehr bewandert auf dem Gebiet religiöser Schriften.[82] Rabbiner besaßen in der Stadt ein besonders

72 *Cohen:* Vilna 4.

73 *Weeks:* Vilnius Between Nations 44.

74 *Kahan:* Vilna 159.

75 Zur Bedeutung Salmans und seines Erbes vgl. beispielweise: *Etkes*, Immanuel: The Gaon of Vilna. The Man and His Image. Berkeley u. a. 2002.

76 *Cohen:* Vilna 58 f.

77 Vgl.: *Etkes:* The Gaon of Vilna 73–95.

78 So wurde vom Rabbinatsgericht von Wilna ein Bann (hebr.: *herem)* gegen alle chassidischen Gruppen verhängt. Vgl.: *Cohen:* Vilna 233–235.

79 *Fishman:* Introduction 12.

80 *Briedis:* Vilnius 130.

81 *Lipphardt:* Vilne 51.

82 *Fishman:* Introduction 13.

hohes Prestige.[83] Trotzdem kam es auch in der religiösen Sphäre zu Konflikten, wie beispielsweise in der zweiten Hälfte des 18. Jahrhunderts, als der Kahal, also die Verwaltung der jüdischen Gemeinde, 30 Jahre lang erfolglos versuchte, den Stadtrabbiner Samuel ben Avigdor (1720–1793) abzusetzen, dessen Beschäftigungsverhältnis aufgrund eines fehlerhaften Vertrags erst mit seinem Tod endete.[84] In Reaktion darauf wurde das Amt nicht mehr neu besetzt, vielmehr seine Aufgaben auf verschiedene Personen aufgeteilt.[85] Die spirituelle Betreuung der Gemeinde fiel in diesem Modell dem sogenannten Maggid zu, der regelmäßige Predigten in der Hauptsynagoge hielt.[86] Dort kam es 1895 während einer Predigt des Maggids Zvi Hirsh Rabinowitz (1848–1910) zu einem Skandal, der im Zentrum des nächsten Abschnitts stehen wird.

Das Wirtschaftsleben der jüdischen Bewohner von Wilna war, wie bereits angedeutet, von Handel und Handwerk geprägt. Viele kleine Läden der Stadt gehörten jüdischen Kaufleuten, zudem waren Juden im Zwischenhandel tätig.[87] In bestimmten Handwerkssektoren waren jüdische Meister und Gesellen besonders aktiv. Hier bildeten sich ab dem 17. Jahrhundert jüdische Zünfte heraus, die die Handwerker nicht nur in Bezug auf ihre wirtschaftliche Tätigkeit organisierten, sondern auch als religiöse Institutionen mit eigenen Bethäusern fungierten.[88] Durch diese Verknüpfung ergab sich eine Überlagerung von wirtschaftlichen, sozialen sowie religiösen Beziehungen und Praktiken. Angesicht dieser Gemengelage kommt Arcadius Kahan zu dem Schluss: »To be employed meant to be socialized into a segment of organized society that possessed rituals, symbols, and traditions peculiar to each type of employment.«[89] Dies war besonders in jenen Produktionssektoren der Fall, in denen jüdische Handwerker zahlenmäßig stark vertreten waren. Ende des 19. Jahrhunderts waren beispielsweise im Lebensmittelsektor, der Metallverarbeitung und den grafischen Gewerben[90] die Mehrheit der Meister und Gesellen jüdisch; im Färbereihandwerk und in der Tabakverarbeitung waren in Wilna sogar fast ausschließlich Juden tätig.[91]

Das Aufeinandertreffen jüdischer Arbeitgeber und Arbeiter führte zur Etablierung eines Systems zur Begrenzung von Interessenkonflikten, das dem Vor-

83 *Rülf:* Drei Tage in Jüdisch-Rußland 47 f.
84 *Cohen:* Vilna 107.
85 Ebd. 141.
86 Ebd. 142.
87 *Weeks,* Theodore R.: The Transformation of Jewish Vilna, 1881–1939. In: *Greenspoon,* Leonard Jay (Hg.): The Jews of Eastern Europe. Omaha 2005, 143–164, hier 144.
88 *Cohen:* Vilna 131 f.
89 *Kahan:* Vilna 152.
90 Die Berufe des Druckers, Setzers und Buchbinders.
91 Für diese Angaben vgl.: *Zinov'ev:* Vil'na, po perepisi 45.

teil aller Beteiligten diente.[92] Denn aufgrund der Vielzahl jüdischer Akteure auf den verschiedenen Ebenen der wirtschaftlichen Operationen - beispielsweise als Zulieferer, Produzent, Groß- und Einzelhändler oder Kunde - konnte ein Verstoß gegen die ökonomischen Normen der jüdischen Gemeinschaft, auch jenseits des geschäftlichen Rahmens, negative Konsequenzen nach sich ziehen. Verstärkt wurde dieser Effekt durch den hohen Anteil der Juden an der Gesamtbevölkerung Wilnas und ihre räumliche Konzentration im Stadtzentrum.[93] Ein zeitgenössischer Beobachter sprach davon, Wilna sei zum Ende des 19. Jahrhundert eher eine »jüdische als eine christliche Stadt«[94] gewesen.

Seit den 1870er Jahren etablierten sich unter den Juden der Stadt neue Wirtschaftspraktiken, die nicht mehr im Einklang mit der traditionellen Werteordnung standen. Folglich veränderten sich auch die Aushandlungsformen. So wurde beispielsweise 1897 mit dem Bund eine Organisation zur Vertretung der Interessen der jüdischen Arbeiter gegründet, die sich sozialistischem Gedankengut verschrieb und den jüdischen Arbeitgebern konfrontativ gegenübertrat.[95] Die jüdisch-sozialistischen Kreise, die sich seit Anfang der 1870er Jahre im Rabbinerseminar Wilnas formiert hatten,[96] standen der jüdischen Religion zwar ablehnend gegenüber. Die Arbeiter, als deren Vertreter sie sich verstanden, waren gleichwohl in ihrem Denken und Handeln tief in der traditionellen jüdischen Lebenswelt verwurzelt.[97] Wie genau sich die wirtschaftlichen und gesellschaftlichen Veränderungen auf das Sozialleben einer jüdischen Gemeinde auswirkten, deren Traditionen bis ins Mittealter zurückreichten und einer klaren Trennung von sakraler und profaner Sphäre entbehrten, wird im Folgenden anhand der Tabakfabrik der Gebrüder Edelstein untersucht.

92 *Kahan:* Vilna 155.

93 *Weeks:* Vilnius Between Nations 21.

94 *Zinov'ev:* Vil'na, po perepisi 19.

95 Vgl. zur frühen Geschichte des Bund beispielsweise: *Mendelsohn:* Class Struggle in the Pale; *Tobias*, Henry Jack: The Jewish Bund in Russia. From its Origins to 1905. Stanford 1972.

96 *Dohrn*, Verena: Das Rabbinerseminar in Wilna (1847–1873). Zur Geschichte der ersten staatlichen höheren Schule für Juden im Russischen Reich. In: Jahrbücher für Geschichte Osteuropas 45 (NF)/3 (1997) 379–400, hier 399.

97 *Subbotin:* V čerte evrejskoj 94. Zudem berichtet der jüdische Revolutionär Šmul Gožanskij (1867–1943?) von schwierigen ersten Begegnungen mit jüdischen Arbeitern in Wilna. Vgl.: *Gožanskij*, Šmul: Evrejskoe rabočee dviženie načala 90-ch godov [Die jüdische Arbeiterbewegung zum Beginn der 90er Jahre]. In: *Sekcija po izučeniju revoljucionnogo dviženija sredi evreev pri obščestve politkatoržan i ssyl'no-poselencev* (Hg.): Revoljucionnoe dviženie sredi evreev. Sbornik pervyj [Die revolutionäre Bewegung unter den Juden. Erster Sammelband]. Moskva 1930, 81–93, insbesondere 85 f.

3.2 Eine jüdische Fabrik mit jüdischen Arbeitern: Zwischen Schicksalsglauben und Klassenkampf

Im Jahr 1869[98] gründete Lazar Edelstein[99] eine Tabakfabrik, die schnell wuchs und bald zum größten Unternehmen Wilnas wurde. Arbeiteten 1879 noch 56 Personen in der Firma, die Waren im Wert von 53.350 Rubel produzierten,[100] waren es 1884 schon 125 Arbeiter und ein Produktionswert von 132.000 Rubel.[101] Schließlich erreichte die Zahl der Beschäftigten 1890 die Marke von 289, während der Gesamtwert der produzierten Waren auf 151.000 Rubel stieg.[102] Die Produktivität der Fabrik brach im gleichen Zeitraum allerdings stark ein. Wurden 1879 955 Rubel beziehungsweise 1884 1.056 Rubel Umsatz pro Arbeiter generiert, waren es im Jahr 1890 nur 522 Rubel. Gleichzeitig vollzog sich ein massiver Konzentrationsprozess in der Tabakindustrie des Zarenreichs, der zu einem deutlichen Rückgang der Zahl der Unternehmen führte.[103] Als nach dem Tod des Gründers seine beiden Söhne Girš und Leon Edelstein den Betrieb übernahmen, versuchten sie, die Produktivität wieder zu steigern und die Firma im sich verschärfenden Wettbewerb konkurrenzfähig zu halten. Dabei setzten sie fast ausschließlich auf eine Reduzierung der Produktionskosten durch Senkung der Löhne der Fabrikarbeiter.

Die radikalen Lohnkürzungen brachten die Unternehmensleitung in Konflikt mit der sich in Wilna formierenden jüdischen Arbeiterbewegung. Im Gegensatz zu den anderen untersuchten Unternehmen in Lodz (Kap. 2) und Odessa (Kap. 4) beschäftigten die Edelsteins fast ausschließlich jüdische Arbeiter.[104] In Reaktion auf die sich verschlechternden Arbeitsbedingungen versuch-

98 Dies wird zumindest im Briefkopf der Firma angegeben (vgl. Abb. 3). Dort findet sich auch die Information, dass die Produkte der Firma auf der *Exposition internationale des produits du commerce et de l'industrie* vom 25. April bis 5. August 1893 in Paris eine Goldmedaille gewonnen haben.

99 Die Schreibung des Namens Edelstein folgt einerseits den Gewohnheiten deutschsprachiger Leser, andererseits wurde sie auch von der Familie verwendet. Weitere Varianten des Namens waren Ėdel'štejn (russisch) und Edelshteyn (jiddisch).

100 *Orlov:* Ukazatel' fabrik (1881) 560.

101 *Orlov:* Ukazatel' fabrik (1887) 614.

102 *Orlov:* Ukazatel' fabrik (1894) 701.

103 *Bokarev,* Iu. P.: Tobacco Production in Russia. The Transition to Communism. In: *Romaniello,* Matthew P./*Starks,* Tricia (Hg.): Tobacco in Russian History and Culture. From the Seventeenth Century to the Present. New York, London 2009, 148–157, hier 149.

104 Das war durchaus typisch für die Tabakindustrie im Ansiedlungsrayon, in der sowohl jüdische Unternehmer als auch jüdische Arbeiter prominent vertreten waren. So wurden 75 Prozent der Tabakfabriken von Juden betrieben, wobei auch 80 Prozent der Arbeiter Juden waren. Vgl.: *Wasserman:* Tobacco Trade and Industries 207.

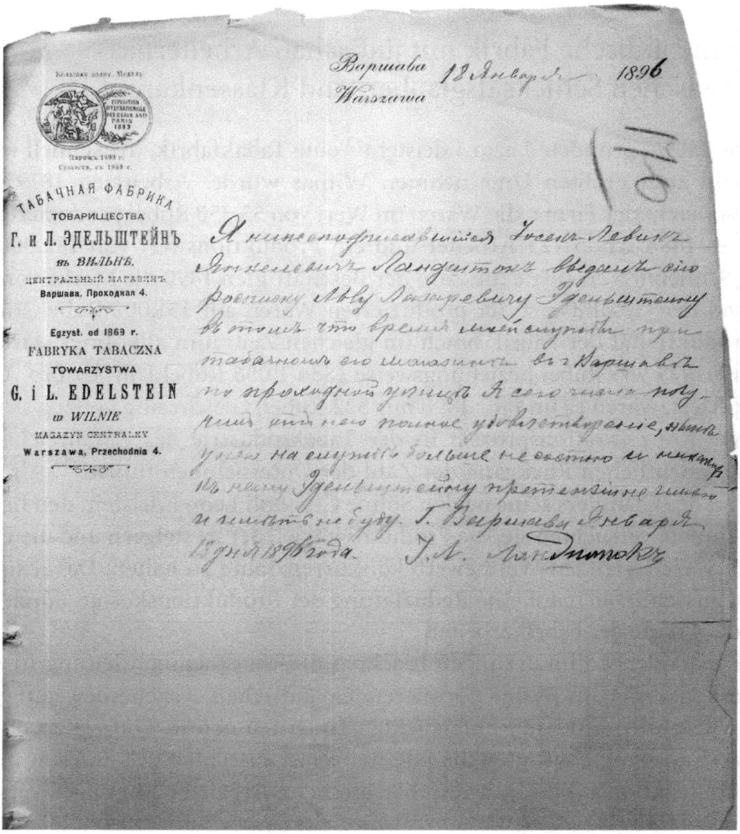

Большая золот. Медаль

Парижъ 1893 г.
Существ. съ 1869 г.

ТАБАЧНАЯ ФАБРИКА
ТОВАРИЩЕСТВА
Г. и Л. ЭДЕЛЬШТЕЙНЪ
въ ВИЛЬНѢ.
ЦЕНТРАЛЬНЫЙ МАГАЗИНЪ
Варшава, Проходная 4.

Egzyst. od 1869 r.
FABRYKA TABACZNA
TOWARZYSTWA
G. i L. EDELSTEIN
w WILNIE
MAGAZYN CENTRALNY
Warszawa, Przechodnia 4.

Варшава / Warszawa 18 Января 1896

170

Я нижеподписавшийся Иосель-Левикъ Янкелевичъ Ландитокъ выдалъ сію росписку Льву Лазаревичу Эдельштейну въ томъ что время моей службы при табачномъ его магазинѣ въ г. Варшавѣ по Проходной улицѣ я сего числа получилъ отъ него полное удовлетвореніе, нынѣ ухожу на службѣ больше не состою и никакихъ къ нему Эдельштейну претензіи не имѣю и имѣть не буду. Г. Варшава Января 15 дня 1896 года. И. Л. Ландитокъ

Abb. 3: Briefkopf der Warschauer Niederlassung der Tabakfabrik G. i L. Ėdel'štejn. Brief der Gebrüder Edelstein vom 18.(30.)1.1896. LVIA, Fond 602, Opis' 1, Delo 1, 170

ten Agitatoren der jüdisch-sozialistischen Bewegung, die Arbeiter der Edelsteins von der Notwendigkeit des Klassenkampfs zu überzeugen.[105]

Als die Gebrüder Edelstein 1895 auch Arbeiterinnen einstellen wollten, kam es in der Fabrik zu einem Streik, da die Stammbelegschaft fürchtete, auf Dauer durch die schlechter bezahlten Frauen ersetzt zu werden.[106] Er markierte für die

105 So berichtet das Bund-Gründungsmitglied John Mill (1870–1952; ursprünglich Yoysef Shloyme Mil) in seinen Memoiren, dass mit einem gewissen Rubim Friedman seit Beginn der 1890er Jahre ein sozialistischer Aktivist in der Fabrik Edelstein aktiv gewesen sei. Vgl.: *Mill:* Pionern un boyer 71.

106 Viele Tabakfabrikanten setzten ab Beginn der 1890er Jahren zur Senkung der Produktionskosten vermehrt auf Kinder- und Frauenarbeit, die wesentlich geringere Lohnkosten

Gründungsphase des Bund ein wichtiges Ereignis: Es hatte in Wilna zwar bereits zuvor Arbeitsniederlegungen gegeben, diese fanden aber vorwiegend in kleinen Handwerksbetrieben statt.[107] Mit dem Streik bei den Gebrüdern Edelstein wagte der im Entstehen begriffene Bund die Konfrontation mit den wichtigsten Fabrikanten der Stadt, was der Arbeiterbewegung mediale Aufmerksamkeit im Zarenreich und über dessen Grenzen hinaus bescherte.[108]

Während des Arbeitskampfs wurde ein Interventionsversuch des Maggids von den Arbeitern brüsk zurückgewiesen. Dies ist als Hinweis darauf zu werten, dass die traditionellen Formen der informellen institutionellen Einbettung wirtschaftlicher Vertrauensverhältnisse mehr und mehr an Bedeutung verloren. Schon 1896 folgten erneut Arbeitsniederlegungen. Die Edelsteins fällten daraufhin gewisse betriebswirtschaftliche Entscheidungen, um die Lage zu beruhigen, die allerdings – entgegen der streng rationalen ökonomischen Intention – das Tabakunternehmen binnen kürzester Zeit in den Ruin trieben.[109] Die Maßnahmen führten mittelbar zu einem drastischen Vertrauensverlust in die Waren der Fabrik und leiteten das Ende der wirtschaftlichen Aktivitäten der Brüder ein.

Im Rahmen des Insolvenzverfahrens wurde die Geschäftskorrespondenz der Firma aus dem Jahr 1896 offensichtlich von den Behörden beschlagnahmt, weshalb sie im Litauischen Historischen Staatsarchiv erhalten geblieben ist.[110] Die Streiks der Jahre 1895 und 1896 sowie die überlieferte Geschäftskorrespondenz bilden den empirischen Ausgangspunkt und das Material für die Untersuchung der sozialen Einbettung von Vertrauensverhältnissen in Wilna. Zusätzlich beziehe ich die im Zusammenhang mit dem Streik entstandenen Broschüren und Artikel der Arbeiterbewegung in die Untersuchung ein. Dort wird vor allem der Vertrauensverlust und die Entfremdung zwischen jüdischen Arbeitern und Unternehmern sichtbar, während anhand der Geschäftskorrespondenz gezeigt werden kann, auf welchen Normen die Vertrauensverhältnisse zwischen jüdischen Geschäftsleuten basierten.

Anhand der Firma Edelstein ist es möglich, aufgrund der intensiven Beteiligung von Juden an den wirtschaftlichen Abläufen besonders genau die Bedeu-

verlangte. So wuchs der Anteil von Frauen und Kindern an der Arbeiterschaft in der Tabakindustrie von 65 auf 72 Prozent. Vgl.: *Malinin,* Andrej Ves'mirovič: Tabačnaja istorija Rossii [Die Tabakgeschichte Russlands]. Moskva 2006, 100 f.

107 *Mendelsohn:* Class Struggle in the Pale 83.

108 Die russischen Zeitungen »Birževye Vedomosti« und »Russkie Vedomosti« sowie die »Wiener Arbeiterzeitung« berichteten über den Streik. Vgl.: *O. V.:* Ein siegreicher Streik der Zigarettenstopfer. In: Arbeiter-Zeitung, Nr. 278 vom 10.10.1895, 6.

109 *O. V.:* Der kampf fun di arbeyter af edelshteynis fabrik [Der Kampf der Arbeiter in Edelsteins Fabrik]. In: Der yidisher arbeyter 2/4/5 (1897) 23–26.

110 Tovariščestvo tabačnoj fabriki G. i L. Ėdel'štejnov v g. Vil'no. Sčeta, vekselja i delovaja perepiska G. i L. Ėdel'štejnov s različnymi kupcami I predstaviteljami firm, LVIA, Fond 602, Opis' 1, Delo 1–9.

tung der ethno-religiösen Zugehörigkeit für die Bildung von Vertrauensverhältnissen zu erkunden. Damit hebt sich das in diesem Kapitel präsentierte Beispiel deutlich von den beiden anderen Fallstudien ab, die jeweils in einem von interethnischen Wirtschaftsbeziehungen geprägten Umfeld verortet waren. In diesem Abschnitt widme ich mich zunächst den Beziehungen zwischen den Gebrüdern Edelstein und ihren jüdischen Arbeitern, ehe in einem weiteren Schritt die Auswertung der Geschäftskorrespondenz erfolgt.

Vertikale Integration: Das engmaschige Netz sozialer und ökonomischer Beziehungen in der Fabrik Edelstein

In einem Artikel aus der jiddischsprachigen Arbeiterzeitung »Der yidisher arbeter« aus dem Jahr 1897 berichteten die Autoren von den Zuständen in der Tabakfabrik Edelstein.[111] Der Text ist in einem propagandistischen Ton gehalten, der darauf abzielte, jüdische Arbeiter von einer politischen Organisation im Rahmen des neu gegründeten Bund zu überzeugen. Dennoch stellt er aufgrund seines Detailreichtums eine wertvolle Quelle dar, die es erlaubt, die Vertrauensbeziehung zwischen den Unternehmern Edelstein und ihren Angestellten zu analysieren.

Der Artikel schildert, dass die Arbeiter die Fabrikbesitzer eher als väterliche Beschützer denn als kapitalistische Unternehmer wahrnahmen. Letztere hätten im Fall von Streitigkeiten zwischen den Arbeitern geschlichtet und auch in Familienangelegenheiten Rat erteilt. Dieses Vertrauensverhältnis war scheinbar mittels gemeinsamer normativer Überzeugungen informell institutionell eingebettet, was von den Unternehmern in der Alltagspraxis des Betriebs aktualisiert wurde. Hier setzte die Kritik der sozialistischen Aktivisten an: Die Gebrüder Edelstein hätten ihre Macht nicht zum Fällen gerechter Schiedssprüche genutzt, sondern sich persönlich bereichert. Aufgrund ihres Geizes würden sie sich eben nicht wie Väter gegenüber ihren Arbeitern verhalten, sondern nur den eigenen Vorteil im Blick haben.

Auch die erhebliche Machtfülle der Meister der jeweiligen Abteilungen wird in dem Artikel beklagt. So hätten neue Arbeiter zehn Rubel (etwa ein Monatsgehalt) bei Antritt ihrer Stelle an den jeweiligen Meister zu entrichten. Alle einfachen Arbeiter seien verpflichtet, dem Meister zu Purim einen Gabenkorb (hebr.: *mishloah manot*) zu schenken, dessen Wert etwa einen Wochenlohn betrage. Zu bestimmten Anlässen hätten die Meister Latkes, eine Art Kartoffelpuffer aus der jüdischen Küche Osteuropas, von ihren Untergebenen verlangt. All diese Beispiele illustrieren auf einer Mikroebene, wie sich wirtschaftliche, soziale und religiöse Sphäre im Arbeitsalltag überlagerten.

111 *O. V.*: Der kampf fun di arbeyter.

Im Setting des reziproken Verhältnisses hegten die jüdischen Arbeiter der Fabrik Edelstein spezifische Erwartungen gegenüber ihren Arbeitgebern. Sie äußerten etwa im Rahmen des Streiks von 1895 Empörung darüber, dass betagte Arbeiter kurzerhand entlassen wurden. Die Gebrüder Edelstein würden auf diese Weise ihre Verantwortung für die angestellten Glaubensgenossen vernachlässigen, nur um den eigenen Profit zu steigern.[112] Die Arbeiter erwarteten also von den Edelsteins die Einhaltung bestimmter Verhaltensregeln. Was es bedeutete, wenn dieses System einer *moral economy*[113] Risse bekam, wird am Beispiel der Streiks der Jahre 1895 und 1896 in den beiden nächsten Abschnitten detailliert gezeigt.

Klassenkampf in der Synagoge: Der Streik von 1895

Auslöser der Arbeitsniederlegungen im Jahr 1895 war, dass die Gebrüder Edelstein im August Frauen in der eigentlichen Herstellung der Zigaretten, beim sogenannten Stopfen, einsetzen wollten, während sie bisher ausschließlich Hilfsarbeiten ausführten.[114] Die Arbeiter befürchteten Entlassungen, schließlich lagen die Löhne der Frauen weit unter ihren eigenen. Deshalb traten sie umgehend in den Ausstand und legten die Arbeit nieder. Daraufhin wandte sich Girš Edelstein, der zu diesem Zeitpunkt die Geschäfte hauptsächlich verantwortete, an die Arbeiter und versprach, auf Entlassungen zu verzichten. Die Frauen würden

112 *Martov*, Julij: Evrejskie rabočie protiv evrejskich kapitalistov [Jüdische Arbeiter gegen jüdische Kapitalisten]. In: Rabotnik 1/1/2 (1896) 81–88 (2. Teil).

113 Dieses Konzept wurde von dem Historiker Edward P. Thompson geprägt, der betonte, dass nicht allein ökonomische Determinanten die wirtschaftlichen Beziehungen beeinflussen, sondern auch lokale Bräuche und geteilte moralische Grundannahmen wirksam werden. Vgl.: *Thompson*, Edward P.: The Moral Economy of the English Crowd in the Eighteenth Century. In: Past & Present 50/1 (1971) 76–136.

114 Zu dem Streik in der Tabakfabrik Edelstein von 1895 publizierten sozialistische Kreise in Wilna eine Broschüre, die 1895 als Matrizendruck auf Jiddisch erschien und im Jahr darauf auf Russisch in der in Genf herausgegebenen Zeitschrift »Rabotnik«, ehe sie im selben Jahr auf Jiddisch als reguläre Druckschrift verbreitet wurde. Vgl.: *Martov*: Evrejskie rabočie protiv; *Gožanskij*, Šmul: Der shtadt-magid. E-n erstsehlung fun yidishen leben. [Der Stadt-Maggid. Eine Erzählung vom jüdischen Leben]. Vil'na 1897. Auch wenn der Arbeiterführer Julij Martov (1873–1923) die Urheberschaft des Textes für sich beanspruchte (siehe *Martov*: Zapiski social-demokrata 247), wurde er offensichtlich ursprünglich von Šmul Gožanskij verfasst und von Martov lediglich ins Russische übersetzt (vgl.: *Tsherikover*, Elye: Di onheybn der uymlegaler literatur in yidish [Die Anfänge der illegalen Literatur auf Jiddisch]. In: *YIVO* (Hg.): Di yidishe sotsyalistishe bavegung bis der grindung fun »bund«. Forshungen, zikhroynes, materyaln [Die jüdische sozialistische Bewegung bis zur Gründung des Bund. Forschungen, Erinnerungen, Materialien]. Vilne, Pariz 1939, 577–603, hier 591). Bei Elye Tsherikover (1881–1943) findet sich auch der Hinweis, dass die jiddische Ausgabe des Textes 1897 entgegen der Angaben auf dem Titelblatt nicht in Wilna, sondern in Lemberg gedruckt wurde.

vielmehr zur Ausweitung der Produktion benötigt, da viele Bestellungen vorlägen. Doch die Streikenden waren nicht zu überzeugen, da sie seinen Versprechen keine Vertrauen mehr schenkten.[115]

Edelstein schaltete nach dem misslungenen Versuch, die Arbeiter zu einer Rückkehr an die Maschinen zu bewegen, die Polizei und den Fabrikinspektor ein.[116] Doch weder dessen Drohungen noch die Festnahme einzelner Streikenden konnten die Arbeiter zum Einlenken bewegen.[117] Schließlich intervenierte der Maggid Zvi Hirsh Rabinowitz,[118] angeblich auf Bitten des Polizeichefs von Wilna, und rief die Arbeiter zu sich.[119] Er versuchte sie davon zu überzeugen, dass sie mit ihrem ungesetzlichen Verhalten letztlich allen Juden schaden würden; zudem versicherte auch er, die Gebrüder Edelstein würden keine Entlassungen planen.[120] Doch die Arbeiter ließen sich von seinen Worten nicht beruhigen und weigerten sich weiterhin, in die Fabrik zurückzukehren.

Daraufhin forderte Maggid Rabinowitz in seiner Predigt am folgenden Samstag in der Großen Synagoge Wilnas die Beendigung des Streiks.[121] Er mahnte die national-religiöse Einheit der Juden an und warnte erneut vor negativen Konsequenzen für die gesamte jüdische Gemeinde, wobei er sich durchgehend religiöser Argumente bediente.[122] So beschuldigte er die Arbeiter, sich

115 *Gožanskij:* Der shtadt-magid 4.

116 Ebd. Bei dem Fabrikinspektor handelte es sich um einen Amtsträger, der einerseits die Einhaltung der Gesetze in den Fabriken überwachen, andererseits bei Konflikten zwischen Arbeitern und Unternehmern schlichtend eingreifen sollte. Vgl.: *Puttkamer,* Joachim von: Fabrikgesetzgebung in Russland vor 1905. Regierung und Unternehmerschaft beim Ausgleich ihrer Interessen in einer vorkonstitutionellen Ordnung. Köln u. a. 1996, 220–254.

117 *Martov:* Zapiski social-demokrata 247.

118 Die Information, dass es sich bei dem Maggid um Rabinowitz handelte findet sich bei: *O. V.:* Kronologie fun der yidisher arbeyter bavegung in die yohren 1876–1922 [Chronologie der jüdischen Arbeiterbewegung in den Jahren 1876–1922]. In: *Yeshurin,* Yefim (Hg.): Vilne: a zamelbukh gevidmet der shtot Vilne. [Wilna: Ein Sammelband gewidmet der Stadt Wilna]. Nyu York 1935, 245–263, hier 247. Ansonsten wurde der Name des Maggids, ebenso wie der Name des Unternehmens, in dem der Streik stattfand, in den zeitgenössischen sozialistischen Schriften nicht erwähnt. Bei Zvi Hirsh Rabinowitz handelte es sich um den Sohn des berühmten Rabbiners Yitzchak Elchanan Spektor (1817–1896). Zu Rabinowitz' Biografie vgl.: *Lipshits,* Neta Halevi: Lebens-geshikhte fun velt-goen Rabi Yitshak Elhonen un fun zayn zun ha-goen Tsvi Hirsch Rabinovits. [Die Lebensgeschichte des Welt-Gaons Rabbiner Yitzchak Elchanan und seines Sohns dem Gaon Zvi Hirsh Rabinowitz]. Vilijampole 1939, insbesondere 40–52.

119 *Gožanskij:* Der shtadt-magid 5.

120 Ebd.

121 Ebd. 7. In anderen Quellen wird davon gesprochen, dass die Predigt in einem nicht näher benannten *bet midrash* gehalten worden sein soll (vgl.: *Bernshtayn:* Ershte shprotsungen 29–31).

122 *Martov:* Zapiski social-demokrata 246; *Gožanskij:* Der shtadt-magid 5. Hier heißt es: »Der Magid kochte einen Brei aus den Nevi'im, den Tannaim, den Amoraim und dem Midrasch bis er zur Tabak-Fabrik kam.«

der schweren Sünde *chilul hashem*, also der Beschmutzung des Namens Gottes, schuldig zu machen, da sie mit ihrem Verhalten das Ansehen aller Juden im Zarenreich schädigen würden.[123]

Weil die Streikenden und die sozialistischen Kreise Wilnas von der Absicht Rabinowitz' erfahren hatten, sich in der Synagoge gegen die Arbeitsniederlegung auszusprechen, waren sie in großer Zahl zu dem Gottesdienst erschienen.[124] Als sie die mahnenden Worte des Maggids vernahmen – angeblich soll er sich dabei auch beleidigend gegenüber den Arbeitern geäußert haben – begannen sie zu pfeifen und laut »Schande, Schande« zu skandieren.[125] Im sich anschließendem Tumult soll gar ein Arbeiter die Bima, also jenen erhöhten Bereich, der in einer Synagoge normalerweise den Thora-Lesungen vorbehalten ist, erklommen und eine Rede zur Unterstützung der Streikenden gehalten haben.[126] Im jüdischen Wilna sorgten diese Vorkommnisse für großes Aufsehen und erschütterten die gesamte Gemeinde.[127]

Einige Jahre zuvor hatte der jüdische Arbeiterführer Šmul Gožanskij[128] erstmals Kontakt mit den Beschäftigten der Tabakfabrik Edelstein aufgenommen.[129] Er schilderte 1928 in einem Vortrag, dass diese ihm und seinen sozialistischen Mitstreitern mit tiefem Misstrauen begegnet seien. Sie hätten den Eindruck großer Schicksalsgläubigkeit und Gottesfürchtigtigkeit erweckt und auf die Ausführungen der Sozialisten geantwortet:

»Daraus wird nichts werden. Alles was ihr redet ist vergeblich, weil alles vom Schicksal abhängt. Wir sind arm, wir sind so geboren, und so werden wir sterben, und nichts kann diese Lage verändern.«[130]

Diese Beschreibung kontrastiert das Verhalten der Arbeiter während der späteren Streiks. Ihre Weltsicht hatte sich in der ersten Hälfte der 1890er Jahre massiv verändert: Einerseits rief das Geschäftsgebaren der einst »väterlichen« Gebrüder Edelstein mittlerweile eine starke Ablehnung hervor, andererseits blieben die allgemeinen gesellschaftlichen Veränderungen und die Politisierungsbemühungen der sozialistischen Aktivisten nicht ohne Folgen. Deshalb erschien nicht

123 *Burgin*, Herts: Di geshikhte fun der yidisher arbayter bevegung in amerika, rusland un england [Die Geschichte der jüdischen Arbeiterbwegung in Amerika, Russland und England]. Nyu-York 1915, 206.

124 *Bernshtayn:* Ershte shprotsungen 30.

125 So soll Rabinowitz sie als »Ganoven« und »Meuterer« bezeichnet haben. Vgl.: *Gožanskij:* Der shtadt-magid 9; *Martov:* Evrejskie rabočie protiv 82. Die Beschreibung der Zwischenrufe findet sich bei: *Bernshtayn*: Ershte shprotsungen 30.

126 *Gožanskij*: Der shtadt-magid 6.

127 *Mill:* Pionern un boyer 229.

128 Auch bekannt unter der Schreibweise Shmul Gozhansky oder unter seinen Pseudonymen Lonu beziehungsweise Der Lerer.

129 *Gožanskij:* Evrejskoe rabočee dviženie 85f.

130 Zit. n. ebd. 86.

nur die – vormals unvorstellbare – Unterbrechung der Predigt eines religiösen Würdenträgers als angemessen, ebenso nahmen die Arbeiter offensichtlich ihr Schicksal nicht mehr als gottgegeben hin, sondern traten für eine Veränderung der Lebensumstände ein.

Die Predigt des Maggids und sein Aufruf zur Einheit der Juden bildeten den Aufhänger der Broschüre »Der shtadt-magid«, die im Anschluss an den Streik von Sozialisten veröffentlicht wurde.[131] Die Argumentation folgt dabei einer scharfen Gegenüberstellung von Vergangenheit und Gegenwart. Damit entsprach sie zwar dem Schema des marxistischen Geschichtsbilds, dennoch ermöglicht sie Rückschlüsse auf die tatsächlichen Veränderungen der vorhergehenden Jahre.[132] Den Gebrüdern Edelstein wurde vorgeworfen, ihren sozialen Verpflichtungen nicht mehr nachzukommen. Die Verfasser missbilligten, dass die Edelsteins im Konflikt mit den Streikenden die russischen Behörden eingeschaltet hatten, während es früher kein jüdischer Unternehmer gewagt hätte, die Polizei gegen seine Glaubensbrüder in Stellung zu bringen.[133] Weil die Edelsteins die traditionellen informellen Regeln des sozialen Miteinanders gebrochen hätten, seien die Arbeiter nun ihrerseits nicht mehr zu ihrer Einhaltung verpflichtet und dürften daher den offenen Konflikt mit ihren Arbeitgebern suchen. Insofern sei der Aufruf des Maggids zur Einheit der Juden aufgrund der Handlungen der Unternehmer hinfällig.

Im Zentrum des Konflikts stand also der Dissens zwischen Arbeitgebern und Arbeitnehmern hinsichtlich der institutionellen Einbettungsformen ihrer ökonomischen Beziehungen, der durch die Transformation der jüdischen Lebenswelt in Osteuropa verursacht worden war. So pochten die Edelsteins auf die Einhaltung der Gesetze des zarischen Staates und forcierten ihre Durchsetzung mithilfe der Sicherheitsbehörden. Sie vertrauten ausschließlich auf die formelle institutionelle Einbettung. Für ihre Beschäftigten war hingegen besonders die informelle institutionelle Einbettung von Bedeutung. Jene teilweise ungeschriebenen Regeln, die – und das ist das spezielle im jüdischen Fall – auch auf religiösen Gesetzen basierten und unter den Juden Osteuropas jahrhundertelang einen verbindlichen Rechtsrahmen gestiftet hatten, auch Streitigkeiten im wirtschaftlichen Bereich betreffend.[134] So finden sich im Kanon der religiösen Texte

131 *Gožanskij:* Der shtadt-magid.

132 Zudem wird in der Broschüre auch eine Art klassenlose jüdische Urgesellschaft entworfen. So heißt es beispielsweise: »Es gab eine Zeit, als alle Juden fast gleich waren; die einen waren ein bisschen reicher, die anderen ein bisschen ärmer, aber die tatsächlichen Unterschiede waren sehr klein – das war, bevor die Leibeigenschaft aufgehoben wurde.« (Ebd. 14.)

133 Ebd. 9.

134 Im Königreich Polen-Litauen waren Rabbinatsgerichte bis Mitte des 18. Jahrhunderts für sämtliche Streitigkeiten zuständig, die nur Juden betrafen. Vgl.: *Weinryb:* The Jews of Poland 35.

דער
שטאדט-מגיד
א—נ—ערצעהלונג פון אידישען לעבען.

ДЕРЪ ШТОДТЪ-МАГИДЪ
т. е. ГОРОДСКОЙ ПРОПОВѢДНИКЪ

Разсказъ изъ еврейской жизни

פרייז 10 קאפ.
Вильна 1897.
Типографія Розенкранца и Шрифтзецера
Лидскій пер., д. 2598/13.

Abb. 4: Faksimile der Titelseite der Broschüre »Der shtadt-magid«

des Judentums Stellen, die bestimmte Anforderungen an Arbeitgeber stellen.[135] Zudem existieren Textabschnitte, die eine Deutung zulassen, nach der ein Jude einen anderen Juden keinesfalls an nicht-jüdische Behörden ausliefern oder ihn bei ihnen anzeigen soll.[136] Doch waren diese sakralen Vorgaben an unterschied-

135 Im Deuteronomium heißt es: »Du sollst dem Dürftigen und Armen seinen Lohn nicht vorenthalten, er sei von deinen Brüdern oder den Fremdlingen, die in deinem Lande und in deinen Toren sind, sondern sollst ihm seinen Lohn des Tages geben, daß die Sonne nicht darüber untergehe (denn er ist dürftig und erhält seine Seele damit), auf daß er nicht wider dich den HERRN anrufe und es dir Sünde sei.« (Dtn 24:14–15). Darüber hinaus finden sich viele weitere Stellen, die Beziehungen zwischen Arbeitgebern und Arbeitnehmern regeln, vgl.: *Weisfeld,* Israel H.: Labor Legislation in the Bible and Talmud. New York 1974.

136 Diese Grundsätze werden *halshanah* beziehungsweise *mesirah* genannt und finden sich beispielsweise im Babylonischen Talmud, im Shulhan Arukh oder in Ha-Mappa. Zur

lichen Orten zu unterschiedlichen Zeiten divergierenden Interpretationen unterworfen; manchmal wurde sogar ihre Gültigkeit in Frage gestellt.[137]

Die jüdischen Arbeiter der Tabakfabrik Edelstein waren gleichwohl überzeugt, dass die informellen Bestimmungen der jüdischen Gemeinschaft sie in ihrem Anliegen stützen müssten. Umso größer waren Enttäuschung und Wut, als der Maggid als religiöse Respektsperson sich auf die Gegenseite schlug. Ein Rabbiner müsse doch auf der Seite der Armen und Unterdrückten stehen, forderten sie.[138]

In dieser Situation sahen die Arbeiter den einzigen Ausweg in der offenen Rebellion, weshalb sie es wagten, den Maggid, den sie der Korruption verdächtigten, während der Predigt durch Pfeifen und Zwischenrufe zu unterbrechen.[139] Eine dramatische Zuspitzung dieser Auseinandersetzung um die Auslegung der moralischen Grundlagen der jüdischen Gemeinschaft findet sich im Bild des Arbeiters, der auf die Bima klettert und eine spontane Rede hält. Er versuchte, den Raum der aus religiösen Quellen gespeisten Deutung zu besetzen und der versammelten Gemeinde die Perspektive der Streikenden zu vermitteln.[140] In der später veröffentlichten Broschüre heißt es diesbezüglich, der Kampf zwischen Arbeitern und Kapitalisten habe dermaßen an Schärfe gewonnen, dass er auch vor der Heiligkeit der Synagoge nicht mehr haltmachen könne.[141] Vor dem Hintergrund der weit verbreiteten religiösen Bildung unter den jüdischen Arbeitern in Wilna war die Verlagerung des Arbeitskampfs in die Synagoge folgerichtig und doch zugleich ein Tabubruch. Einerseits besaßen sie das talmudische Rüstzeug, um kontroverse Diskussionen mit Rabbinern zu führen und zu wissen, dass die religiösen Texte unterschiedlich ausgelegt werden konnten. Andererseits war die Vertreibung des Maggids aus der Großen Synagoge ein Akt des Ungehorsams gegen die traditionellen Hierarchien der jüdischen Gemeinschaft.

Im Ergebnis wurde das Ansehen jener Organe, die die Mechanismen der informellen institutionellen Einbettung bereitstellten, stark beschädigt. Der Maggid Rabinowitz verließ kurze Zeit später die Stadt,[142] das von ihm bekleidete Amt konnte jedoch nicht mehr jene Autorität zurückgewinnen, die es vor dem

Ablehnung nicht-jüdischer Gerichte in der Halacha vgl.: *Elon*, Menahem: Jewish Law. History, Sources, Principles. Ha-Mishpat Ha-Ivri. Vol. 1. Philadelphia, Jerusalem 1994, 13–18, 50 f.

137 Dies zeigt eindrucksvoll: *Rosman*, Moshe: The Role of non-Jewish Authorities in Resolving Conflicts within Jewish Communities in the Early Modern Period. In: Jewish Political Studies Review 12/3–4 (2000) 53–65. Was die Veränderbarkeit jüdischer Religionsgesetze angeht, findet sich hier ein guter Überblick: *Jacobs*, Louis: A Tree of Life. Diversity, Flexibility, and Creativity in Jewish Law. 2. Aufl. Oxford, Portland 2007.

138 *Gožanskij:* Der shtadt-magid 8.

139 Ebd.

140 Ebd. 6.

141 Ebd. 14.

142 *Maggid-Steinschneider:* 'Ir Vilna 101.

Streik besessen hatte. Zudem wurde in der Folge in Wilna nie wieder versucht, einen Rabbiner als Vermittler zwischen Arbeitern und Unternehmern einzusetzen.[143] Beendet wurde der Arbeitskampf schließlich durch das sich stetig verstärkende Eingreifen der Behörden, die die Streikenden vor Gericht brachten. Die Verurteilungen reichten bis zu zwei Wochen Arrest.[144] Daraufhin kehrten die Arbeiter in die Fabrik zurück, auch wenn ihre Forderungen nicht erfüllt worden waren; die Behörden verzichteten im Gegenzug auf die Durchsetzung der Gerichtsurteile.[145]

Doch war der Konflikt zwischen den Gebrüdern Edelstein und ihren Beschäftigten keineswegs beigelegt. Die Gräben waren zu tief. Das Vertrauen beider Parteien war durch unterschiedliche Auffassungen bezüglich der institutionellen Einbettung ihrer ökonomischen Beziehung zerstört worden. Während sich die Beschäftigten noch an traditionellen Mustern orientierten, folgten die Arbeitgeber einem modernen Kalkül. Im Sinne Granovetters entsprachen die Vetragsbeziehungen im Unternehmen in den Augen der Gebrüder Edelstein schwachen Bindungen, die Arbeiter selbst gingen von starken Bindungen aus. Weil auch die informelle institutionelle Einbettung den Arbeitern keinen Schutz bot – die rabbinischen Vertreter unterstützen die Arbeitgeberseite –, griffen sie in der Folgezeit weiterhin zum Mittel des Arbeitskampfs und trugen den Konflikt auch auf anderen Ebenen aus, wie die Auseinandersetzungen im Jahr 1896 illustrieren.

1896: Ein Gerücht bringt das Ende der Tabakfabrik Edelstein

Auch wenn sich die Gebrüder Edelstein nach dem Arbeitskampf im Jahr 1895 bemühten, durch Zugeständnisse an ihre Arbeiter die Ruhe in der Fabrik wiederherzustellen, begannen sie im Folgejahr erneut, die Löhne zu senken, die Akkordleistung zu erhöhen und Pausen zu streichen.[146] Die jüdischen Arbeiter und ihre weiblichen Kolleginnen reagierten mit einer Reihe kleinerer Streiks, die aber jeweils nur einzelne Abteilungen der Tabakfabrik betrafen. Als die Unternehmer im Herbst 1896, angeblich aufgrund einer hohen Zahl an Bestellungen, die Arbeiter in der Zigarettenherstellung aufforderten, Hilfsarbeiterinnen anzulernen, weigerten diese sich, da sie nach wie vor befürchteten, längerfristig

143 *Minczeles*, Henri: Vilna, Wilno, Vilnius. La Jérusalem de Lituanie. Paris 1993, 91.

144 *Martov:* Zapiski social-demokrata 248.

145 *Gožanskij:* Der shtadt-magid 6.

146 Die nachfolgenden Ausführungen stützen sich auf den bereits oben zitierten Artikel aus der Zeitung *Der yidisher arbeter* aus dem Jahr 1897. Auch wenn die Darstellungen in der Zeitung aufgrund ihrer Nähe zur sozialistischen Bewegung sicherlich weltanschaulich eingefärbt waren, kann doch davon ausgegangen werden, dass sich die Beschreibung der grundsätzlichen Fakten nah an den tatsächlichen Geschehnissen bewegte. *O. V.:* Der kampf fun di arbeyter 24.

durch Frauen ersetzt zu werden.[147] Daraufhin warben die Gebrüder Edelstein 50 christliche Zigarettenmacherinnen aus Sankt Petersburg an, wo es eine große Tabakindustrie gab.[148] Sie waren sofort einsatzfähig und lernten umgehend weitere Zigarettenmacherinnen an. So waren innerhalb kürzester Zeit neben den 75 Männern zusätzlich 70 Frauen in der Zigarettenfertigung tätig.[149] In der Folgezeit erhöhten die Gebrüder Edelstein den Druck auf die männlichen Arbeiter in der Abteilung und entließen sie beim kleinsten Fehlverhalten. Nach wenigen Wochen waren nur noch 44 Männer dort tätig.[150] Der bisher geleugnete Plan der Unternehmer, die teuren männlichen Beschäftigten durch billigere Arbeiterinnen zu ersetzen, schien aufzugehen.

Im Dezember 1896 verbreitete sich in Wilna das Gerücht, die russischen Arbeiterinnen der Tabakfabrik Edelstein seien mit Syphilis infiziert. Die Polizei ordnete die medizinische Untersuchung der Arbeiterinnen an, wobei vier tatsächlich Erkrankte in ein Krankenhaus überwiesen wurden.[151] Die lokale Öffentlichkeit ließ sich allerdings nicht beruhigen. Im Gegenteil: Nach Bekanntwerden der Erkrankungsfälle wurde kolportiert, die hergestellten Waren seien ansteckend und würden eine Infektion mit Syphilis auslösen.[152] Dies führte zu einem Zusammenbruch des Warenabsatzes der Firma und innerhalb weniger Wochen zu ihrem Bankrott.[153]

Nachdem das Vertrauen innerhalb des Unternehmens zerstört worden war, zweifelten nun auch noch die Kunden an der Qualität der Waren der Gebrüder Edelstein. Die zeitliche Nähe zwischen der Entlassung der jüdischen Arbeiter und der Verbreitung des Gerüchts bezüglich der Syphilisinfektion, lässt es naheliegend erscheinen, dass der gescheiterte Aushandlungsprozesses in der Fabrik und ihr Ende aufgrund des Vertrauensverlusts der Kunden miteinander in Verbindung stehen.

Doch wer setzte das Gerücht über die Syphilisinfektionen in die Welt? Wie konnte die Fama über eine Verseuchung der Tabakprodukte der Firma Edelstein mit der Geschlechtskrankheit Syphilis eine dermaßen große Glaubwürdigkeit entwickeln? Zumindest auf die zweite Frage lässt sich eine eindeutige Antwort geben: Im Zarenreich des ausgehenden 19. Jahrhunderts gab es, wie im Rest Europas, unterschiedliche Theorien bezüglich der Verbreitung der Erkrankung.[154]

147 Ebd.
148 Ebd. 25.
149 Ebd.
150 Ebd.
151 Ebd.
152 Ebd.
153 Ebd.
154 Die Ausführungen zur Syphilis im späten Zarenreich stammen aus: *Engelstein*, Laura: Morality and the Wooden Spoon: Russian Doctors View Syphilis, Social Class, and Sexual Behavior, 1890–1905. In: Representations 14 (1986) 169–208.

Im Russländischen Reich unterschied das medizinische Establishment häufig zwischen ihrer Übertragung in den Städten und auf dem Land.[155] Während in den Städten die Verbreitung auf sexuellem Wege durch Prostitution und einen angeblich unmoralischen Lebenswandel als ursächlich galt, wurde die Syphilis auf dem Land fast ausschließlich mit der generellen Rückständigkeit in Zusammenhang gebracht. Es hieß, die Krankheit werde infolge mangelnder Hygiene oder gemeinsam genutzten Geschirrs übertragen.[156]

Im Fall der Tabakfabrik wirkten offensichtlich beide Erklärungsmodelle zusammen: Einerseits wurden am Ende des 19. Jahrhunderts unabhängige und eigenständige Frauen aus den Großstädten des Zarenreichs häufig unmoralischer Handlungen verdächtigt.[157] Weil die neuen Arbeiterinnen der Edelsteins aus Sankt Petersburg stammten, erschien die Verdächtigung der Syphiliserkrankung als glaubwürdig. Zugespitzt bedeutete die Anschuldigung, es handele sich bei ihnen um Prostituierte. Dies wird durch die Tatsache deutlich, dass die jüdischen Arbeiterinnen der Tabakfabrik die Untersuchung auf Syphilis verweigerten, weil allein schon der Verdacht, mit gerade dieser Krankheit infiziert zu sein, sich negativ auf ihren Ruf ausgewirkt hätte.[158] Überdies war die Ansteckungsrate der jüdischen Bevölkerung Wilnas sehr niedrig. Weil die Krankheit in der Stadtöffentlichkeit demnach Seltenheitswert besaß, verbreitete sich die Information, dass tatsächlich einige der Arbeiterinnen mit Syphilis infiziert waren, nur umso schneller.[159]

Andererseits war die Furcht vor der Verbreitung von Syphilis durch verschmutzte Objekte im Zarenreich allgegenwärtig, sodass die Theorie kontaminierter Zigaretten den Zeitgenossen plausibel erscheinen konnte. Die Kombination der Verdachtsmomente führte letztendlich zur hohen Glaubwürdigkeit des Gerüchts.

Bleibt noch die Frage nach seinen Urhebern. Ein gewichtiges Indiz ist die Anwerbung der russischen Arbeiterinnen durch die Edelsteins. Letzere forcierten offensichtlich die Ersetzung ihrer jüdischen Arbeiter, um die ethno-religiös basierten und traditionell etablierten Bindungen endgültig zu kappen.

Wie viele andere jüdische Fabrikanten versuchten sie, das Konfliktpotenzial in ihrem Betrieb zu reduzieren, indem sie in erster Linie christliche Arbeiter und Arbeiterinnen beschäftigten, da diese seltener Gewerkschaften gründeten

155 Ebd. 177–188.
156 Ebd. 177f.
157 Ebd. 194f.
158 *O. V.*: Der kampf fun di arbeyter 25.
159 Zur niedrigen Syphilisinfektionsrate unter der jüdischen Bevölkerung vergleiche die Einschätzung des Leiters des jüdischen Krankenhauses der Stadt aus dem Jahr 1894: *O. V.*: Atti dell'XI Congresso Medico Internazionale. Roma, 29 Marzo–5 Aprile 1894. Vol. IV. Psichiatria, neuropatologia ed antropologia criminale, e chirurgia ed ortopedia. Torino 1895, 119.

und eine zwischenzeitliche Absenkung ihrer Löhne akzeptierten.[160] War die geteilte religiöse Zugehörigkeit in Wilna bisher der Garant für einen effektiven Interessenausgleich zwischen Arbeitern und Arbeitgebern gewesen, sahen die Gebrüder Edelstein in den starken Verpflichtungen gegenüber ihrer Belegschaft nun offensichtlich den Auslöser von Konflikten. Insofern war die kapitalistische Ausbeutung der Arbeitskraft nicht mit der Einbettung in die traditionellen Vertrauensbeziehungen innerhalb der jüdischen Gemeinschaft vereinbar.

Der vom Zarereich bereitgestellte rechtliche Rahmen schien den Interessen der Gebrüder Edelstein besser zu genügen. Die Beziehungen zu einer nichtjüdischen Belegschaft konnten so über die formelle institutionelle Einbettung (etwa Arbeitsschutzgesetze) stabilisiert werden.

Doch reichte die Auseinandersetzung zwischen den Arbeitern und den Unternehmern noch weiter: Bereits im Jahr zuvor hatte sich gezeigt, dass die religiösen Autoritäten auf der Seite der Arbeitgeber standen. Der Maggid war keineswegs als Garant des religiös sanktionierten Sozialsystems aufgetreten, das Schutz und Unterstützung gewähren sollte.

Es ist daher naheliegend, dass die Arbeiter nach anderen Wegen suchten, ihre Interessen zu verteidigen. Das gezielte Verbreiten eines solch destruktiven Gerüchts wie jenes der Syphilisinfektion der russischen Arbeiterinnen scheint zwar den Bankrott der Fabrik und mithin die Gefährdung des Lebensunterhalts aller Beschäftigten billigend in Kauf zu nehmen. Doch womöglich erschien die Entlassung aller jüdischen Arbeiter nur als Frage der Zeit. Angesichts dieser Drohung mag die moralische Berechtigung, den Niedergang des Unternehmens absichtlich herbeizuführen, den Beschäftigten als selbstverständlich gegolten haben. Das Vorgehen könnte auch als Warnung an andere jüdischen Fabrikanten mit jüdischer Belegschaft gedient haben. Die Verbreitung des Gerüchts kann zudem als aggressiver Akt der jüdischen Arbeiter gegen die Beschäftigung von christlichen Arbeitern verstanden werden.[161]

Das destruktive Verhalten der Arbeit stand nicht mit der internationalistischen Rhetorik[162] des entstehenden Bund im Einklang, sonst hätten die russischen Arbeiterinnen ja gerade in den Kampf der jüdischen Proletarier einbezogen werden müssen. So überrascht es kaum, dass die Ereignisse um das Ende der

160 *Peled:* Class and Ethnicity 117. Deswegen beschäftigten viele jüdische Unternehmen im Ansiedlungsrayon von vornherein vorrangig Christen, lediglich die jüdischen Fabriken in der Tabakindustrie stellten eine Ausnahme dar. Vgl.: *Kahan:* The Impact of Industrialization 41 f.

161 Dies wäre vergleichbar mit dem Protest polnischer Textilarbeiter gegen die Einstellung jüdischer Kollegen in Lodz (vgl. Kap. 2.1).

162 So endete etwa die Broschüre zum Streik im Jahr 1895 mit dem Aufruf an die jüdischen Arbeiter, sich mit den polnischen, russischen und finnischen Proletariern zusammenzuschließen. Vgl.: *Gožanskij:* Der shtadt-magid 23.

Tabakfabrik – im Gegensatz zum Streik des Jahres 1895 – keinen Eingang in die Annalen der jüdischen Arbeiterbewegung fanden.[163]

Die Arbeitskämpfe im Unternehmen der Gebrüder Edelstein in den Jahren 1895 und 1896 sowie dessen Bankrott infolge der Verbreitung des Syphilisgerüchts erzählen eine dramatische Geschichte über die radikalen Konsequenzen von Vertrauensverlust und das Scheitern von Aushandlungsbemühungen. Infolge der grundlegenden sozialen und wirtschaftlichen Transformation der jüdischen Gemeinschaft Wilnas am Ende der 1890er Jahre entfernten sich die Interessen ihrer Mitglieder in einem bisher noch nicht gekannten Maße voneinander. Parallel verloren die traditionellen Mechanismen der Konsensfindung ihre Kraft, Konflikte zu entschärfen. Neue Formen des Interessensausgleichs hatten sich noch nicht etabliert und die im Zarenreich gültigen Arbeitsschutzgesetze boten aus Sicht der jüdischen Beschäftigten der Tabakfabrik Edelstein keinen ausreichenden Schutz. In einer solchen Überganssituation war eine Eskalation ökonomischer Streitigkeiten viel wahrscheinlicher als noch zu Zeiten der Kontinuität und eingespielter Problemlösungen. Auch die Geschäftskorrespondenz der Firma aus dem Jahr 1896 spiegelt die Spannungen wider, die ihren Ausgangspunkt in Meinungsverschiedenheiten bezüglich der Form institutioneller Einbettung hatten, wie im nächsten Abschnitt deutlich wird.

3.3 Ein jüdisches Unternehmen mit jüdischen Kunden: »Ich bitte rachamim«

Bei dem 2.479 Schriftstücke umfassenden Konglomerat aus der Geschäftskorrespondenz der Tabakfabrik Edelstein handelt es sich um unterschiedliche Dokumenttypen wie Rechnungen, Wechsel, Postkarten und Briefe, die, bis auf zwei französischsprachige Schreiben, auf Jiddisch (45 Prozent), Russisch (36 Prozent) und Deutsch (19 Prozent) verfasst wurden. Sie geben Auskunft über die unternehmerische Tätigkeit der Firma im letzten Jahr ihres Bestehens.

Die Edelsteins verfügten über ein weitverzweigtes Netzwerk zum Bezug unverarbeiteten Tabaks und zum Vertrieb ihrer Produkte. Roher Tabak wurde aus Städten der näheren Umgebung wie Brest, aber auch aus weiter entfernten Gebieten innerhalb des Zarenreichs wie dem Gouvernement Černigov, Bessarabien oder von der Krim bezogen. Zudem kauften die Unternehmer via Odessa mazedonischen Tabak.[164] Sie standen fast ausschließlich mit jüdischen Maklern und

163 Die Ereignisse wurden nur in dem oben zitierten Zeitungsartikel erwähnt, nicht dagegen in den Autobiografien jüdischer Arbeiterführer, Sammelbänden zur Geschichte der jüdischen Arbeiterbewegung oder den Veröffentlichungen des YIVO.

164 Dies wird aus einem Brief von Leon Edelstein an seinen Bruder Girš vom 3.(15.)5.1896 ersichtlich. Vgl.: LVIA, Fond 602, Opis' 1, Delo 2, 760. Hier und bei allen weiteren Angaben zu Quellenbeständen aus dem Fond 602 vom LVIA ist die letzte Zahl eine fortlaufende Num-

Tabakproduzenten in Kontakt, was angesichts der prominenten Rolle von Juden im Tabakhandel und -anbau im Russländischen Reich nicht überraschend ist.[165] Der Absatz der Tabakwaren konzentrierte sich hauptsächlich auf die nordwestlichen Gebiete des Zarenreichs,[166] die Gouvernements Kurland und Livland, das Königreich Polen sowie einige Regionen Ostpreußens. Abnehmer ihrer Produkte waren hauptsächlich die Inhaber von Tabak-, Kolonial- und Gemischtwarenläden. Für den Vertrieb im Königreich Polen unterhielten die Gebrüder Edelstein darüber hinaus eine Filiale in Warschau. Mit Ausnahme der Kunden in den Gouvernements Kurland und Livland, die außerhalb des Ansiedlungsrayons lagen, stellten jüdische Unternehmer die große Mehrheit der Abnehmer dar, was wegen des hohen Anteils jüdischer Geschäftsleute im Einzelhandel der jeweiligen Gebiete ebenfalls nicht überrascht.[167] Aufgrund der geringen Rolle, die christliche Geschäftspartner spielten, kann die Firma der Gebrüder Edelstein auch als jüdisches Unternehmen mit jüdischen Kunden und Zulieferern bezeichnet werden. Dies unterscheidet sie grundsätzlich von den im Rahmen dieser Studie ebenfalls untersuchten Fabriken in Lodz und Odessa. Deshalb bietet sich eine Analyse der in den geschäftlichen Schreiben aufscheinenden Einbettungsstrategien zur Vertrauensbildung an, die besonders auf die Relevanz der ethno-religiösen Zugehörigkeit der Beteiligten ausgerichtet ist.

Viele der Briefe und Postkarten sind standardisiert, häufig werden einheitliche Wendungen benutzt, um eine Bestellung zu formulieren, eine Beschwerde anzumelden oder auf eine raschere Lieferung zu drängen. Dies könnte den Anleitungen zum Briefeschreiben geschuldet sein, die unter der Bezeichnung *brifenshteler/igron* (Briefsteller) unter den Juden Osteuropas im 19. Jahrhundert weit verbreitet waren.[168] Solche »Briefsteller« waren auch im deutschen und russischen Sprachraum sehr populär.[169] Neben Anregungen zum Verfassen von privaten Briefen fanden sich Anleitungen für die Geschäftskorrespondenz, die zu einer Vereinheitlichung von Form und Inhalt von Schriftstücken im wirtschaftlichen Bereich führten – so auch bei den Edelsteins. Doch verdeckten diese Vereinheitlichungen die ethno-religiöse Zugehörigkeit der Beteiligten?

mer, die handschriftlich auf dem jeweiligen Dokument vermerkt wurde und so eine exakte Zuordnung ermöglicht.

165 *Wasserman:* Tobacco Trade and Industries 206 f.

166 Etwa das Gebiet des heutigen Litauens und Weißrusslands.

167 *Kahan:* The Impact of Industrialization 8.

168 Zur Geschichte der *brifenshteler* vgl.: *Nakhimovsky,* Alice/*Newman,* Roberta: Dear Mendl, Dear Reyzl. Yiddish Letter Manuals from Russia and America. Bloomington, Indianapolis 2014.

169 Für das Zarenreich vgl.: *Bernstein,* Lina: Merchant »Correspondence« and Russian Letter-Writing Manuals. Petr Ivanovich Bogdanovich and His Pis'movnik for Merchants. In: The Slavic and East European Journal 46/4 (2002) 659–682. Zum deutschen Sprachraum vgl.: *Furger,* Carmen: Briefsteller. Das Medium »Brief« im 17. und frühen 18. Jahrhundert. Köln u. a. 2010 (allerdings ohne Bezug auf Geschäftskorrespondenzen).

Oder finden sich trotz der formelhaften Wendungen Elemente der informellen institutionellen Einbettung der Geschäftsbeziehung? Sind die Standardisierungen gar Ausdruck der abnehmenden Bedeutung von impliziten Vereinbarungen der informellen institutionellen Einbettung für die Bildung von Vertrauen im wirtschaftlichen Austausch?

Diese Fragen werden bei der stichprobenartigen Auswertung des Materials im Mittelpunkt stehen. Ich konzentriere mich auf einzelne jüdische Geschäftspartner des Unternehmens. Dabei wurde der entsprechende Briefwechsel ausgewählt, um einen bestimmen Themenkomplex zu illustrieren. Gemeinsam ist den Beispielen, dass sie Situationen beleuchten, in denen Vertrauen generiert werden musste, infrage gestellt wurde oder drohte, verloren zu gehen.

Hosias Friedmann: Ein reeller Geschäftsmann bittet um rachamim

Der jüdische Kaufmann Hosias Friedmann war im ostpreußischen Tilsit[170] ansässig, das etwa 220 Kilometer nordwestlich von Wilna liegt. Aus den 28 auf Deutsch geschriebenen Briefen und Postkarten, die er im Laufe des Jahres 1896 nach Wilna schickte, ergibt sich das Bild einer spannungsreichen Geschäftsbeziehung, die zwischen Annäherung und Krise changiert. So beschwerte sich Friedmann zwar wiederholt über lange Lieferzeiten, dennoch arbeitete er auch an einer Vertiefung und Intensivierung des Kontaktes zu den Gebrüdern Edelstein.

Anfang April 1896 bat Friedmann um die Gewährung von Kredit, also die Möglichkeit, die Kosten für die bestellten Waren per Wechsel und zu einem späteren Zahlungstermin zu begleichen.[171] Er bediente sich aller drei Einbettungsformen, um seine Vertrauenswürdigkeit zu beweisen. Die Bitte um Kredit begründete er mit der geplanten Ausweitung der eigenen Geschäfte, die es notwendig mache, über einen größeren finanziellen Spielraum zu verfügen. Die Expansion erlaube gleichwohl, zukünftig noch mehr Waren bei den Edelsteins zu bestellen. Hier zeigt sich das Muster einer zeitlichen Einbettung: Friedmann bemühte sich, die Hoffnung der Edelsteins auf weitere Geschäfte zu nähren, gleichzeitig verwies er implizit auf seine Zuverlässigkeit in der Vergangenheit.

Zur Steigerung seiner Vertrauenswürdigkeit erwähnte Friedmann eine verwandtschaftliche Beziehung nach Wilna; er sei der Schwager eines gewissen Samuel L. Stupel. Damit signalisierte er seine strukturelle Einbettung, denn der Hinweis eröffnete den Gebrüdern Edelstein die Möglichkeit, über den Verwandten persönliche Informationen bezüglich Friedmann einzuholen. Zudem versicherte Friedmann, dass sie es bei ihm mit einem »nur reelen [sic] Manne

170 Tilsit heißt heute Sovetsk, liegt im Oblast Kaliningrad und ist somit Bestandteil der Russländischen Föderation.

171 Brief von Hosias Friedmann an die Gebrüder Edelstein vom 21.3.(2.4.)1896. LVIA, Fond 602, Opis' 1, Delo 4, 560.

zu thun haben«, er also ein verantwortungsbewusst wirtschaftender Unternehmer sei. Der Topos kann als Erscheinungsform der informellen institutionellen Einbettung des Vertrauensverhältnisses gelten. Er transportierte die Versicherung, die üblichen Gepflogenheiten der Geschäftswelt zu kennen und sich an ihre Werte und Normen zu halten.

Friedmanns Kombination zeitlicher, struktureller und informell institutioneller Einbettung zur Herstellung von Vertrauen war erfolgreich und er erhielt innerhalb weniger Tage ein Schreiben, das die Gewährung eines Kredits bestätigte. Friedmann zeigte sich erfreut, war jedoch mit den gestellten Bedingungen nicht einverstanden und drohte, sich andere Tabaklieferanten zu suchen.[172] Nach zähen Verhandlungen konnte eine Einigung erzielt werden und die Geschäftskontakte intensivierten sich in der Folgezeit. Im Zusammenhang der vorliegenden Studie ist besonders die informelle institutionelle Einbettung der Geschäftsbeziehung, also Friedmanns Selbstbeschreibung als »reeler Mann«, von Interesse.

Die Formulierung reeller Mann war eine im deutschen Sprachraum seit dem 18. Jahrhundert verbreitete Wendung für einen zuverlässigen und redlichen Kaufmann, die besonders in der Geschäftssprache genutzt wurde.[173] So empfielt etwa im Jahr 1809 ein Artikel angehenden Fabrikanten bei der Neugründung von Unternehmen:

> [Der Fabrikant] [w]ird einem Manne, der als ein reeller Mann bekannt ist, oder als ein solcher von glaubwürdigen Personen empfohlen wird, einen angemessenen Kredit gern gestatten; wird sich dabei aber auch sehr vor schlechten Kunden zu hüten wissen, die eine neue Fabrik gewöhnlich zu umlagern pflegen, und durch allerlei täuschende Vorspiegelungen sich Kredit bei derselben zu verschaffen wissen.[174]

Der reelle Mann wird als Gegenteil eines schlechten Kunden konstruiert. Er ist derjenige, dem der Fabrikant im geschäftlichen Interesse Vertrauen schenken soll, da er ihn nicht enttäuschen wird. Im Gegensatz zum schlechten Kunden verspricht der reelle Mann, dem Unternehmen betriebswirtschaftlichen Nutzen zu erweisen und verdient daher Kredit. Doch neben dem rein ökonomischen Gehalt besitzt das Adjektiv reell auch eine Bedeutungsdimension, die auf eine besondere moralische Qualität des wirtschaftlichen Handels abzielt, wie einer zeitgenösssichen Quelle zur Eingrenzung betrügerischer Bankrotte zu

172 Brief von Hosias Friedmann an die Gebrüder Edelstein vom 12.(24.)4.1896. LVIA, Fond 602, Opis' 1, Delo 4, 617.

173 Vgl.: *Voigt*, Christian Friedrich Traugott: Deutsches Handwörterbuch für die Geschäftsführung, den Umgang und die Lectüre. In zwei Bänden. Zweiten Bandes zweite Abtheilung R–Z. Leipzig 1807, 352. Für den Hinweis auf diesen Eintrag danke ich Kathrin Wittler.

174 *V.*: Ueber Fabrik-Anlagen, mit besonderer Rücksicht auf Schlesien. In: Neues Journal für Fabriken, Manufacturen, Handlung, Kunst und Mode 1/11 (1809) 411–422, hier 420.

entnehmen ist. Über die Vorteile der öffentlichen Bekanntgabe von Bankrotten heißt es dort:

> Solche öffentliche [sic] Bekanntmachungen würden den sehr großen Nutzen haben, daß bei betrügerischen Bankerotten der Abscheu dagegen bei jedem rechtschaffenen reell denkenden Mann vermehrt, und dem Bankrotteur sein etwaniges neues Etablissement, es sei wo es wolle, erschwert, und ihm die wohlverdiente Verachtung jedes Rechtschaffenen überall zugezogen würde. Die Folgen seines Betrugs müßten ihn überall gleich einer Furie verfolgen.[175]

Dem »reell denkenden« Unternehmer steht also der betrügerische Bankrotteur gegenüber. Während sich jener auf der Seite des Rechts befindet, sollen diesem »Abscheu« und »Verachtung« entgegenschlagen. Friedmanns Verwendung des Wortes reell weist also in zwei Richtungen: Einerseits möchte er seine wirtschaftliche Zuverlässigkeit betonen, andererseits geht es ihm darum, die Vertrautheit mit den Erfordernissen an das moralische Handeln eines Kaufmanns zu demonstrieren. Er versichert, sich wie ein *ehrbarer Kaufmann*[176] zu verhalten. Der schlagwortartige Verweis auf die Grundsätze einer im deutschen Sprachraum allgemein anerkannten Unternehmermoral zeigt also die informelle institutionelle Einbettung der Geschäftsbeziehung zu den Gebrüdern Edelstein an. Damit bezieht sich Friedmann auf jene Form supraethnischer Moralsysteme, die Kaufleuten über staatliche und kulturelle Grenzen hinweg ein Verständnis von Fairness abverlangten.[177] Hätte er hingegen die ihm und den Edelsteins gemeinsame Zugehörigkeit zum Judentum und die damit verbundenen Rechts- und Moralvorstellungen betonen wollen, wäre die Verwendung des jiddischen Substantivs *koved* (dt.: Ehre) oder der Adjektive »ehrlich« oder »redlich« infrage gekommen, die sich beide in ähnlicher Form auch im Jiddischen finden.[178] Mit der Entscheidung für »reell« setzte Friedmann hingegen

175 *O. V.*: Ueber Bankerotte. Ein sehr beherzigungswertes Wort zu seiner Zeit. In: Neues Journal für Fabriken, Manufacturen, Handlung, Kunst und Mode 1/7 (1809) 3–19, hier 15.

176 Der Begriff des ehrbaren Kaufmanns war in Europa seit dem Mittelalter verbreitet und definierte zu verschiedenen Zeiten auf unterschiedliche Weise die moralischen Anforderungen an Kaufleute und Händler. Zur Bedeutung der kaufmännischen Ehre im 14. Jahrhundert vgl.: *Dotson*, John: Fourteenth Century Merchant Manuals and Merchant Culture. In: *Denzel*, Markus A./*Hocquet*, Jean Claude/*Witthöft*, Harald (Hg.): Kaufmannsbücher und Handelspraktiken vom Spätmittelalter bis zum beginnenden 20. Jahrhundert. Merchant's Books and Mercantile Pratiche from the Late Middle Ages to the Beginning of the 20th Century. Stuttgart 2002, 75–88.

177 Die Bedeutung solcher supraethnischer Moralsysteme betont: *Trivellato*: The Familiarity of Strangers.

178 Auf die Bedeutung dieser Begriffe in den Memoiren der jüdischen Kauffrau Glikl bas Judah Leib (bekannt als Glückl von Hameln) wies Natalie Zemon Davis hin. Dabei zeigte sie, dass *koved* besonders mit Ehrlichkeit und Redlichkeit in Geschäftsleben verbunden war. Vgl.: *Davis*, Natalie Zemon: Women on the Margins: Three Seventeenth-century Lives. Cambridge/Massachusetts, London 1995, 34–36.

auf einen eher geschäftsmäßigen Ton, der sich auf allgemeine Moralvorstellungen bezog. Doch bedeutet dies, dass der geschäftliche Kontakt zwischen ihm und den Gebrüdern Edelstein jeglicher religiöser Komponente entbehrte, also keine starken Bindungen wirksam waren?

Wenn man die weiteren Briefe und Postkarten Friedmanns, die er im Laufe des Jahres 1896 verfasste, betrachtet, wird eine eindeutige Antwort auf diese Frage schwieriger. Als er beispielsweise schrieb, seine Geschäfte würden »Gott sei dank«[179] gut laufen oder angesichts einer ausbleibenden Lieferung fragte: »Um Gottes willen wo bleibt wirklich der Tabak?«,[180] mögen dies zwar bloße Floskeln gewesen sein. Derlei Formulierungen können aber als implizite Verweise auf die gemeinsame Zugehörigkeit zum Judentum interpretiert werden.

Anfang Oktober 1896 geriet Friedmann aufgrund lang andauernder Lieferschwierigkeiten der Tabakfabrik Edelstein in massive wirtschaftliche Bedrängnis, weshalb er einen Brandbrief an das Unternehmen in Wilna richtete. Im Rahmen der Aushandlung seines Kredits im April hatte er mit den Edelsteins vereinbart, die Tabakwaren exklusiv von ihnen zu beziehen. Deshalb kam er infolge der ausbleibenden Lieferungen in Kalamitäten. Er fürchtete, seine Kunden dauerhaft zu verlieren, wenn sie mehrmals in den Laden kamen und die gewünschten Waren nicht vorrätig waren. Aus dem Schreiben spricht einerseits Friedmanns Verzweiflung, andererseits gibt es Aufschluss darüber, dass sich die in der Geschäftsbeziehung wirksame informelle institutionelle Einbettung nicht auf supraethnische Verhaltenskodizes beschränkte, sondern die Sphäre religiöser Moralvorstellungen einschloss. Deutlich wird dies durch einen Wechsel der Sprache: Aus dem auf Deutsch verfassten Brief sticht ein in hebräischen Buchstaben geschriebenes Wort hervor: »Ich bitte um Gottes willen sendet sofort den Tabak! [… I]ch bitte rachamim [im Original: רחמים] sofort senden.«[181]

Das hebräische Substantiv *rachamim* wird im Deutschen häufig mit Erbarmen oder Barmherzigkeit übersetzt und steht im biblischen Zusammenhang für »eine fürsorglich-liebende Haltung oder Handlung Gottes«.[182] Eine der vielen Verwendungen in den heiligen Schriften des Judentums findet sich im *Sefer tehillim* (in der christlichen Tradition als *Buch der Psalmen* bezeichnet): »Wie sich ein Vater über Kinder erbarmt, so erbarmt sich der HERR über die, so ihn fürch-

179 Brief von Hosias Friedmann an die Gebrüder Edelstein vom 7.(19.)4.1896. LVIA, Fond 602, Opis' 1, Delo 4, 595.

180 Postkarte von Hosias Friedmann an die Gebrüder Edelstein vom 18.(30.)9.1896. LVIA, Fond 602, Opis' 1, Delo 7, 1757 (vgl. Abb. 5).

181 Postkarte von Hosias Friedmann an die Gebrüder Edelstein vom 21.9.(3.10.)1896. LVIA, Fond 602, Opis' 1, Delo 7, 1787.

182 *Schreiber,* Karin: Vergebung und Erbarmen. In: *Dalferth,* Ingolf U./*Hunziker,* Andreas (Hg.): Mitleid. Konkretionen eines strittigen Konzepts. Tübingen 2007, 219–238, hier 220. Auch die beiden folgenden Bibelstellen sind diesem Aufsatz entnommen.

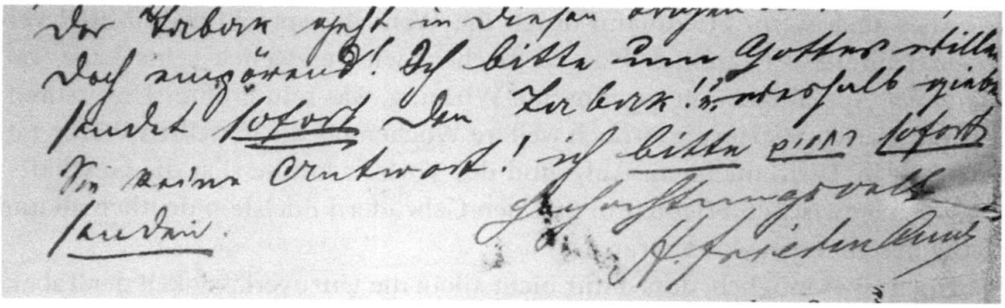

Abb. 5: Ausschnitt aus Postkarte von Hosias Friedmann an die Gebrüder Edelstein vom 21.9.(3.10.)1896. LVIA, Fond 602, Opis' 1, Delo 7, 1787

ten.« (Ps 103,13) An einer anderen Stelle wird Gott selbst mit dem Substantiv Erbarmen identifiziert: »Sie werden weder hungern noch dürsten, sie wird keine Hitze noch Sonne stechen, denn ihr Erbarmer wird sie führen und wird sie an die Wasserquellen leiten.« (Jes 49,10) Auch im Kanon der jüdischen Liturgie spielt der Begriff Erbarmen eine wichtige Rolle und taucht an prominenter Stelle im Titel und am Beginn des Gebets *El male rachamim* (Gott voll des Erbarmens) auf, das besonders im aschkenasischen Judentum verbreitet ist und zum Gedenken an die Verstorbenen gesprochen wird.

War das Adjektiv reell noch voll und ganz der supraethnischen Unternehmermoral zuzurechnen, wählte Friedmann angesichts einer wirtschaftlichen Krisensituation eine andere Ansprache an die Gebrüder Edelstein. Mit dem Ruf *rachamim* begab er sich weit in die moralische Welt des Judentums hinein. Er entschloss sich, nicht an die Kaufmannsehre der Edelsteins zu appellieren, sondern sie mittels der Bezugnahme auf die jüdische Ethik zum augenblicklichen Handeln zu bewegen. Offensichtlich versprach er sich davon einen größeren Effekt als durch die erneute Thematisierung seiner Verärgerung.

Angesichts der negativen wirtschaftlichen Folgen mobilisierte Friedmann in seiner Verzweiflung die starken Bindungen zwischen ihm und den Gebrüdern Edelstein – das hebräische Wort bot das passende Vehikel. Zumindest für ihn bildete der moralische Hintergrund des Judentums also selbstverständlich einen Teil der Geschäftsbeziehung zu den Wilnaer Tabakfabrikanten, auch wenn dies zuvor nicht eigens betont wurde.

Wie das Beisiel zeigt, kamen religiöse Begriffe und Semantiken offenbar nur in bestimmten Situationen zum Einsatz, während im Regelfall auf säkulares Vokabular zurückgegriffen wurde. Zudem zeigt sich eine Parallele zum Verhältnis der Gebrüder Edelstein zu ihren jüdischen Arbeitern: Vor dem Hintergrund der gemeinsamen religiösen Zugehörigkeit aller Beteiligten kann von einer Einbettung der Wirtschaftsbeziehungen in die Normen und Gebräuche der jüdischen Gemeinschaft gesprochen werden, ohne dass dies von den Beteiligten eigens thematisiert werden musste.

Aber auch wenn Friedmann durch die Wahl der sprachlichen Mittel versuchte, unmissverständlich klar zu machen, wie verzweifelt seine Lage war, hatte der Appell nicht die gewünschte Wirkung, was sein größtes Unverständnis hervorrief. So dauerte es noch weitere Wochen bis die bestellten Waren tatsächlich in Tilsit ankamen. Aufgrund des Vorfalls kühlte sich die Geschäftsbeziehung zwischen Friedmann und den Gebrüdern Edelstein deutlich ab und seine Bestellungen wurden rarer.

Doch ist es möglich, dass dafür nicht allein die Unzuverlässigkeit der Tabakunternehmer verantwortlich war, sondern auch ihr ausbleibendes Eingehen auf Friedmanns Evokation jüdischer Moralvorstellungen. Die starken Bindungen erwiesen sich gleichsam als wirkungslos. Darauf deutet die Tatsache hin, dass sich in Friedmanns Briefen nach der Verwendung der religiösen Semantik kein Versuch zur Klärung der aufgestauten Unzufriedenheit findet. Ähnlich wie die im Fall der Tabakarbeiter ermangelte es dem wirtschaftlichen Vertrauensverhältnis zu den Wilnaer Fabrikanten augenscheinlich an der informellen institutionellen Einbettung in die Moral des Judentums. Dass eine Reaktion der Edelsteins auf die religiös konnotierte Beschwerde ausblieb, könnte zur Abkühlung der Handelsbeziehung beigetragen haben. Wie schon im Fall der innerbetrieblichen Auseinandersetzungen sorgten also Auswirkungen der gesellschaftlichen Transformation der jüdischen Lebenswelt Osteuropas für Verwerfungen: Die abnehmende Reichweite religiöser Moralvorstellungen führte zu einem Scheitern der Kommunikation zwischen Friedmann und den Gebrüdern Edelstein und letztlich zu einem Ende der Geschäftsbeziehung.

Chaim Aškevič: Ein treuer Kunde versündigt sich

Der Bezug auf religiöse Konzepte war nicht immer so eindeutig wie im Falle Friedmanns, vielmehr geschah er häufig impliziter. Dies kann an den Briefen von Chaim Aškevič, einem Kaufmann aus Bauske[183] im Gouvernement Kurland, gezeigt werden. Er war ein langjähriger Kunde der Tabakfabrik Edelstein, doch kam es im Laufe des Jahres 1896 zu Verstimmungen.

So schrieb Aškevič im Mai 1896 einen Brief, in dem er seine Verwunderung darüber zum Ausdruck brachte, dass er in der Auslage eines lokalen Konkurrenten mit dem Namen Goldberg Bakun-Tabak aus dem Sortiment der Edelsteins entdeckt hatte.[184] Bisher habe er, Aškevič – immerhin ein Kunde der Tabakfabrik seit 20 Jahren –, den Bakun-Tabak exklusiv in Bauske verkaufen können. Diese Vereinbarung habe der verstorbene Vater der jetzigen Geschäfts-

183 Der Ort heißt heute Bauska und liegt in Lettland. Er ist etwa 200 Kilometer von Wilna entfernt.

184 Brief von Chaim Aškevič an die Gebrüder Edelstein vom 2.(14.)5.1896. LVIA, Fond 602, Opis' 1, Delo 2, 794.

führer, Lazar Edelstein, immer eingehalten. Daher formulierte Aškevič die Bitte, seinen Konkurrenten Goldberg nicht mehr mit Bakun-Tabak zu beliefern. Doch in den folgenden Wochen erhielt er weder eine Antwort auf diese Anfrage, noch wurden ihm bestellte Waren geliefert, woraufhin er in zunehmender Frequenz Briefe und Postkarten nach Wilna schickte.[185] Nachdem die Warenlieferungen wieder einsetzten, arrangierte sich Aškevič offensichtlich mit dem Verlust seiner Monopolstellung. Doch als erst die Zahlungsfrist für seine Wechsel von drei auf zwei Monate verkürzt wurde[186] und es Anfang August 1896 erneut zu Lieferengpässen der Tabakfabrik Edelstein kam, geriet Aškevič zunehmend in wirtschaftliche Schwierigkeiten.

Eindringlich schilderte er seine zurückgehenden Umsätze, die durch die leeren Regale verursacht würden.[187] Doch die Lieferungen blieben weiterhin aus und seine Lage wurde immer verzweifelter. Er meldete nach Wilna, dass er seine Kunden nicht ewig vertrösten könne und ihre Abwanderung zur Konkurrenz befürchte.[188] Als er Mitte September immer noch keine Waren erhalten hatte, aber vermutete, die Edelsteins würden andere Kaufleute sehr wohl mit Tabak versorgen, schrieb er auf einer Postkarte: »Wie habe ich mich versündigt, dass meine Ware aufgehalten wird?«[189] Und als zehn Tage später immer noch nichts passiert war, fragte er angesichts seiner jahrzehntelangen Treue zur Tabakfabrik Edelstein: »[... U]nd so vergelten Sie es mir?«[190]

Hier evozierte Aškevič, ebenso wie Hosias Friedmann, die religiöse Verbindung zu den Vertragspartnern, was auf die informelle institutionelle Einbettung der Geschäftsbeziehung im Judentum verweist. Dies geht auch aus dem Kontext anderer Briefe hervor, in denen Aškevič den Gebrüdern Edelstein zum Beispiel gute Wünsche zu Pessach übermittelte.[191] Insofern erscheint die Verwendung der Verben sündigen und vergelten nicht zufällig, sondern wie ein gezielter Appell an ein gemeinsames Moralsystem. Aus Aškevičs Sicht hätte nur eine besonders empörende Verfehlung die schlechte Behandlung durch die Ge-

185 So zum Beispiel am 24.5.(5.6.), 28.5.(9.6.), 3.(15.)6. und 12.(24.)6.1896. LVIA, Fond 602, Opis' 1, Delo 2, 866, 892, 1019 und 1069.

186 Brief von Chaim Aškevič an die Gebrüder Edelstein vom 2.(14.)7.1896. LVIA, Fond 602, Opis' 1, Delo 5, 1155.

187 Postkarte von Chaim Aškevič an die Gebrüder Edelstein vom 4.(16.)8.1896. LVIA, Fond 602, Opis', Delo 5, 1407.

188 Postkarte von Chaim Aškevič an die Gebrüder Edelstein vom 29.9.(11.10.)1896. LVIA, Fond 602, Opis' 1, Delo 7, 1876.

189 Postkarte von Chaim Aškevič an die Gebrüder Edelstein vom 19.9.(1.10.)1896. LVIA, Fond 602, Opis' 1, Delo 7, 1765.

190 Postkarte von Chaim Aškevič an die Gebrüder Edelstein vom 29.9.(11.10.)1896. LVIA, Fond 602, Opis' 1, Delo 7, 1876.

191 Brief von Chaim Aškevič an die Gebrüder Edelstein vom 18.(30.)3.1896. LVIA, Fond 602, Opis' 1, Delo 3, 479.

brüder Edelstein rechtfertigen können. Aber er hatte sich immer tadellos verhalten und verteidigte daher – nicht zuletzt angesichts des lang bestehenden Kontakts – sein Recht auf eine ebenso akkurate Behandlung.

Doch ähnlich wie im Fall des Kaufmanns Friedmann zeigte der Appell an religiös fundierte Moralvorstellungen wenig Erfolg. Die Warenzustellung durch die Edelsteins blieb unzuverlässig, woraufhin sich die Geschäftsbeziehung zu den Wilnaer Fabrikanten bald abkühlte und die Zahl von Aškevičs Bestellungen deutlich zurückging.[192]

Morduch Gofung: »Ich bitte Sie, meinen Brief zu vernichten«[193]

Die ethnische Zugehörigkeit konnte in einer Geschäftsbeziehung nicht nur über die informelle institutionelle Einbettung wirksam werden, sondern auch im Zusammenhang mit der Informationsübermittlung zur geschäftlichen Reputation von Vertragspartnern bedeutend sein. In der Geschäftskorrespondenz der Gebrüder Edelstein findet sich ein solches Beispiel hinsichtlich des Kreditwunschs eines jüdischen Kaufmanns aus Disna, einer Kleinstadt, die etwa 200 Kilometer nordöstlich von Wilna liegt.[194] Offensichtlich kontaktierte Girš Edelstein in Reaktion darauf den Rechtsanwalt Morduch Lejbovič Gofung, der in Disna eine Kanzlei unterhielt, um Informationen über die Kreditwürdigkeit des Händlers einzuholen.

Gofungs Antwort illustriert einerseits, wie der Informationsfluss in ethnischen Netzwerken vonstattenging, andererseits zeigt sie, dass diese Form des Informationsaustauschs im Verborgenen stattfand. Der Brief Gofungs beginnt mit einer allgemeinen Beschreibung der wirtschaftlichen Situation in Disna, die von großer Unsicherheit geprägt sei.[195] Die materiellen Verhältnisse würden in letzter Zeit zusehends ins Wanken geraten, was sich im Allgemeinen negativ auf die Kreditwürdigkeit ausgewirkt habe. Nach diesen Ausführungen wechselt Gofung aus dem Russischen ins Jiddische, um ein Sprichwort zu zitieren, das sinngemäß ausdrückt, in Anbetracht der instabilen wirtschaftlichen Verhältnisse sei es notwendig, Entscheidungen gut abzuwägen.[196] Damit gibt er den

192 Brief von Chaim Aškevič an die Gebrüder Edelstein vom 10.(22.)11.1896. LVIA, Fond 602, Opis' 1, Delo 9, 2193.

193 Brief von Morduch Lejbovič Gofung an die Gebrüder Edelstein vom 5.(17.)12.1896. LVIA, Fond 602, Opis' 1, Delo 9, 2349.

194 Postkarte von [Name unkenntlich] an die Gebrüder Edelstein vom 27.9.(9.10.)1896. LVIA, Fond 602, Opis' 1, Delo 8, 1946. Heute lautet der Name des Orts Dzisna; er ist in Belarus gelegen.

195 Zu diesem gesamten Abschnitt vgl.: Brief von Morduch Lejbovič Gofung an die Gebrüder Edelstein vom 5.(17.)12.1896. LVIA, Fond 602, Opis' 1, Delo 9, 2349.

196 Im Deutschen lässt sich das Sprichwort etwa so wiedergeben: »Beim Schach kann man seinen Zug nicht rückgängig machen.«

Ton für seine folgende Einschätzung der wirtschaftlichen Verhältnisse des nur mit X[197] bezeichneten Kaufmanns vor. Angesichts der erwähnten Umstände in dem kleinen Schtetl sei es sehr schwer, den Wohlstand der Geschäftsleute genau zu bestimmen. Er rate daher lediglich zu einem kleinen Kredit, der die Summe von 100 Rubel nicht übersteigen sollte. Am Ende des Schreibens bittet Gofung die Empfänger, den Brief zu vernichten.

Besonders am letzten Punkt zeigt sich, wie heikel die Übermittlung derartiger Vertraulichkeiten war. Schon die vorsichtig formulierte Beurteilung des Kreditnehmers deutet darauf hin, mit welchen Schwierigkeiten der Transfer eindeutiger Informationen einherging. Diese waren der doppelten sozialen Verpflichtung geschuldet, der Gofung gerecht werden musste. Einerseits war ihm der Kaufmann, über den er Auskunft erteilte, sehr wahrscheinlich persönlich bekannt, deshalb konnte ein negatives Urteil über dessen Kreditwürdigkeit bei Bekanntwerden in Disna ein schlechtes Licht auf Gofung selbst werfen. Andererseits hätte eine zu positive Einschätzung seiner finanziellen Mittel im Fall einer eventuellen Zahlungsfähigkeit des Kaufmanns Gofungs Beziehung zu den Gebrüdern Edelstein belastet.

Diese starken Bindungen in beide Richtungen sorgten letztendlich für eine vorsichtige Auskunft und das Ersuchen um die Vernichtung des Briefs. Hier offenbart sich eine Schwachstelle der Übermittlung von Informationen über die geschäftliche Reputation: Aufgrund der Überlagerung der sozialen und wirtschaftlichen Beziehungen ist eine Weitergabe von negativen Einschätzungen unwahrscheinlicher, als in einer ähnlichen Situation, in der zwischen den Beteiligten keine starken Bindung bestehen. Gleichzeitig sind aber die Vorteile nicht zu übersehen. Die hohe Kohäsionskraft jüdischer Gemeinden in kleinen Städten machte das notwendige Wissen leichter verfügbar. Aus diesem Grund mochten die Gebrüder Edelstein den Umweg über einen Rechtsanwalt gewählt haben, um eine Einschätzung der Kreditwürdigkeit des Kaufmanns aus Disna zu erhalten.

Isaak Reisman: »Ein Esel namens Gol'dštajn«[198]

Doch war auch in ethnischen Netzwerken die Sanktionierung unzuverlässiger Mitglieder notwendig, damit ihre Funktionsfähigkeit gewahrt blieb. Ein solcher Fall wurde in den Briefen des Lodzer Großhändlers Isaak Reisman an die Gebrüder Edelstein verhandelt, die auf Russisch, Deutsch und Jiddisch verfasst wurden. Neben zahlreichen Beschwerden wegen Lieferengpässen oder fehlerhafter Waren findet sich dort auch die Beschreibung eines Konflikts mit einem

197 Im Russischen wird der kyrillische Buchstabe *H* für die Bezeichnung einer Person oder eines Ortes verwendet, deren/dessen Namen man nicht nennen möchte.

198 Brief von Isaak Reisman an die Gebrüder Edelstein vom 28.4.(10.5.)1896. LVIA, Fond 602, Opis' 1, Delo 4, 746.

ehemaligen Teilhaber des Unternehmens von Reisman namens Gol'dštajn. Jener Gol'dštajn verhielt sich in Reismans Augen nicht korrekt, auch wenn er nie konkrete Vorwürfe gegen dessen geschäftliches Gebaren formulierte. Vielmehr beschränkte sich Reisman darauf, ihn mit beleidigenden Spitznamen zu versehen. So schrieb Reisman in einem Brief Anfang Juli 1896:

> [... H]abe hier Einen Mensch geholt in mein gescheft ein gewisen Goldstein nicht genug wos er mir ferschiedene Schweinerei gemocht so geht er wider herum und redet mir das die Waare ist nicht brauchbar nur aber die Kunden sehen dos er besoffen ist.[199]

Reisman erwähnt auch, dass er einen neuen Kompagnon in sein Unternehmen aufgenommen habe, dieser aber ein »gewesene[r] Anstandige[r] Kaufman«[200] sei. Neben der Thematisierung von Gol'dštajn Auschluss aus den kaufmännischen Kreisen findet sich ein weiteres Motiv: Der Absender versucht, die eigene geschäftliche Reputation zu schützen. Gol'dštajn war ehemaliger Teilhaber seiner Firma, weshalb dessen unlautere Geschäfte auch weiterhin mit dem Unternehmen Reisman assoziiert werden könnten. Offensichtlich reagierte Gol'dštajn auf diese Anschuldigungen mit dem Versuch, die Geschäfte von Reisman zu schädigen, indem er dessen Waren öffentlich als minderwertig bezeichnete. Diese Vorwürfe versuchte Reisman wiederum mit dem Verweis auf Gol'dštajns Alkoholismus zu delegitimieren. Dass Reisman der Auseinandersetzung mit Gol'dštajn eine hohe Relevanz beimaß, zeigt schon der Raum, den sie in seiner Korrespondenz mit den Gebrüdern Edelstein einnahm. Dies weist auf die große Bedeutung der Sanktionierung unzuverlässiger Kaufleute für das Funktionieren von Geschäftsnetzwerken hin. Für diese Form der sozialen Kontrolle war der Informationsaustausch zwischen den Akteuren unerlässlich.

Netzwerke, Religion, Ethnizität

Die hier dargestellten Beispiele verdeutlichen das Zusammenwirken verschiedener Faktoren in den Handelsbeziehungen der Gebrüder Edelstein, die über ein supraethnisches Geschäftsnetzwerk hinausweisen. An erster Stelle steht dabei die informelle institutionelle Einbettung in die moralischen Vorstellungen des Judentums, die anhand der Briefe von Hosias Friedmann und Chaim Aškevič demonstriert werden konnte. Ihr Appell an die starken Bindungen zielt auf eine *moralische Gemeinschaft* der Juden im Zarenreich, die auf geteilten Werten, einer gemeinsamen Sprache und verwandtschaftlichen Verbindungen fußte.

199 Brief von Isaak Reisman an die Gebrüder Edelstein vom 2.(14.)7.1896. LVIA, Fond 602, Opis' 1, Delo 2, 1105.
200 Ebd.

Dies ist aber nicht mit innerjüdischer Solidarität zur Abwehr antijüdischer Gesetze oder gar einem Vertrauensautomatismus zwischen jüdischen Kaufleuten zu verwechseln. Die Briefe von Morduch Gofung und Isaak Reisman zeigen, wie innerhalb jüdischer Netzwerke Informationen eingeholt wurden, und wie als verwerflich geltendes Verhalten sanktioniert wurde. Zudem konnte illustriert werden, wie das Entstehen von Vertrauen im wirtschaftlichen Verkehr auf der ethno-religiösen Zugehörigkeit der Beteiligten aufbaute. Gleichzeitig muss, angesichts der Masse an Briefen in der Geschäftskorrespondenz, die standardisierte Formulierungen verwendeten, konstatiert werden, dass im Rahmen der immer stärkeren Vereinheitlichung von Kommunikationsformen und wirtschaftlichen Moralvorstellungen die Bedeutung geteilter ethnischer Zugehörigkeit für den Aufbau von Geschäftsnetzwerken mehr und mehr abnahm. Die moralische Gemeinschaft der Juden im Zarenreich wurde angesichts zunehmender sozialer Differenzierung schwächer, worauf auch das vergebliche Rekurieren von Hosias Friedmann und Chaim Aškevič auf religiös grundierte Moralvorstellungen hinweist.

3.4 Entbettung und Konflikt: Starke Bindungen als Wettbewerbshindernis

Die Transformation der Lebenswelt der osteuropäischen Juden durch Industrialisierung und Stratifizierung brachte die Abschwächung traditioneller Sitten, Gebräuche und Einstellungen mit sich. Die Wirtschaftsbeziehungen zwischen jüdischen Akteuren veränderten sich in dieser Zeit massiv, ebenso wie die jüdischen Gemeinden selbst. Dies stellte im Wilna des ausgehenden 19. Jahrhunderts traditionelle Aushandlungsmechanismen infrage. Eine Konsequenz war die ausbleibende Lösung der Konflikte zwischen den Arbeitern und Unternehmern der Tabakfabrik Edelstein: Zu unterschiedlich gestalteten sich die Auffassungen bezüglich Moral und Gerechtigkeit. Erschwerend kam hinzu, dass sich noch keine modernen Institutionen wie Gewerkschaften oder Tarifverhandlungen etabliert hatten, um die Auseinandersetzungen abzumildern. Die institutionelle Einbettung der wirtschaftlichen Beziehungen war zu diesem Zeitpunkt massiv gestört.

Diese Phase der *Entbettung* ist für die historische Forschung allerdings ein besonders fruchtbarer Moment, da implizite Regeln, Erwartungen und Motive deutlicher zutage treten und der Analyse zugänglich werden. So zeigte sich, dass die ökonomischen Normen und Gebräuche der jüdischen Bevölkerung Wilnas stark von religiös fundierten Überzeugungen beeinflusst waren. Als nach der Verletzung des jüdischen Gewohnheitsrechts eine Sanktionierung durch die religiösen Würdenträger ausblieb, sahen sich die Arbeiter zur offenen Rebellion gezwungen und brachten die Fabrik mittels der Verbreitung eines Gerüchts zu

Fall. Dieser Akt stand am Ende eines gescheiterten Kommunikationsprozesses zwischen Arbeitern und Arbeitgebern, in dem kaum noch moralische Prämissen geteilt wurden. Die traditionellen jüdischen Autoritäten hatten keine überzeugenden Antworten auf die sich verändernden wirtschaftlichen Lebensbedingungen zu bieten und verloren deshalb an Glaubwürdigkeit.

Auch in den Geschäftsnetzwerken der Gebrüder Edelstein lässt sich dieses Transformationsmoment nachweisen. Zwar bezogen sich manche Geschäftspartner noch explizit auf religiöse Moralvorstellungen, liefen damit aber ins Leere. Die Netzwerke der Edelsteins dienten weiterhin der strukturellen Einbettung, wenn etwa Informationen über geschäftliche Reputation ausgetauscht oder unzuverlässige Mitglieder ausgeschlossen wurden. Doch waren sie immer weniger von religiös basierten Moralvorstellungen gekennzeichnet.

Insgesamt wurde deutlich, dass im Rahmen der wirtschaftlichen und gesellschaftlichen Veränderungen zum Ende des 19. Jahrhunderts für die Gebrüder Edelstein die straken Bindungen zu ihren Arbeitern und Kunden, die auf geteilten impliziten moralischen Verpflichtungen beruhten, zu Belastungen führten, die ökonomische Nachteile mit sich brachten. Daher versuchten sie beispielsweise ihre jüdischen Arbeiter durch christliche Beschäftigte zu ersetzen.

4. Odessa – Der Kaufmann und Schuhfabrikant Moses Lissiansky

Mit Odessa wird in diesem Kapitel der dritte und letzte Schauplatz der vorliegenden Studie betreten. Erst 1794 in einem vom Zarenreich neu eroberten Gebiet gegründet, handelte es sich bei der Hafenstadt Odessa in den Worten des jüdischen Historikers Simon Dubnow (1860–1941) um eine »unhistorische Stadt«.[1] Hier, an der Peripherie des Imperiums, lebte seit 1881 die nach Warschau zweitgrößte jüdische Gemeinde des Russländischen Reichs.[2] Aufgrund der räumlichen Entfernung zu den traditionellen jüdischen Siedlungsgebieten Osteuropas, der äußerst vielfältigen jüdischen Gemeinde und des hohen Grads an Interaktion mit anderen ethnischen Gruppen entstand in Odessa ein sehr lebendiges jüdisches Geistesleben, das neben einer Vielzahl von Kulturgütern auch neue politische Bewegungen wie den Zionismus hervorbrachte.[3] Unterstützten die jüdischen Eliten der Stadt im Sinne der Haskala zunächst das Konzept einer jüdisch-russischen Annäherung, entstand nach den Pogromen von 1871 und 1881 das Bedürfnis, alternative Zugehörigkeitsmodelle zu entwickeln. So formulierte der Odessaer Arzt Leon Pinsker (1821–1891) in seiner Schrift *Autoemancipation*[4] zentrale Konzepte des Zionismus, noch ehe Theodor Herzl (1860–1904) aus diesen Ideen eine politische Bewegung formte.[5]

Odessa war aus jüdischer Perspektive eine neue Stadt in einem neuen Land, in der die Einwandernden an keine lokalen Traditionen anknüpfen konnten, sondern eine neue Ordnung schaffen mussten.[6] Im Zentrum dieses Kapitels

1 *Dubnov,* Simon M.: Kniga žizni. Vospominanija i razmyšlenija. Materialy dlja istorii moego vremeni. Tom pervyj [Buch des Lebens. Erinnerungen und Betrachtungen. Materialien zur Geschichte meiner Zeit. Erster Band]. Riga 1934, 246.

2 So lebten 1881 73.400 Juden in der Stadt, diese Zahl stieg 1897 auf 138.900 und erreichte 1912 schließlich 219.400. Vgl.: Rossija [Russland]. In: *Oren,* Icchak/*Prat,* Naftali (Hg.): Kratkaja evrejskaja ėnciklopedija. Tom 7 [Kleine jüdische Enzyklopädie. Bd. 7]. Ierusalim 1994, 286–402, hier 386.

3 *Zipperstein,* Steven J.: The Jews of Odessa. A Cultural History, 1794–1881. Stanford 1986, 5.

4 *Pinsker,* Leon: Autoemancipation! Mahnruf an seine Stammesgenossen von einem russischen Juden. Berlin 1882.

5 *Brenner,* Michael: Geschichte des Zionismus. München 2002, 44f.

6 Vgl.: *Poliščuk,* Michail: Evrei Odessy i Novorossii. Social'no-političeskaja istorija evreev Odessy i drugich gorodov Novorussii 1881–1904. [Die Juden Odessas und Neurusslands. Soziale und politische Geschichte der Juden Odessas und der übrigen Städte Neurusslands 1881–1904]. Ierusalim, Moskva 2002, insbesondere 20, 92.

steht daher die Frage, inwiefern diese Konstellation die Rahmenbedingungen der Vertrauensbildung in ökonomischen Austauschbeziehungen beeinflusste. Zu diesem Zweck werden die Memoiren des Odessaer Geschäftsmanns und späteren Schuhfabrikanten Moses Lissiansky (1872–1943) ausgewertet. Lissianskys Autobiografie illustriert eindrucksvoll die Bedeutung der sozialen Einbettung für Aufbau, Erhalt und Stabilität ökonomischer Vertrauensbeziehungen. Zudem lassen sich ihr die Spezifika wirtschaftlichen Handelns in Odessa entnehmen. Bis zum Jahr 1906 lebte und arbeitete Lissiansky in der Stadt, bevor er vor Pogromen und revolutionärer Gewalt mit seiner Familie nach Wien floh. Von dort wurde er 1939 von den Nationalsozialisten vertrieben. Er verstarb 1943 in New York.

Die Untersuchung der Gegebenheiten in Odessa wird mit den nun schon bekannten Umständen in Lodz und Wilna kontrastiert. Drei Faktoren beeinflussten die Szenerie nachhaltig: Erstens setzte sich die Einwohnerschaft Odessas aus so vielen ethnischen Gruppen zusammen wie in kaum einer anderen Stadt des Zarenreichs. Der internationale Handel in der Hafenstadt ließ griechische, armenische und jüdische Geschäftsnetzwerke entstehen. Dies bietet die Möglichkeit, zu prüfen, inwiefern sich diese Netzwerke überlagerten oder ob sie gegeneinander abgeschlossen waren, und zu bestimmen, welche Bedeutung ethnische oder religiöse Zugehörigkeiten für den Aufbau von Geschäftsbeziehungen hatten. Zweitens war Odessa ein Hort antijüdischer Gewalt: Im langen 19. Jahrhundert brachen in der Hafenstadt mehr als ein halbes Dutzend Pogrome aus, die teilweise desaströse Folgen für die jüdische Bevölkerung mit sich brachten. Am Beispiel von Moses Lissiansky wird erkundet, wie sie sich auf die Wirtschaftstätigkeit und Lebensgestaltung jüdischer Unternehmer auswirkten. Drittens war die jüdische Gemeinde Odessas deutlich größer und vielgestaltiger als jene in den beiden anderen untersuchten Städten, zudem wuchs die jüdische Bevölkerung ähnlich schnell wie in Lodz. Konnten innerhalb der jüdischen Gemeinde angesichts dieser Dynamik verlässliche Einschätzungen zur geschäftlichen Reputation ihrer Mitglieder formuliert werden?

Zur Beantwortung dieser Fragen gliedert sich dieses Kapitel in vier Teile: Im ersten Abschnitt werden die wirtschaftliche und demografische Entwicklung Odessas, die lokale Stadtgesellschaft und die jüdische Gemeinde charakterisiert. Im zweiten Teil stehen das Leben und die wirtschaftlichen Aktivitäten Lissianskys im Zentrum. Danach wird eine Analyse von Lissianskys Memoiren bezüglich der Vertrauensbeziehungen in ökonomischen Transaktionen vorgenommen bevor ein Zwischenfazit das Kapitel abschließt.

4.1 Sehnsuchtsort zwischen Wunsch und Wirklichkeit

Als am 22. August 1794 Soldaten der lokalen Garnison begannen, den Hafen Odessas zu errichten, war dies der Startschuss einer rasanten Entwicklung der Siedlung am Schwarzen Meer. Die Motive zur Gründung der Stadt und zu der beträchtlichen finanziellen Investition in ihren Bau waren recht eindeutig. Das Gebiet südlich der Grenzregion des Zarenreichs sollte militärisch abgesichert werden, da es zuvor häufig zwischen dem Osmanischen und dem Russländischen Reich den Besitzer gewechselt hatte. Nun wurde die feste Integration der spärlich besiedelten Region, die Neurussland genannt wurden, in die Struktur des Zarenreichs angestrebt. Ein Mittel stellte die wirtschaftliche Erschließung der Provinz dar, die mittels der Stadtgründung stimuliert werden sollte. Darüber hinaus sollte Odessa kulturellen Einfluss auf die christlich-orthodoxen Bevölkerungsgruppen im benachbarten Osmanischen Reich ausüben.[7] Daher wurde auch bei der Namensgebung der Stadt bewusst an griechische Siedlungstraditionen in der Region angeknüpft.[8] Davon erhofften sich die zarischen Autoritäten eine besondere Anziehungskraft der Stadt für griechische Kaufleute.[9] Doch nicht nur griechische Siedler ließen sich in den folgenden Jahrzehnten in Odessa nieder, sondern auch Deutsche, Russen, Ukrainer, Juden, Armenier, Tataren und Angehörige vieler weiterer ethnischer Gruppen. Im Jahr 1897 verständigten sich die Bewohner der Stadt in 55 verschiedenen Muttersprachen und stammten aus über 30 Ländern.[10]

Zur Förderung dieses Zuzugs hatten die Behörden in Sankt Petersburg eine Reihe administrativer und politischer Sonderregelungen erlassen, die die Entwicklung der Stadt beförderten. 1803 wurde in Odessa das Amt des Stadthauptmanns (russ. *gradonačal'nik*) eingerichtet. Der Stadthauptmann hatte ähnliche Befugnisse wie ein Gouverneur und sollte durch seine Präsenz vor Ort Entscheidungsprozesse beschleunigen.[11] Die geografische Lage Odessas an der Peripherie des Zarenreichs vergrößerte die Handlungsspielräume lokaler Machthaber,

7 *Hausmann,* Guido: Universität und städtische Gesellschaft in Odessa, 1865–1917. Soziale und nationale Selbstorganisation an der Peripherie des Zarenreichs. Stuttgart 1998, 42.

8 Der Name Odessa bezieht sich auf die antike griechische Siedlung Odessos, die sich am Schwarzen Meer befand. Vgl.: *Herlihy,* Patricia: Odessa. A History, 1794–1914. Cambridge/Massachusetts 1986a, 7. Doch gibt es in der Forschung große Zweifel, ob Odessa tatsächlich auf dem Gebiet der antiken Siedlung liegt. Vielmehr ist die Annahme verbreitet, dass die bulgarische Stadt Warna (gut 420 Kilometer von Odessa entfernt) sich etwa an der Stelle befindet, wo die antike Hafenstadt Odessos verortet war. Vgl.: *Isaac,* Benjamin: The Greek Settlements in Thrace until the Macedonian Conquest. Leiden 1986, 254.

9 *Herlihy:* Odessa 7.

10 *Weinberg,* Robert: The Revolution of 1905 in Odessa. Blood on the Steps. Bloomington 1993, 12.

11 *Poliščuk:* Evrei Odessy i Novorossii, 16.

weshalb manche Anordnung der Zentralgewalt in Sankt Petersburg schlichtweg ignoriert wurde.[12]

Außerdem waren die Bewohner des neu erworbenen Landstrichs ohnehin von bestimmten Reglementierungen des zarischen Staates ausgenommen. So erließ die Zarin Katharina II. (1729–1796) 1796 eine Verfügung, nach der Leibeigene, die vor ihren Herren nach Neurussland geflohen waren, nicht zurückgeschickt werden mussten.[13] Ausländische Siedler wurden für die Region angeworben und der jüdischen Bevölkerung des Zarenreichs gestattet, sich in der Südukraine niederzulassen.[14] Dadurch bildete sich bereits kurze Zeit nach Gründung der Stadt eine lebendige jüdische Gemeinde.

Im wirtschaftlichen Bereich galten ebenfalls spezielle Vorschriften für die Städte der Region. Unter Katharina II. wurden Waren, die über die südlichen Häfen ins Land gelangten, geringer und ab 1786 für fünf Jahre gar nicht besteuert. Odessa erhielt von 1819 bis 1857 den Status eines Freihafens, wodurch Waren ohne die Erhebung von Zöllen auf einem bestimmten Gebiet gelagert und gehandelt werden durften.[15]

All diese Faktoren leisteten ihren Beitrag zum exzeptionellen Wachstum der Stadt im 19. Jahrhundert. Neben den rechtlichen, administrativen und wirtschaftlichen Rahmenbedingungen gab es einen weiteren Grund warum Odessa als Migrationsziel so attraktiv war: Die Hafenstadt am Schwarzen Meer übte als Sehnsuchtsort an der *frontier* eine große Anziehungskraft auf Arme und Abenteurer vieler Regionen Osteuropas aus.[16] Der Protagonist dieses Kapitels, Moses Lissiansky, verließ bereits als Zwölfjähriger seine 250 Kilometer von Odessa entfernt gelegene Heimatstadt Elisavetgrad,[17] um in der Schwarzmeerstadt sein Glück zu suchen. Doch im Gegensatz zu Lissiansky erfüllte sich die Hoffnung auf sozialen Aufstieg und wirtschaftlichen Erfolg für viele Einwanderer nicht.

Doch nicht nur aus diesem Grund, sondern auch wegen ihrer Assoziation mit Sünde und Laster, schlug Odessa gerade in den traditionsorientierten jüdischen Milieus viel Ablehnung entgegen. So hieß es im Jiddischen: »Zibn mayl arum odes brent der gihenum« (dt.: »Im Umkreis von sieben Meilen um Odessa brennen die Feuer der Hölle.«).[18] Dies kann als Ausdruck der Ablehnung der

12 Als beispielsweise 1842 in Sankt Petersburg der Ausschluss jüdischer Stadtbewohner von den Wahlen zu den lokalen Selbstverwaltungsorganen verfügt wurde, befolgten die Behörden in Odessa diese Gesetzänderung nicht und Juden konnten sich weiterhin an den lokalen Gremien beteiligen. Vgl.: Ebd. 21.

13 *Herlihy:* Odessa 15.

14 *Poliščuk:* Evrei Odessy i Novorossii 17.

15 *Hausmann:* Universität und städtische Gesellschaft 42.

16 Vgl.: *King,* Charles: Odessa. Genius and Death in a City of Dreams. New York 2011.

17 Lissianskys Geburtsort wechselte im Laufe des 20. und 21. Jahrhunderts mehrfach seinen Namen. Er heißt heute Kropyvnyc' kyj und liegt in der Ukraine.

18 *Zipperstein:* The Jews of Odessa 1.

kulturellen Unruhe Odessas verstanden werden, das nicht nur ein Hort des Zionismus, sondern vieler weiterer aufständischer, revolutionärer oder nationaler Bewegungen war.[19]

Forschungsstand

Odessa als Kristallisationspunkt moderner Bewegungen und Ideologien, als Ort der Transformation jüdischen Lebens in Osteuropa, kultureller Innovation, aber auch brutaler antisemitischer Gewalt hat Literatur und Forschung seit Jahrzehnten angeregt. Ein Schwerpunkt der wissenschaftlichen Beschäftigung lag auf der Phase bis zum Ausbruch des Ersten Weltkriegs,[20] wobei eine Reihe thematischer Untersuchungen, beispielsweise zur Geschichte der Kriminalität,[21] zum Verhältniss von Universität und lokaler Öffentlichkeit,[22] zu Revolution des Jahres 1905[23] sowie zur griechischen Diaspora in der Stadt[24] entstanden. Zudem wurde die Erforschung der erinnerungsgeschichtlichen Dimension des ›Mythos Odessa‹ in den letzten Jahren intensiviert.[25] Auch die Wirtschafts- und Sozialgeschichte der Stadt ist ein Thema, das mit Aufmerksamkeit bedacht wurde.[26] Nicht zuletzt werden die große jüdische Gemeinde und die wichtige Rolle Odessas für die jüdische Kultur und Politik im 19. und 20. Jahrhundert thematisiert. Studien der jüdischen Historiografie widmeten sich etwa der Kulturgeschichte der Juden Odessas,[27] der Beschreibung der institutionellen Entwicklung der Ge-

19 *Herlihy:* Odessa 129.

20 Das Grundlagenwerk zur Geschichte der Stadt in diesem Zeitraum stellt weiterhin das 1986 erschienene Buch von Patricia Herlihy dar: Ebd.

21 *Sylvester,* Roshanna P.: Tales of Old Odessa. Crime and Civility in a City of Thieves. Dekalb 2005.

22 *Hausmann:* Universität und städtische Gesellschaft.

23 *Weinberg:* The Revolution.

24 *Mazis,* John Athanasios: The Greeks of Odessa. Diaspora Leadership in Late Imperial Russia. Boulder 2004.

25 Vgl.: *Tanny,* Jarrod: City of Rogues and Schnorrers. Russia's Jews and the Myth of Old Odessa. Bloomington 2011.

26 Darunter beispielsweise: *Sartor,* Wolfgang: Das Haus Mahs. Eine internationale Unternehmerfamilie im Russischen Reich 1750–1918. Sankt-Peterburg 2009; *Herlihy,* Patricia: Russian Grain and Mediterranean Markets, 1774–1861. Ann Arbor 1978; *Siegelbaum,* Lewis: The Odessa Grain Trade: A Case Study in Urban Growth and Development in Tsarist Russia. In: The Journal of European Economic History 9/1 (1980) 113–151; *Yeykelis,* Igor: Artur Anatra: Odessan Entrepreneur, 1914–1919. In: The Historian 61/2 (1999) 311–326; *Prousis,* Theophilus C.: Dēmētrios S. Inglezēs: Greek Merchant and City Leader of Odessa. In: Slavic Review 50/3 (1991) 672–679; *Herlihy,* Patricia: Staple Trade and Urbanization in New Russia. In: Jahrbücher für Geschichte Osteuropas 21 (NF)/2 (1973) 184–195; *Hausmann,* Guido: Die wohlhabenden Odessaer Kaufleute und Unternehmer. Zur Herausbildung bürgerlicher Identitäten im ausgehenden Zarenreich. In: Jahrbücher für Geschichte Osteuropas 48 (NF)/(2000) 41–65.

27 *Zipperstein:* The Jews of Odessa.

meinde[28] oder dem Vereinswesen.[29] Unter wirtschaftsgeschichtlichen Aspekten wurde der Geschichte der Juden Odessas bisher allerdings wenig Interesse entgegengebracht.[30] Da das jüdische Odessa einen großen Einfluss auf die politische und kulturelle Entwicklung der zionistischen Bewegung und später Israels hatte, verschwand seine eigentliche Bedeutung als Hafen- und Handelsstadt ein Stück weit aus dem Fokus der Forschung.[31]

Demografische Entwicklung Odessas

Nach Gründung der Stadt im Jahr 1795 erlebte Odessa im Laufe des 19. Jahrhunderts ein enormes Bevölkerungswachstum. Vor dem Ersten Weltkrieg lebten mehr als 600.000 Menschen in der Stadt. Damit gehörte sie zu jenen Boomtowns des 19. Jahrhundert, die von den wirtschaftlichen Veränderungen dieser Epoche profitierten.[32] Tabelle 6 fasst die Entwicklung der Einwohnerzahlen bis 1912 zusammen.

Der beachtliche Bevölkerungszuwachs bis zur Mitte des 19. Jahrhunderts, beschleunigte sich ab 1854 noch einmal und die Einwohnerzahl hatte sich bis 1897 mehr als vervierfacht. Nach ihrem Rückgang infolge der Pogrome und der Revolution des Jahres 1905 nahm die Einwohnerschaft kurz vor dem Ersten Weltkrieg wieder deutlich zu. Diese Entwicklung zeitigte nach 1850 problematische soziale Folgen, da die wirtschaftliche Expansion der Stadt sich verlangsamte und Verarmung einsetze. Parallel zur Gesamtpopulation stieg der Anteil der jüdischen Bevölkerung (vgl. Tab. 6). Viele Juden waren nach Inkrafttreten der antijüdischen Mai-Gesetze, die 1882 in Reaktion auf die vorangegangene Pogromwelle verabschiedet worden waren, nach Odessa gekommen. Die Gesetze zielten in erster Linie darauf, jüdisches Leben und Wirtschaften in den ländlichen Regionen des Zarenreichs einzuschränken, was Abwanderungen in die Städte nach sich zog.[33] Die Neuankömmlinge, waren überwiegend sehr arm, konnten

28 *Shaw,* Peter W.: The Odessa Jewish Community, 1855–1900. An Institutional History. Dissertation. Jerusalem 1988.

29 *Hofmeister,* Alexis: Selbstorganisation und Bürgerlichkeit. Jüdisches Vereinswesen in Odessa um 1900. Göttingen 2007.

30 Ausnahmem sind: *Poliščuk:* Evrei Odessy i Novorossii; *Kleinmann,* Yvonne: An zwei Meeren und doch an Land. Eine vergleichende Skizze des soziokulturellen Profils der jüdischen Bevölkerung St. Petersburgs und Odessas im 19. Jahrhundert. In: Nordost-Archiv 12 (NF)/1 (2003) 135–166.

31 Illustriert werden kann dies etwa an: *Shindler,* Colin: The Rise of the Israeli Right. From Odessa to Hebron. New York 2015. Odessa steht als Chiffre für den revisionistischen Flügel der zionistischen Bewegung und den Geburtsort der israelischen Rechten.

32 Ähnlich wie Lodz wurde auch Odessa attestiert, die am schnellsten wachsende Stadt Europas im 19. Jahrhundert gewesen zu sein. Vgl.: *Herlihy:* Odessa 1.

33 *Kleinmann:* An zwei Meeren 138.

Tab. 6: Entwicklung der Einwohnerzahl Odessas

Jahr	**Einwohnerzahl**	**Anteil der jüdischen Bevölkerung** (in Prozent)
1794	2.345	10,4
1827	32.995	12,8
1841	73.888	14,5
1854	90.319	18,9
1873	193.513	26,6
1880	219.300	25,2
1892	340.526	33,0
1897	403.815	34,4
1904	511.000	31,3
1908	450.000	k. A.
1912	620.143	32,3

Quelle: *Herlihy:* Odessa 251.

aber ihre soziale Lage in Odessa, das selbst in einer Rezession steckte, kaum verbessern und lebten häufig auf Kosten der jüdischen Gemeinde.[34]

Eine Befragung im Jahr 1892 ergab, dass nur 45 Prozent der Bewohner Odessas dort geboren waren.[35] Zwar handelte es sich beim russischen Imperium generell um ein Vielvölkerreich,[36] doch war es ein Ort besonderer ethnischer Diversität. In den ersten Jahrzehnten der Stadtgeschichte bildeten die Untertanen des Zaren in Odessa die Minderheit.[37]

Die ethnische Zusammensetzung der Stadtbevölkerung veränderte sich im Laufe des 19. Jahrhunderts deutlich. Stellten Griechen 1816 etwa 30 Prozent der Einwohner, betrug ihr Anteil im Jahr 1897 nur noch gut ein Prozent.[38] Neben dem Prozentsatz der Juden stieg auch jener der russischen und ukrainischen Einwohner, wobei es sich häufig um Angehörige der bäuerlichen Landbevölkerung handelte, die nach dem Ende der Leibeigenschaft 1861 nach Odessa ström-

34 *Shaw:* The Odessa Jewish Community 141 f.
35 *Herlihy:* Odessa 242.
36 Vgl. zu diesem Konzept grundlegend: *Kappeler:* Rußland als Vielvölkerreich.
37 *Zipperstein:* The Jews of Odessa 29.
38 *Weinberg:* The Revolution 13.

ten (vgl. Tab. 7).[39] Trotz dieser Veränderungen behielt Odessa seinen vielfältigen Charakter: Es glich eher einer europäischen denn einer russischen Stadt.[40] Dies kommt in einer Erhebung zu den Muttersprachen der Einwohner aus dem Jahr 1897 zum Ausdruck. Nur 59 Prozent der Befragten gaben eine der drei ostslawischen Sprachen (Russisch, Ukrainisch oder Weißrussisch) als Muttersprache an. In Moskau und Sankt Petersburg waren es dagegen 95 beziehungsweise 87 Prozent.[41]

Aufrund des intensiven Bevölkerungswachstums ergaben sich auch in Odessa, ähnlich wie in Lodz, Probleme für wirtschaftliche Vertrauensbeziehungen, da ständig neue Marktteilnehmer integriert werden mussten, über deren Zuverlässigkeit zunächst kaum Informationen verfügbar waren, weil keine zeitliche Einbettung gegeben war. Daher war die strukturelle Einbettung von besonderer Bedeutung, wie das Beispiel von Moses Lissiansky zeigen wird, der von seinem Bruder in die Textilbranche der Stadt eingeführt wurde. In Bezug auf die ethnische Zusammensetzung der Stadtbevölkerung ist Odessa deutlich diverser als die beiden anderen Untersuchungsorte Lodz und Wilna.

Neben der ethnischen Zusammensetzung war auch die soziale Struktur der Einwohnerschaft Odessas im Laufe des 19. Jahrhunderts deutlichen Veränderungen unterworfen (vgl. Tab. 7). Diese Angaben konkretisieren den Charakter der Stadt als Handelszentrum, da die Stände der Kaufleute und Bürger im gesamten Betrachtungszeitraum die Mehrheit der Bevölkerung stellten.[42]

Tab. 7: Standeszugehörigkeit in Odessa 1858–1914 (Angaben in Prozent)

Jahr	**Adel**	**Kaufleute**	***Meščane* (Bürger)**	**Bauern**	**Ausländer**
1858	3,0	4,7	69,8	3,8	4,2
1863	6,6	5,3	63,7	4,2	5,3
1873	6,4	4,7	49,3	11,9	9,0
1892	5,0	1,4	57,8	24,4	6,4
1897	5,5	1,2	57,6	27,1	4,8
1914	1,9	1,4	51,8	30,5	1,3

Quelle: Hausmann: Universität und städtische Gesellschaft 53. Die Angaben wurden leicht gekürzt; die Stände Geistlichkeit, Militär, Ehrenbürger sowie ›andere‹ bleiben unberücksichtigt.

39 *Herlihy:* Odessa 240 f.
40 *Zipperstein:* The Jews of Odessa 30.
41 *Herlihy:* Odessa 242.
42 Ebd.

Was die Sozialstruktur der verschiedenen ethnischen Gruppen angeht, ist zu konstatieren, dass die russischsprachigen Bewohner[43] besonders in den Ober- und Unterschichten dominierten, also in den Ständen der Adligen und der Bauern die große Mehrheit stellten.[44] Die jiddischsprachige Bevölkerung gehörte zum überwiegenden Teil[45] dem Stand der *meščane* (dt.: Bürger) an, der eine Art Sammelkategorie für Juden darstellte und kaum einen Rückschluss auf die soziale Zugehörigkeit zulässt.[46] Sowohl erfolgreiche Ladenbesitzer oder Handwerker als auch auch Verkäufer von gebrauchter Kleidung oder Hausierer wurden ihr zugerechnet.[47] Aus den Statistiken geht allerdings klar hervor, dass die jiddischsprachigen Einwohner Odessas hauptsächlich in kaufmännischen Berufen tätig waren.[48] Eine Vielzahl kleinerer ethnischer Gruppen, wie Griechen und Italiener, betrieben hauptsächlich Exportunternehmen.[49]

Anhand der Memoiren von Moses Lissiansky soll nachvollzogen werden, inwiefern Handelsnetzwerke in Odessa ethnisch geschlossen waren oder ob die verschiedenen Bevölkerungsgruppen in engem wirtschaftlichen Austausch standen. Zudem stellt sich die Frage, ob die Veränderungen in der ethnischen und sozialen Zusammensetzung der Bevölkerung in der zweiten Hälfte des 19. Jahrhunderts Auswirkungen auf ökonomische Vertrauensverhältnisse hatten.

Wirtschaftliche Entwicklung

Die wirtschaftliche Entwicklung Odessas war in den ersten Jahrzenten nach Stadtgründung von einem sprunghaften Wachstum in vielen Bereichen gekennzeichnet. Der Hafen wurde aufgrund seiner Nähe zu den landwirtschaftlichen Gebieten Neurusslands bereits in den 1810er Jahren zum wichtigsten Warenumschlagplatz an der Schwarzmeerküste des Zarenreichs.[50] Getreideprodukte

43 Die Statistiken zum Sozialprofil Odessas differenzieren die Bevölkerungsgruppen anhand ihrer Muttersprache, weshalb die russischsprachige Kategorie verschiedene ethnische und religiöse Gruppen umfasste. So gehörten ihr neben ethnischen Russen auch russophone Ukrainer oder Juden an. In Odessa gaben 1897 gut zehn Prozent der jüdischen Bevölkerung Russisch als Muttersprache an, wobei es sich überwiegend um gut gebildete und wohlhabende Personen handelte. Vgl.: *Poliščuk:* Evrei Odessy i Novorossii 81 f.

44 So betrug der Anteil der russischsprachigen Bewohner unter den Adligen 77 Prozent, bei den Bauern 71 Prozent. Vgl.: *Hausmann:* Universität und städtische Gesellschaft 46 f.

45 Ebd. 49 f.

46 So wurden die Juden, nachdem sie im Zuge der Teilungen Polens Untertanen des Zaren geworden waren, automatisch im Stand der Bürger oder der Kaufleute registriert. Vgl.: *Nathans:* The Jews 188.

47 *Weinberg,* Robert: Worker Organizations and Politics in the Revolution of 1905 in Odessa. Berkeley 1985, 28.

48 *Shaw:* The Odessa Jewish Community 20–22.

49 *Herlihy:* Odessa 89. Allerdings zogen sich diese Gruppen ab Mitte des 19. Jahrhunderts teilweise aus Odessa zurück und intensivierten ihre Aktivitäten in Westeuropa. Vgl.: Ebd. 95.

50 *Siegelbaum*: The Odessa Grain 115.

entwickelten sich zum Hauptexportgut der Stadt. Der englische Markt bildete die wichtigste Absatzregion für die Odessaer Exporte. In der ersten Hälfte des 19. Jahrhunderts stieg der Handelsumsatz des Hafens, nicht zuletzt infolge seines Status als Freihafen. Dieses Privileg förderte die Ansiedlung ausländischer und inländischer Handelsfirmen und Banken, Konsulate und Speicherhäuser, zugleich hemmte es die Entwicklung einer eigenständigen Industrie in Odessa.[51]

Neben Handelshäusern aus ganz Europa siedelten sich eine Börse und eine Vielzahl von Banken in der Stadt an, sodass Odessa auch zum zentralen Geld- und Kreditmarkt am Schwarzen Meer avancierte.[52] Doch ab Mitte der 1850er Jahre nahm die Bedeutung des ukrainischen Weizens für den europäischen Getreidemarkt ab. Dies war einerseits durch die Beschleunigung des Handels und der Kommunikation zwischen Europa und den beiden Amerikas aufgrund der Aufhebung von Zollschranken, dem Aufkommen der Dampfschifffahrt und der Errichtung von Telegrafenverbindungen bedingt, andererseits hatte der Krimkrieg (1853–1856) negative Auswirkungen auf die Handelsbeziehungen zwischen dem Zarenreich und den westeuropäischen Weizenimporteuren. In der Folge setzten letztere vermehrt auf die Einfuhr von Getreide aus den Vereinigten Staaten.[53]

Dennoch wuchs das Gesamtvolumen der Odessaer Getreideexporte auch in der zweiten Hälfte des 19. Jahrhunderts stark an, da das Bevölkerungswachstum und die Industrialisierung die Nachfrage nach landwirtschaftlichen Produkten in Europa ankurbelten.[54] So vervierfachte sich der Umfang des Weizenexports zwischen 1865 und 1894. Ab 1895 ging jedoch die Getreideausfuhr zurück, was in einer Zeit des Anstiegs der Stadtbevölkerung eine Verarmung großer Teile der Einwohnerschaft mit sich brachte.

Spätestens zu diesem Zeitpunkt rächte es sich, dass die lokalen Behörden nicht eine Diversifizierung der örtlichen Wirtschaftsstruktur betrieben, sondern lediglich auf die Ausfuhr landwirtschaftlicher Güter, wie eben Weizen, Wolle, Talg, Wein und Leinsamen, gesetzt hatten.[55] Im Gegenzug wurden nach Odessa fertige Industrieprodukte, wie beispielsweise Textilien, eingeführt. Daher war beim Niedergang des Exportgeschäfts der Produktionssektor kaum in der Lage, die sinkende Wirtschaftsleistung zu kompensieren. Zwar etablierten sich nach dem Ende von Odessas Status als Freihafen zunehmend Unternehmen der industriellen Fertigung – besonders im letzten Viertel des 19. Jahrhundert –, ihr Gesamtwert erreichte im Jahr 1900 jedoch nur gut ein Viertel des

51 *Herlihy:* Odessa 112.
52 *Rieber,* Alfred J.: Merchants and Entrepreneurs in Imperial Russia. Chapel Hill 1982, 67.
53 *Siegelbaum:* The Odessa Grain 123.
54 *Herlihy:* Odessa 206 f.
55 *Hausmann:* Universität und städtische Gesellschaft 55.

finanziellen Volumens der Exporte.[56] Die örtlichen Fabriken waren im Schnitt kleiner und weniger produktiv als etwa Unternehmen in Moskau oder Sankt Petersburg.[57] Den größten Anteil an der industriellen Produktion hatten Zuckerraffinerien und Teepackungshäuser, die zusammen mehr als dies Hälfte des Gesamtwarenwerts herstellten. Auf niedrigerem Nieveau erfolgte die Erzeugung von Mehl, Tabakwaren, Textilien und Metall.[58] Mit dem großen Pogrom und den revolutionären Unruhen nach der Niederlage des Zarenreichs im Russisch-Japanischen Krieg im Jahr 1905 stockte die Entwicklung des Produktionssektors in der Schwarzmeerstadt und erholte sich bis zum Beginn des Ersten Weltkriegs nicht mehr.[59]

Moses Lissiansky betätigte sich bis zur Jahrhundertwende im Import-Geschäft auf dem Textilsektor und arbeitete anschließend für die Schuhfabrik seines Bruders Abraham (1864?–1930), die dieser 1899 eröffnet hatte. Die Brüder waren mit ihrem Engagement in der Produktion Teil der verstärkten Industrialisierung Odessas im Anschluss an die Exportkrise. Wie viele andere Industrielle waren sie in den folgenden Jahren sehr erfolgreich und bauten ihr Unternehmen aus. Nach dem Pogrom von 1905 und den politischen Wirren entschlossen sie sich allerdings, ihre Fabrik zu schließen und nach Wien überzusiedeln.

Antijüdische Gewalt in Odessa

Die soziale Situation in der Stadt hatte bereits seit den 1890er Jahren eine dramatische Zuspitzung erfahren, weil trotz des wirtschaftlichen Niedergangs die Zuwanderung anhielt und sogar zunahm. In den Jahrzehnten zuvor hatte der Arbeitskräftemangel die Industrialisierung Odessas behindert, nun aber fanden die Immigranten kaum noch eine Anstellung.[60] In der aufkeimenden explosiven Stimmung richtete sich der Hass christlicher Arbeiter auf die Juden, die sie für ihre Armut verantwortlich machten.[61] In diesem Klima der Gewalt kam es im Oktober 1905 zu einem drei Tage andauernden blutigen Pogrom, bei dem über 300 Juden ihr Leben verloren, 5.000 verletzt wurden und ein Sachschaden von fast vier Millionen Rubel entstand.[62] In der Folge verließen 50.000 Juden die Stadt, darunter viele Kaufleute, Geschäftsleute und Unternehmer – ein Auslöser der Wirtschaftskrise nach 1905.[63]

56 *Siegelbaum:* The Odessa Grain 137.
57 *Weinberg:* The Revolution 4f.
58 *Herlihy:* Odessa 197.
59 *Siegelbaum:* The Odessa Grain 147.
60 *Weinberg:* The Revolution 12.
61 *Herlihy:* Odessa 304.
62 Ebd. 306.
63 *Siegelbaum:* The Odessa Grain 144.

Doch das Pogrom von 1905 war nicht der erste Ausbruch kollektiver antijüdischer Gewalt in Odessa gewesen. Bereits in den Jahren 1821, 1849, 1859, 1871 und 1881 war es zu ähnlichen Ausschreitungen gekommen. Wurden sie anfangs noch zügig von der Polizei oder dem Militär unterbunden, zog sich das Pogrom von 1871 über drei Tage hin, bevor die Ordnungskräfte einschritten.[64] Acht Juden kamen zu Tode, es entstand enormer Sachschaden. Brachen die Pogrome zunächst hauptsächlich während der Osterfeiertage aus und wurden vor allem von der griechischen Bevölkerung getragen,[65] waren 1881 und 1905 politische Krisen die Auslöser, zudem beteiligten sich nun breitere Bevölkerungskreise.[66]

Neben den Sachschäden und der Trauer um die Getöteten waren nach den Pogromen von 1881 und 1905 die psychologischen Folgen der Gewalterfahrungen und des mangelnden Schutzes durch den Staat für die jüdische Gemeinde Odessa immens.[67] Die hohe Frequenz und die desaströsen Folgen der Angriffe unterscheiden die Stadt am Schwarzen Meer deutlich von Lodz und Wilna, wo es zwar auch zu antijüdischer Gewalt kam, diese aber bei Weitem nicht dieselben Dimensionen erreichte.

Moses Lissiansky erlebte die Pogrome von 1881 und 1905 am eigenen Leib und schilderte die Angst und die Panik der Juden nachdrücklich.[68] Angesichts der intensiven Gewalterfahrungen der jüdischen Bevölkerung Odessas stellt sich die Frage, inwiefern sich diese Erlebnisse auf ökonomische Vertrauensbeziehungen zu Christen auswirkten. Führte die Konfrontation mit Hass und Gewalt zu einer ökonomischen Dissimilation?[69] Am Beispiel von Lissianskys Memoiren wird im zweiten Teil dieses Kapitels gezeigt, welche Auswirkungen derartige Erfahrungen auf seine sozialen und ökonomischen Beziehungen hatten.

Eine polyethnische Stadtgesellschaft: Die Odessaer Bürgerschaft jenseits religiöser oder kultureller Abgrenzungen

Odessa war gleichwohl nicht nur ein Ort der Gewalt, der Armut und des Verfalls, vielmehr beherbergte es eine äußerst lebendige Bürgerschaft, die, vielleicht als einzige im Zarenreich, intensive supraethnische Vergesellschaftungsprozesse

64 *Herlihy:* Odessa 301 f.

65 Ebd. 300 f.

66 *Poliščuk:* Evrei Odessy i Novorossii 93 f.

67 *Kleinmann:* An zwei Meeren 153.

68 *Lissiansky*, Moses: My Life. Privatarchiv der Familie Lissance (weiter PFL), 3, 67–72.

69 Den Begriff der Dissimilation prägte Shulamit Volkov in Bezug auf die Abwendung der Juden von der Mehrheitsgesellschaft infolge des Antisemitismus im ausgehenden Kaiserreich und der folgenden Betonung jüdischer Geschichte und Kultur. Vgl.: *Volkov*, Shulamit: Antisemitismus als kultureller Code. Zehn Essays. 2. Aufl. München 2000, insbesondere das 9. Kapitel. Dieses Konzept lässt sich auch auf den Bereich des Wirtschaftslebens übertragen.

initiierte. Sie verdankten sich dem gemeinsamen Engagement der lokalen Wirtschaftsbürger in den Organen der städtischen Selbstverwaltung. Nachdem sie in den ersten Jahrzehnten der Geschichte Odessas kaum eine Rolle gespielt hatten, wurden ihnen ab 1863 größere Kompetenzen verliehen. Mit diesem Jahr erhielt Odessa einen neu gestalteten Stadtrat (russ.: *obščaja duma*), der 75 Mitglieder hatte und aus seinen Reihen wiederum neun Vertreter eines Exekutivkomitees bestimmte. Der Aufgabenbereich der städtischen Selbstverwaltung wurde gleichzeitig deutlich erweitert, was das Ansehen der Abgeordneten erhöhte. So überwachten sie die Finanzen und konnten große Stadtentwicklungsprojekte initiieren. Hierbei konzentrierten sie sich hauptsächlich auf prestigeträchtige Unternehmungen wie das Errichten repräsentativer Gebäude und die Förderung der Infrastruktur im Stadtzentrum.[70]

Der Anteil jüdischer Abgeordneter nach der ersten Wahl betrug mit 37 Personen fast 50 Prozent und suchte im gesamten Russländischen Reich seinesgleichen.[71] Doch verlor die religiöse Zugehörigkeit der Stadträte für die Zusammenarbeit in dem Gremium zunehmend an Bedeutung. Dies führte Mitte der 1880er Jahre sogar zur Aufstellung gemeinsamer christlich-jüdischer Wahllisten, was im Zarenreich präzedenzlos war.[72] Teilweise definierten sich die Gruppen im Stadtrat folglich nicht mehr über ethnische und religiöse Zugehörigkeiten, sondern organisierten sich entlang ständischer, persönlicher, wirtschaftlicher oder politischer Interessen. Dies kann als Indiz dafür gelten, dass in Odessa, im Gegensatz zu Lodz und Wilna, tatsächlich eine supraethnische Bürgerschaft entstanden war, die sich als soziale Gruppe verstand.[73]

Allerdings handelte es sich um ein Elitenphänomen. Waren bei der Verankerung der neuen Stadtordnung 1863 nur 2,6 Prozent der Einwohner Odessas wahlberechtigt, sank dieser Anteil durch eine weitere Verschärfung der Zugangskriterien 1870 auf 1,3 und 1892 gar auf 0,5 Prozent.[74] Moses Lissiansky gehörte trotz seines sozialen Aufstiegs zu keinem Zeitpunkt zur Gruppe der Wahlberechtigten, dennoch könnte diese Form der supraethnischen Vergemeinschaftung auch auf ihn Einfluss gehabt haben, zumal sie in der lokalen Öffentlichkeit medial repräsentiert wurde. Ein Beispiel dafür sind Lebensbeschreibungen, auch Nekrologe genannt, die in der Odessaer Lokalpresse

70 *Herlihy:* Odessa 153.

71 *Poliščuk:* Evrei Odessy i Novorossii 31 f.

72 *Hausmann:* Universität und städtische Gesellschaft 467 f. Dort wird von den gemeinsamen Wahllisten christlicher und jüdischer Wirtschaftsbürger berichtet, wobei Guido Hausmann die These vertritt, dass die Wähler ihre Entscheidung anhand religiöser Erwägungen getroffen hätten, was aus meiner Sicht den von ihm präsentierten Belegen widerspricht.

73 Der Stadtrat war nur bis zum Beginn der 1890er Jahre der zentrale Ort der interethnischen Zusammenarbeit in Odessa, da 1892 der Anteil jüdischer Abgeordneter auf maximal zehn Prozent begrenzt wurde. Vgl.: *Kleinmann:* An zwei Meeren 149.

74 Die Angabe zu 1863 entstammt: *Herlihy:* Odessa 151 f.; jene zu 1870 und 1892: *Hausmann:* Universität und städtische Gesellschaft 466.

anlässlich des Todes wichtiger Unternehmer erschienen.[75] Sie versuchten, einen Überblick über den Lebensweg und die Bedeutung des Verstorbenen zu vermitteln. Die Artikel folgten einem einheitlichen Narrativ, das die Grundtugenden eines bürgerlichen Lebens definierte. Zu dem spezifischen Katalog gehörten personale Eigenschaften wie Bescheidenheit, Aufrichtigkeit, Treue, selbständiges Handeln und Fleiß, aber auch soziale Verhaltensweisen wie Mildtätigkeit oder Verantwortung für das Gemeinwesen. Die ethnische oder religiöse Zugehörigkeit des zu Ehrenden wurde nur en passant erwähnt. Die Odessaer Wirtschaftsbürger konstituierten sich vermittels ihrer gesellschaftlichen Aktivitäten und der medialen Repräsentation als soziale Gruppe und grenzten sich von der restlichen Gesellschaft ab.

Im Rahmen der vorliegenden Untersuchung stellt sich die Frage, welche Auswirkungen die supraethnische Zusammenarbeit der gesellschaftlichen Elite auf die wirtschaftlichen Vertrauensverhältnisse hatte. Konkret soll am Beispiel von Moses Lissiansky erkundet werden, ob auch in der Mittelschicht soziale Kontakte über ethnische Grenzen hinweg existierten und inwiefern dies die geschäftlichen Beziehungen beeinflusste. Zu klären ist, ob in Odessa auf Grundlage der supraethnischen Vergesellschaftung eine spezifische Form der informellen institutionellen Einbettung von wirtschaftlichen Vertrauensverhältnissen auch außerhalb der Oberschicht wirksam war.

Das jüdische Odessa

Die jüdischen Bewohner der Schwarzmeerstadt kamen aus vielen verschiedenen Regionen des Zarenreichs, aber auch aus dem Ausland. Neben der Hoffnung auf wirtschaftlichen Erfolg erschien Odessa manchen jüdischen Zuwanderern aufgrund der Ferne zu den traditionellen religiösen Autoritäten als attraktiv.[76] Im Jahr 1826 wurde hier die erste jüdische Schule des Zarenreichs eröffnet, die den Schwerpunkt ihres Curriculums auf weltliche und nicht religiöse Themen setzte.[77] Als multiethnische Hafenstadt bot Odessa ideale Voraussetzungen zur Neubestimmung jüdischer Zugehörigkeit in der Moderne.[78]

Dies begünstigte die Entstehung einer lebhaften jüdischen Intelligenzija, aus deren publizistsischen Bemühungen mit »Razsvet« (dt.: Die Morgendämmerung) die erste russischsprachige jüdische Zeitung im Zarenreich hervorging.[79] Besonders in ihrer Anfangszeit unterstützten weite Teile der jüdischen Intelli-

75 Hausmann wertete zwölf Nekrologe aus: *Hausmann*: Die wohlhabenden Odessaer Kaufleute.

76 *Kleinmann:* An zwei Meeren 138.

77 Vgl.: *Zipperstein:* The Jews of Odessa 44–55.

78 *Herlihy:* Odessa 392.

79 Odessa. In: *Hundert*, Gershon David (Hg.): The YIVO Encyclopedia of Jews in Eastern Europe. New Haven, London 2008, 1277–1282, hier 1278.

genzija, inspiriert von der Haskala, die Übernahme der russischen Sprache und Kultur. Doch konfrontiert mit der langen Untätigkeit des zarischen Staates während der Pogrome 1871 sowie 1881 wandten sich viele von ihnen von dem Gedanken der Assimilierung ab. In der Folgezeit entstanden unter den jüdischen Intellektuellen protozionistische Ideen. So wurden in Odessa mit den *Chovevei-Zion*-Vereinigungen (dt.: Liebhaber Zions) schon früh jüdische Gruppierungen gegründet, die mit einer Auswanderung nach Palästina liebäugelten und sich im gesamten Zarenreich ausbreiteten.[80]

Zudem war Odessa ein Anziehungspunkt für jüdische Schriftsteller, die sich vor allem ab den 1850er Jahren hier ansiedelten. Der berühmteste war sicherlich Ašer Gincberg (1856–1927), bekannt unter seinem Pseudonym Achad Ha'am, der in der zionistischen Bewegung zu einem Gegenspieler Herzls wurde.[81] Aber auch Perec Smolenskin (1842–1885), Joachim Tarnopol (1810–1900) und Chaim N. Bialik (1873–1934) lebten und arbeiteten in Odessa.[82] Doch standen viele dieser Literaten der Stadt ablehnend, ja fast feindlich gegenüber. So schufen sie kulturelle Repräsentationen, die Odessa als oberflächlich, grell, geldgierig und antiintellektuell porträtierten und die Stadt als negativen Topos in der Literatur verankerten, was wiederum die jüdische Erinnerung nachhaltig beeinflusste.[83] Diese widersprüchliche Konstellation illustriert prägnant das spezielle Kräftefeld am Ufer des Schwarzen Meeres, in dem sich Juden in dieser Zeit befanden und das sie teilweise mitgestalteten.[84]

Eine wichtige Rolle in der jüdischen Gemeinde der Stadt spielten fast von Beginn an Zuwanderer, die im Jahr 1814 aus der galizischen Stadt Brody,[85] damals zum Habsburger Reich gehörend, kamen. Etwa 300 jüdische Kaufleute siedelten sich mit ihren Familien an, um eine bessere Position im Landhandel mit persischen Produkten zu erlangen und sich am aufkommenden Getreideexport der Südukraine zu beteiligen.[86] Genau wie die griechischen Händler, die bis zur Mitte des Jahrhunderts den Ausfuhrhandel in Odessa beherrschten, hatten sie weitgefächerte Geschäftskontakte, vor allem nach Österreich-Ungarn, besaßen Erfahrung im internationalen Handel und verfügten über Kapital sowie ein

80 Vgl.: Ḥoveve Ẓiyon. In: *Diner*, Dan (Hg.): Enzyklopädie jüdischer Geschichte und Kultur. Bd. 3: He–Lu. Stuttgart 2012, 99–100.

81 Zu Gincberg vgl.: *Zipperstein*, Steven J.: Elusive Prophet: Ahad Ha'am and the Origins of Zionism. Berkeley 1993.

82 *Zipperstein:* Odessa 1278 f.

83 *Zipperstein*, Steven J.: Imagining Russian Jewry. Memory, History, Identity. Seattle 1999, 69 f.

84 Ebd.

85 Zur herausragenden Bedeutung Brodys als Zentrum jüdischer Gelehrsamkeit und der Haskala vgl.: *Kuzmany*, Börries: Brody. Eine galizische Grenzstadt im langen 19. Jahrhundert. Wien u. a. 2011. Bezüglich der Strahlkraft Brodys auf das Judentum in Osteuropa vgl.: Ebd. 144–149. Für das besondere Verhältnis zwischen Brody und Odessa vgl.: Ebd. 95 f.

86 *Kleinmann:* An zwei Meeren 143 f.

starkes Zusammengehörigkeitsgefühl.[87] Aus ihren Kreisen rekrutierten sich in den folgenden Jahrzehnten die erfolgreichsten jüdischen Großhändler, Exportkaufleute und Bankiers.[88] Auf sie ging auch die Gründung der jüdischen Schule mit weltlichem Lehrplan im Jahr 1826 und die Eröffnung der ersten Chorsynagoge im Zarenreich 1841 zurück.[89] Darüber hinaus kontrollierten sie bereits seit Beginn der 1830er Jahre mit dem Kahal, der Talmud-Thora und dem Krankenhaus abgesehen von der Hauptsynagoge alle wichtigen jüdischen Institutionen der Stadt.[90]

Doch war die Mehrheit der Odessaer Juden keineswegs reformorientiert. Vielmehr hatten das traditionsorientierte Judentum und der Chassidismus (mystizistische Frömmigkeitsbewegung) den größten Zulauf, auch wenn das reformorientierte Lager die Geschicke der Gemeinde kontrollierte.[91] Diese Lage führte von Zeit zu Zeit zu Konflikten zwischen den verschiedenen Gruppen, wie beispielsweise anlässlich der Wahl des aus Deutschland stammenden Simon Schwabacher (1819–1888) zum Kronrabbiner im Jahr 1859. Schwabachers fehlende Russischkenntnisse und seine mangelnde Verbundenheit mit der lokalen jüdischen Gemeinde wurden im Vorfeld der Wahl massiv kritisiert,[92] gleichwohl konnte er bei der Abstimmung des Gemeindevorstands schließlich 96 von 99 Stimmen auf sich vereinigen.[93]

Mitunter überlagerten sich soziale und religiöse Ursachen in den innerjüdischen Auseinandersetzungen. Als etwa im Jahr 1857 zugunsten des Neubaus der Odessaer Hauptsynagoge alle anderen auf demselben Gelände gelegenen Gebäude abgerissen werden sollten,[94] musste auch die sogenannte Handwerker-Synagoge weichen. Daher wandten sich die Ältesten dieser Gemeinde mit einem Brief an den Innenminister Sergej Stepanovič Lanskoj (1787–1862) und baten darum, die Abrissarbeiten zu stoppen oder zumindest durchzusetzen, dass sie eine Entschädigung für den Verlust ihres Bethauses erhielten.[95] Neben einer Vielzahl bautechnischer und ästhetischer Gründen führten sie auch das Argument ins Feld, dass die Mitglieder der Handwerker-Gemeinde nicht in der Lage sein würden, die neue Hauptsynagoge zu besuchen, da diese »nur für Reiche

87 *Shaw:* The Odessa Jewish Community 19.

88 *Kleinmann:* An zwei Meeren 144.

89 Zur Chorsynagoge vgl.: *Grill:* Das Wirken deutscher Rabbiner, 202.

90 *Zipperstein:* The Jews of Odessa 56–60.

91 *Kleinmann:* An zwei Meeren 156.

92 Vgl.: *Zipperstein:* The Jews of Odessa 86–95.

93 *Grill:* Das Wirken deutscher Rabbiner 57.

94 Dieser Vorgang ist im Rossijskij Gosudarstvennyj Istoričeskij Archiv (weiter RGIA) in Sankt Petersburg überliefert: Delo o vremennom sochronenii zdanija sinagogom Odesskogo evrejskogo remeslennogo obščestva. Fond 821, Opis' 8, Delo 7, 1–3ob.

95 Brief der Ältesten der Handwerkersynagoge an den Innenminister Lanskoj vom 13.(25.)5.1857. RGIA, Fond 821, Opis' 8, Delo 7, 1–3ob.

zugänglich sein wird, aber nicht für Arme wie Handwerksleute«.[96] Sie betonten deutlich, dass die Gemeindesynagoge nur »der Klasse der reichen und begüterten Juden«[97] zugutekommen werde. Die wiederholte Hervorhebung, dass auch die armen und hart arbeitenden Juden Odessas einen Ort zum Beten benötigen, deutet auf die wachsende soziale Kluft innerhalb der jüdischen Gemeinde und ihre Auswirkungen auf den religiösen Bereich hin.

Ein weiterer Streit um soziale und religiöse Zugehörigkeiten ist aus dem Jahr 1881 überliefert.[98] Kronrabbiner Schwabacher schloss einen der beiden jüdischen Friedhöfe Odessas, da er den Verdacht hegte, die Beisetzungen würden nach sozialen Kriterien erfolgen. Es schien, als würden auf dem neuen Friedhof nur die armen Juden bestattet, während wohlhabenden Gemeindemitgliedern der ältere Friedhof vorbehalten war. Der Rabbiner begründete seine Intervention mit dem Grundsatz der Gleichbehandlung der Toten, der tief im Judentum verwurzelt sei. Die Trennung der jüdischen Grabstätten aufgrund des Vermögens sei daher ein unhaltbarer Zustand. Darüber hinaus habe eine Reihe plötzlicher Todesfälle die jüdische Gemeinde in Angst und Schrecken versetzt, welche auf das gotteslästerliche Verhalten der reichen Gemeindemitglieder zurückgeführt worden sei. Die Schließung des alten Friedhofs, so die Darstellung Schwabachers, habe zur Beruhigung der Situation beigetragen, denn die außergewöhnliche Häufung von Todesfällen sei daraufhin zurückgegangen.

Von dem unerfüllten Versprechen des sozialen Aufstiegs und der erheblichen Verarmung unter den Juden Odessa wurde bereits berichtet. Die jüdische Gemeinde wies eine der höchsten Armutsquoten im Zarenreich auf.[99] So baten zu Pessach des Jahres 1897 40 Prozent der jüdischen Bevölkerung die Gemeinde um Unterstützung bei der Begehung der Feierlichkeiten, weil sie nicht über die nötigen Mittel verfügten, um die rituell erforderlichen Lebensmittel zu beschaffen. Im Jahr 1900 musste die Gemeinde für fast zwei Drittel der Beerdigungen aufkommen, weil die Hinterbliebenen die Gebühren nicht tragen konnten.[100] Die soziale Spaltung in der jüdischen Gemeinde nahm zum Ende des 19. Jahrhunderts also noch weiter zu, sodass die oben beschriebenen Vorfälle aus den Jahren 1853 und 1881 noch auf eine Zeit des relativen Wohlstands zurückgehen.

Es ist naheliegend, dass diese Konflikte auch die Mechanismen der Vertrauensbildung in ökonomischen Austauschbeziehungen zwischen den jüdischen Bewohnern der Stadt beeinflussten. So könnte die Zugehörigkeit zu verschie-

96 Ebd. 3.

97 Ebd. 3ob.

98 Auch dieser Vorgang findet sich im RGIA dokumentiert: Evrei v Odesse. Fond 821, Opis' 8, Delo 2. Für den Brief des Stadthauptmanns von Odessa an den Innenminister vom 24.4.(6.5.)1881 vgl.: Ebd. 80–82.

99 *Shaw:* The Odessa Jewish Community 150.

100 *Gitelman,* Zvi: A Century of Ambivalence. The Jews of Russia and the Soviet Union, 1881 to the Present. 2. Aufl. Bloomington 2001, 50.

denen religiösen Lagern den Aufbau wirtschaftlicher Beziehungen gehemmt haben, da keine informelle institutionelle Einbettung vorlag oder die Sitten, Gebräuche und Einstellungen des Gegenübers sogar offen abgelehnt wurden. Zudem mag die schiere Größe der jüdischen Gemeinde Odessas zu Problemen in der Übermittlung von Informationen über die geschäftliche Reputation geführt haben.

4.2 Moses Lissianskys transimperiale Biografie

Im Zentrum dieses empirischen Abschnitts stehen die Memoiren[101] des Kaufmanns und Fabrikanten Moses Lissiansky[102] (1872–1943), der einen Großteil seines Lebens in Odessa und Wien verbrachte. Lissiansky verfasste seine Autobiografie zwischen Dezember 1935 und September 1937, konnte sie allerdings nicht fertigstellen; die Schrift bricht mitten im Erzählfluss ab. Der geschilderte Zeitraum umfasst die Jahre 1872 bis 1918.

Bei Lissianskys Autobiografie handelt es sich um ein außerordentliches Zeugnis: Es ist das einzige erhalten gebliebende Egodokument eines Odessaer Unternehmers. Der Historiker Guido Hausmann bemerkte, die Rekonstruktion der Lebenswelt der Odessaer Wirtschaftsbürger könne aufgrund des Mangels an Schriftquellen nur »mosaikartig« erfolgen.[103] Die im Rahmen der Recherchen zu der vorliegenden Studie entdeckten Memoiren ermöglichen es nun, eine Dimension der Odessaer Lokalgeschichte und der jüdischen Geschichte im Zarenreich zu rekonstruieren, die der Forschung bisher weitgehend verschlossen war.[104]

Dabei schmälert die Tatsache, dass Moses Lissiansky die Stadt im Jahr 1906 in Richtung Wien verließ, den Wert des Materials keineswegs. Vielmehr treten aufgrund der Kontrastierung seines Lebens und Arbeitens in Russland und in Österreich unausgesprochene Selbstverständlichkeiten deutlicher hervor. Man-

101 Ich danke Claire Lissance, der Enkelin von Moses Lissiansky, für die Bereitstellung der Autobiografie ihres Großvaters sehr herzlich. Die Gespräche mit ihr waren für mich persönlich und für meine Arbeit eine große Bereicherung.

102 Ich verwende hier die deutsche Schreibweise des Nachnamens, die Moses Lissiansky nach seiner Auswanderung nach Wien selbst wählte. Die korrekte wissenschaftliche Transliteration seines Geburtsnamens lautet: Mojsej Zusev Lisjanskij.

103 *Hausmann:* Die wohlhabenden Odessaer Kaufleute 41.

104 Bis dato existieren keine veröffentlichten Memoiren eines jüdischen Unternehmers aus dem Zarenreich. Für das Habsburger, das Osmanische und das Deutsche Reich liegen publizierte Autobiografien jüdischer Kaufleute vor. Vgl.: *Mayer,* Sigmund: Ein jüdischer Kaufmann 1831 bis 1911. Lebenserinnerungen. Leipzig 1911; *Bali,* Rıfat N. (Hg.): Portraits from a Bygone Istanbul. Georg Mayer and Simon Brod. Istanbul 2010; *Mayer,* Bernhard: Interessante Zeitgenossen. Lebenserinnerungen eines jüdischen Kaufmanns und Weltbürgers. Konstanz 1998. Für den Hinweis auf diese Werke danke ich Alexis Hofmeister.

ches wird erst sichtbar, wenn es abwesend ist. Dies trifft auch auf das Vertrauensnetzwerk zu, in dem sich Lissiansky in Odessa bewegte. Nach seiner Auswanderung fiel ihm das Knüpfen belastbarer Geschäftsbeziehungen infolge der fehlenden Einbettung in zeitlicher und struktureller Hinsicht schwer. Doch finden sich Hinweise auf die Transformation der lokalen und regionalen Handelsnetzwerke Lissianskys in internationale Geschäftsbeziehungen.

Der Umgang mit autobiografischen Schriften bringt methodische Fallstricke mit sich.[105] Ein kritischer Umgang mit dieser Quellengattung ist zwar schwer, doch kann die umfangreiche Kontextualisierung im ersten Teils dieses Kapitels ein Korrektiv bieten. Denn das Material gewährt eindrucksvolle Einblicke, wie Moses Lissiansky die verschiedenen eingangs beschriebenen Konstellationen in Odessa (und auch in Wien) wahrnahm. Gleichwohl erfordert der Entstehungskontext der Memoiren Beachtung: Lissiansky begann zum Ende des Jahres 1935 auf Deutsch mit der Niederschrift, also nachdem die Nationalsozialisten in Deutschland die Regierungsgewalt übernommen hatten und auch in Österreich ein faschistisches Regime an der Macht war. Antisemitische Gewalt, Gesetze und Kampagnen brachten in beiden Ländern eine massive Verschlechterung der Lebensumstände für die jüdische Bevölkerung mit sich. Doch sind in Lissianskys Autobiografie kaum pessimistische Töne zu vernehmen, Äußerungen der Abneigung gegen Deutsche oder Österreicher finden sich nicht. Nichtsdestotrotz müssen die zeitgenösssichen Ereignisse Eingang in seine Reflexionen gefunden haben. Dies drückt sich unter anderem in der starken Betonung seiner Fähigkeit, Probleme zu überwinden, aus. Die politische Situation in Deutschland und Österreich stellte für Moses Lissiansky und seine Familie unzweifelhaft eine Bedrohung dar, die dringend einer Lösung bedurfte.

Unklar ist, für welches Publikum die Memoiren gedacht und ob sie zur Veröffentlichung vorgesehen waren. Nach Lissianskys Tod 1943 wurden sie in der Familie aufbewahrt, übersetzt und kommentiert. Die in dieser Studie verwendete Version ist eine englische Übersetzung des deutschen Originals, die von einem seiner Söhne, Arnold Lissance (1906–1995),[106] besorgt wurde. Er war als professioneller Dolmetscher bei den Nürnberger Kriegsverbrecherprozessen tätig und arbeitete in der Folge für die Regierung der Vereinigten Staaten, wobei er auch direkt für die Präsidenten John F. Kennedy und Lyndon B. Johnson

105 Vgl.: *Depkat,* Volker: Autobiographie und die soziale Konstruktion von Wirklichkeit. In: Geschichte und Gesellschaft 29/3 (2003) 441–476; *Schmid,* Ulrich: Die subjektbildende Kraft des Imperiums. Autobiographien in der späten Zarenzeit. In: *Aust,* Martin/*Schenk,* Frithjof Benjamin (Hg.): Imperial Subjects. Autobiographische Praxis in den Vielvölkerreichen der Romanovs, Habsburger und Osmanen im 19. und frühen 20. Jahrhundert. Köln u. a. 2015, 159–174.

106 Nach der Flucht aus Österreich gaben die jüngeren Mitglieder der Familie Lissiansky angesichts der *red scare* in den Vereinigten Staaten ihrem Nachnamen ein französisches Erscheinungsbild und nannten sich fortan Lissance.

übersetzte.[107] Daher ist davon auszugehen, dass die Übertragung der Memoiren mit Sachverstand und großer Sorgfalt erfolgte und ihre inhaltliche Integrität weitestgehend erhalten geblieben ist.

Im nächsten Abschnitt folge ich dem Lebenslauf Moses Lissianskys, ehe ich eine Auswertung der Bedeutung der zeitlichen, strukturellen und institutionellen Einbettung seiner wirtschaftlichen Aktivitäten vornehme.

Moses Lissiansky zwischen Odessa und Wien

Moses Lissiansky (vgl. Abb. 6) wurde 1872 in Elisavetgrad geboren und starb 1943 in New York.[108] Die Hauptstationen auf seinem Lebensweg zwischen diesen Rahmendaten stellten Odessa und Wien dar.

In den Memoiren schildert Lissiansky, wie er nach dem frühen Tod des Vaters mit vier Geschwistern in ärmlichen Verhältnissen aufwuchs und im Alter von zehn Jahren begann, als Verkäufer zu arbeiten. Doch diese Anstellung warf kaum genug Geld ab, um die eigenen Lebenshaltungskosten zu decken oder es gar zu erlauben, zum Einkommen seiner Familie beizutragen. Deshalb folgte er schon bald dem ältesten Bruder Isaak (?–1891) nach Odessa, der dort schon längere Zeit gelebt und ein gutes Auskommen gefunden hatte.

Hier erlangte Moses auf Vermittlung seines Bruders eine Anstellung als Lehrling in einer kleinen Textilwarenhandlung. Bereits einige Monate später wechselte er zur Firma, in der auch Isaak arbeitete. Es handelte sich um den lokalen Ableger der Textilgroßhandlung von Tobias D. Gurljand, einem jüdischen Unternehmer, der von Moskau aus die Geschäfte führte. Dort lebte Moses sich gut ein und blieb mit einer kurzen Unterbrechung acht Jahre lang, bis er 1893 zum Militärdienst eingezogen wurde. Einige Zeit war er in der neu eröffneten Filiale der Firma in Cherson tätig, das etwa 150 Kilometer von Odessa entfernt ist.

Nach dem Wehrdienst bei der zarischen Armee von 1893 bis 1898 beschloss Lissiansky, sich im Kommissionshandel zu versuchen, da er hoffte, hier längerfristig mehr Geld zu verdienen als zuvor. Sein Cousin Volodja Volinec stellte ihn in seiner Handelsagentur an, die auf den Verkauf von Textilwaren an örtliche Luxusgeschäfte spezialisiert war. Nach einer Reihe anfänglicher Schwierigkeiten gelang es Lissiansky, die Anerkennung der Kollegen zu gewinnen und Volinec machte ihn mit den wichtigsten Geschäftsleuten Odessas bekannt. In der

107 Zur Biografie von Arnold Lissance vgl.: *Bühler*, Hildegund: Das Arnold-Lissance-Archiv an der Universität Wien. Gedanken zum Konzept eines Translator's Dictionary. In: *Magay*, Tamás/*Zigány*, Judit (Hg.): BudaLEX '88 Proceedings. Papers from the EURALEX Third International Congress. Budapest 1990, 411–419.

108 Die Schilderung von Lissianskys Lebenslauf basiert größtenteils auf seinen Memoiren. Sofern die Informationen aus anderen Quellen stammen, wird dies nachgewiesen.

Abb. 6: Moses Lissiansky im Jahr 1900. PFL

Folgezeit wurde Lissiannsky zur rechten Hand des Inhabers und begleitete ihn auf Geschäftsreisen nach Warschau, Lodz[109] und Moskau.

Bereits nach eineinhalb Jahren wechselte er zu einem Großhändler aus Charkow,[110] der ihm ein deutlich besseres Grundgehalt bot. Im Rahmen dieser Tätigkeit bereiste er weite Teile der Schwarzmeer- und Kaukasusregion, um dort Abschlüsse zu erzielen. Doch den neuen Arbeitgeber plagten massive Zahlungsschwierigkeiten, sodass Moses bereits nach einem halben Jahr kündigte.

109 Es ist durchaus möglich, dass Volodja Volinec sich darum bemühte, Vertreter der Firma Silberstein in Odessa zu werden. Allerdings findet sich weder in den Unterlagen der Lodzer Firma noch in Lissianskys Autobiografie eine Erwähnung des jeweils anderen Unternehmens.

110 Diese Schreibweise war im Zarenreich geläufig, heute heißt der Ort Charkiv und liegt in der Ukraine.

Anfang des Jahres 1900 versuchte er zunächst, in Moskau als Handelsvertreter eines der großen Textilproduzenten zu reüssieren. Nachdem dieses Vorhaben gescheitert war und die Geldsorgen wuchsen, ließ er sich von seinem Bruder Abraham, der zwischenzeitlich begonnen hatte, Schuhe in Eigenregie zu produzieren, überzeugen, es mit dem Vertrieb seiner Produkte zu versuchen. Moses stand diesem Vorhaben zunächst sehr skeptisch gegenüber, stellte aber bereits auf seiner ersten Reise fest, dass der Vertrieb von Schuhen wesentlich leichter war als der von Textilwaren. In der Folge gelang es ihm mit großem Erfolg, die Waren seines Bruders abzusetzen. Die Firma expandierte und beschäftigte immer mehr Angestellte und Arbeiter. Innerhalb weniger Jahre gelang es den Brüdern, das Unternehmen zum führenden Hersteller für Wiener Schuhe[111] in Odessa zu machen.

Ab 1904 geriet der Betrieb aufgrund der politischen Situation allerdings in größere Schwierigkeiten. Erst drohte die Mobilisierung der Brüder Lissiansky zum Kampfeinsatz im Russisch-Japanischen Krieg, dann erschwerte die ausufernde Gewalt in Odessa infolge der Revolution von 1905 die Produktion. Nicht nur mussten Abraham und Moses angesichts des drei Tage andauernden Pogroms im Oktober 1905 um ihre körperliche Unversehrtheit fürchten, auch traten ihre Arbeiter verschiedentlich in den Ausstand und die Fabrik wurde wiederholt überfallen. Als im Frühjahr 1906 schließlich vonseiten der Arbeiterbewegung konkrete Morddrohungen gegen Moses Lissiansky ausgesprochen wurden, floh er für einige Zeit ins Ausland. Aufgrund dieser Vorkommnisse fällte Abraham schließlich die Entscheidung, das Unternehmen aufzugeben und nach Wien überzusiedeln. Nach anfänglichem Widerstand ließen sich Moses Lissiansky und seine Frau Auguste (1883–1957) von Abraham überzeugen, das Zarenreich zu verlassen.

Nach ihren Erfahrungen in Odessa entschlossen sich die Lissianskys zunächst, in Wien keine eigene Produktion aufzubauen, sondern als Exportkaufleute tätig zu werden. Ihr Plan war es, unbearbeitetes Leder und Wiener Schuhe in das Zarenreich auszuführen. Nach einer kurzen Eingewöhnungsphase in Wien reiste Moses im September 1906 – aufgrund der gegen ihn gerichteten Morddrohungen unter konspirativen Umständen und mit verändertem Äußeren – ins Zarenreich, um Leder zu verkaufen und Bestellungen für Schuhe von Wiener Produzenten einzuwerben. Dabei bediente er sich seiner alten Geschäftskontakte aus der Zeit der eigenen Schuhproduktion. Moses konzentrierte seine Aktivitäten besonders auf die Schwarzmeer- und Kaukasusregion und es gelang ihm, eine Reihe von Ordern aufzunehmen.

111 Der Begriff Wiener Schuhe umschrieb im Europa des ausgehenden 19. Jahrhunderts qualitativ hochwertige und elegante Schuhe, die im höchsten Preissegment angesiedelt waren.

Drei Monate später kehrte er nach Wien zurück, von wo aus die Brüder den Versand der bestellten Schuhe koordinierten. Anschließend reiste Moses erneut ins Zarenreich, wo er mit Schrecken feststellen musste, dass die gelieferten Waren nicht den Erwartungen ihrer Kunden entsprachen. So erklärten die Händler fast ausnahmslos, die Schuhe seien zwar guter Qualität, aber aufgrund der Passform nicht für den russischen Markt geeignet.

Dieser Rückschlag brachte nicht nur einen kurzfristigen wirtschaftlichen Schaden mit sich, sondern störte nachhaltig das Vertrauen, das auf der zeitlichen Einbettung ihrer Geschäftsbeziehungen beruhte. Die Brüder verloren auf einen Schlag viele Kunden und ihr Ansehen war beschädigt. Schnell entschlossen sie sich, in Wien eine eigene Fabrik aufzubauen, um die Produktion an die Anforderungen des russischen Markts anzupassen. Nach einer gewissen Vorbereitungszeit lief im Sommer 1907 die Herstellung einer eigenen Musterkollektion an. In Wien gab es allerdings schon zwei Schuhproduzenten, die sich auf den russischen Markt spezialisiert hatten[112] und in der Folge auf vielerlei Weise versuchten, die Geschäfte der Brüder Lissiansky zu behindern.

Zudem war die Rückgewinnung des Vertrauens ihrer Kunden eine sehr schwere Aufgabe, die viel Geduld erforderte. Doch Schritt für Schritt gelang es Moses Lissiansky wieder Bestellungen einzuwerben, und so konnten sich die Brüder langsam auf dem russischen Schuhmarkt durchsetzen. Im Laufe der nächsten Jahre belieferten sie eine Vielzahl von Luxusschuhläden in den südlichen Provinzen des Zarenreichs, doch das ganz große Geschäft, was nur in Moskau und Sankt Petersburg zu machen gewesen wäre, blieb ihnen verwehrt. Erst ab 1910 fanden sie Abnehmer in den beiden größten russischen Städten, was schließlich dazu führte, dass ihr Unternehmen nun erhebliche Profite abwarf. Sukzessive weiteten sie ihre Geschäfte auf Sibirien, die Wolgaregion und das Baltikum aus. Die Wiener Konkurrenten konnten nach und nach vom russischen Markt verdrängt werden. Angesichts dieser Erfolge beschlossen die Lissianskys Anfang 1914, weiter in die Firma zu investieren, die Produktion teilweise auf maschinelle Fertigung umzustellen und ein neues Fabrikgebäude errichten zu lassen.

Die eskalierende europäische Krise im Sommer 1914 verfolgten die Brüder zunächst mit unerschütterlichem Optimismus, sodass sie erst handelten, als negative Folgen für ihr Unternehmen unabwendbar waren.[113] Im Anschluss an die Kriegserklärung des Zarenreichs an Österreich-Ungarn am 30. Juli 1914 versuchte Moses Lissiansky noch einmal, nach Russland zu reisen und so viel

112 Es handelte es sich um die Schuhfabriken von Andreas Neider und Karl Capek.

113 Lissiansky schreibt in seinen Memoiren über die Ermordung von Erzherzog Franz Ferdinand und die folgenden politischen Spannungen vor Kriegsausbruch: »I refused to see any dangers to us flowing from this event, because work at the factory kept us busy every minute.« *Lissiansky:* My Life. PFL, 136.

Geld wie möglich von den dortigen Kunden einzutreiben. Doch ergaben sich schon auf seinem Weg zur Grenzregion der beiden Kaiserreiche so viele Probleme, dass er zur Umkehr gezwungen war. Zudem fürchtete er, die zarischen Behörden könnten ihm die Wiederausreise verweigern. Das Unternehmen geriet nun in große Schwierigkeiten: Vom einzigen Absatzmarkt war es komplett abgeschnitten, ausstehende Zahlungen russischer Kunden waren auf absehbare Zeit nicht zu erwarten und eine Umstellung der Produktion auf den österreichischen Markt erwies sich wegen mangelnder Kontakte zum dortigen Einzelhandel und massiv steigender Rohstoffpreise als sehr kompliziert. Doch gelang es den Brüdern, sich vermittels einiger Aufträge über Wasser zu halten und mit zunehmender Dauer des Krieges knüpften sie in Österreich Verbindungen. Weil die Nachfrage nach eleganten Damenschuhen stieg, waren sie sogar in der Lage, ihre Lagerbestände abzuverkaufen.

Nach Abschluss des Friedensvertrags von Brest-Litovsk 1918 reiste Moses Lissiansky unverzüglich nach Russland, um die ausstehenden Zahlungen einzutreiben. Außerdem plante er, in Moskau eine Schuhfabrik zu eröffnen. Doch erkannte er schnell, dass dieses Vorhaben im postrevolutionären Russland nicht umsetzbar war und kehrte nach Wien zurück. Allerdings folgte er nicht den Ratschlägen vieler Geschäftsfreunde, die empfahlen, sein Vermögen in Britischen Pfund oder Schweizer Franken statt in Österreichischen Kronen anzulegen, da er fest an den Sieg der Mittelmächte glaubte. Nach deren Niederlage im November 1918 verlor sein Vermögen fast vollständig an Wert.[114]

Doch schafften es die Brüdern Lissiansky, auch diese wirtschaftlichen Probleme zu überwinden und die Firma neu aufzustellen. Sie etablierten sich auf dem österreichischen Markt und exportierten nach Deutschland und Polen.[115] Dennoch erreichte das Unternehmen nie wieder ein Umsatzvolumen wie vor dem Ersten Weltkrieg und musste 1925 zwischenzeitlich Insolvenz anmelden.[116] Daraufhin setzten Moses und Abraham mehr und mehr auf den Direktverkauf der Waren und intensivierten die Werbung für ihr Fabrikgeschäft in der Kaiserstraße im Wiener 7. Bezirk.[117] Diese Strategie zeigte aber nicht die erhoffte Wirkung und die Geschäfte liefen weiterhin schleppend. Die Firma stellte die maschinelle Herstellung von Schuhen bald ein, verkaufte ihr Inventar als Metallschrott und beschränkte sich auf ihr Kerngeschäft: die Produktion hand-

114 Die Informationen zu den wirtschaftlichen Aktivitäten Lissianskys nach März 1918 stammen teilweise aus den Memoiren von Arnold Lissiance, die als Manuskript vorliegen. *Lissance*, Arnold: Some experiences remembered. PFL. Zu den hier geschilderten Vorgängen vgl.: Ebd. 9.

115 Ebd. 13.

116 Ebd. 15.

117 Vgl. etwa eine Werbeanzeige der Brüder Lissiansky in der »Wiener Sonn- und Montagszeitung«, Nr. 49 vom 12.12.1927, 25.

gefertigter Schuhe.[118] Im Jahr 1931 entschloss sich Moses schließlich, das Unternehmen abzuwickeln. Der Großhandel war aufgrund eines Boykotts durch die Wiener Schuhläden fast vollkommen zum Erliegen gekommen.[119] Die Händler stießen sich offenbar an der Direktvermarktung der Lissianskys. Zum 1. August 1931 wurde das Unternehmen schließlich ordnungsgemäß liquidiert, alle Verpflichtungen wurden bedient und es blieben keine Schulden zurück. Das war Moses Lissiansky sehr wichtig, da seine geschäftliche Reputation solchermaßen unangetastet blieb.[120]

In den folgenden Jahren fand Lissiansky als Rentier ein Auskommen und finanzierte sein Leben durch Mieteinnahmen.[121] Briefe der Familie zeigen, dass die politischen Entwicklungen in Österreich und Deutschland Lissiansky und seine Angehörigen mit Sorgen in die Zukunft blicken ließen.[122] Bereits Mitte der 1930er Jahre riet Moses seinen im Ausland lebenden Kindern von einer Rückkehr nach Österreich ab und empfahl die Ansiedlung in Palästina oder den Vereinigten Staaten.[123] Mitunter wurde die Familie direkt in die politischen Auseinandersetzungen hineingezogen, etwa als die Behörden 1933 eine der von ihnen vermieteten Wohnungen beschlagnahmten, weil dort die »Rote Hilfe«[124] ansässig gewesen war.[125] Zudem beteiligten sich Söhne und Neffen von Moses Lissiansky an der Organisation jüdischer Selbstverteidigungskräfte in Wien.

Die ohnehin schwierige Situation verschärfte sich mit dem Einmarsch deutscher Truppen nach Österreich und der Annexion des Landes durch das Deutsche Reich noch einmal. Das Mietshaus, von dessen Einnahmen die Lissianskys lebten, wurde umgehend einem Verwalter unterstellt, Moses' Frau und Tochter zu öffentlich erniedrigenden Putzaktionen, sogenannten Reibpartien, gezwungen.[126] Mithilfe ihres Sohns Arnold, der sich in New York niedergelassen hatte, gelang es nahezu allen Familienmitgliedern, in die Vereinigten Staaten auszureisen.[127] Moses und seine Frau verließen das Deutsche Reich am 18. April 1939 via Bremerhaven.[128] Auch wenn sie ihr gesamtes Vermögen zurücklassen mussten, vermochten sie auf diese Weise immerhin, ihr Leben zu retten.

118 Brief von Moses Lissiansky an Arnold Lissance vom 7.4.1931. PFL.
119 Brief von Alexander Lissiansky an Arnold Lissance vom 6.4.1931. PFL.
120 Brief von Moses Lissiansky an Arnold Lissance vom 5.8.1931. PFL. Moses hatte bereits im Februar 1914 ein Gebäude in der Wiener Kaiserstraße 44–46 erworben.
121 Brief von Auguste Lissiansky an Arnold Lissance vom 8.10.1931. PFL.
122 Brief von Auguste Lissiansky an Arnold Lissance vom 15.5.1932. PFL.
123 Brief von Moses Lissiansky an Arnold Lissance vom 3.5.1936. PFL.
124 Die »Österreichische Rote Hilfe« war eine Rechtshilfeorganisation, die 1923 von der Kommunistischen Partei Österreichs gegründet worden war und bis zum Jahr 1933 bestand, als sie von den Behörden verboten wurde.
125 Brief von Auguste Lissiansky an Arnold Lissance vom 29.5.1933. PFL.
126 Brief von Moses Lissiansky an Arnold Lissance vom 15.5.1938. PFL.
127 Brief von Moses Lissiansky an Arnold Lissance vom 24.12.1938. PFL.
128 Dies belegt der Ausreisestempel in Moses Lissianskys Reisepass. PFL.

In den letzten Lebensjahren wurden Moses Lissiansky und seine Frau finanziell von ihren Kinder unterstützt und bemühten sich, in New York Fuß zu fassen. Moses verstab am 23. Oktober 1943 und wurde wenig später auf dem King Solomon Cemetery in Clifton/New Jersey beigesetzt.

Im nächsten Abschnitt werden mit Lissianskys religiöser Selbstverortung und seinen Erfahrungen mit dem Antisemitismus im Zarenreich zwei Bereiche dargestellt, die klären helfen, inwiefern Lissianskys jüdische Zugehörigkeit seine ökonomischen Vertrauensbeziehungen beeinflusste. So kann einerseits die Verortung in einer bestimmten religiösen Strömung des Judentums die Bildung von Geschäftsnetzwerke begünstigt oder verhindert haben, wie es am Beispiel des Lodzer Unternehmers Markus Silberstein gezeigt wurde.[129] Andererseits mögen die Erfahrungen mit antisemitischen Vorurteilen und Gewalt oder den antijüdischen Gesetze im Zarenreich Auswirkungen auf Lissianskys Einstellungen gegenüber christlichen Handelspartnern nach sich gezogen haben.

Lissianskys Selbstwahrnehmung als Jude

In den Memoiren beschreibt Moses Lissiansky seinen Vater als religiösen Mann, der als Buchhalter den Lebensunterhalt der Familie gesichert habe. Nach dessen frühem Tod im Jahr 1876, Moses war gerade vier Jahre alt, sei seine Mutter nur unter großer Anstrenung in der Lage gewesen, die grundlegenden Bedürfnisse der Familie zu befriedigen. Während seine älteren Geschwister ab diesem Zeitpunkt zum Lebensunterhalt der Familie beitragen mussten, besuchte Moses in den folgenden Jahren eine traditionelle Chederschule. Doch habe er weder Interesse an noch eine Begabung für die dort behandelten Themen gehegt. Dies änderte sich auch nicht, als er im Alter von zehn Jahren auf die lokale Talmud-Thora geschickt wurde, wo er eine Schlosserlehre begann. Lissiansky erhielt also in seinen ersten Lebensjahren die traditionelle Bildung, die diese Einrichtungen zu bieten hatten.

Im Jahr 1885 folgte der damals Zwölfjährige seinem ältesten Bruder Isaak nach Odessa, verließ die traditionelle jüdische Welt von Elisavetgrad und tauchte in ein neues Umfeld ein. Er kam mit einer vielfältigeren jüdischen Gemeinde in Kontakt und lernte andere Lebensentwürfe kennen. In dieser Hinsicht bezeichnend nimmt sich die Schilderung eines Restaurantbesuchs mit seinem Bruder Isaak aus, der für sie beide das Essen bestellte. Nachdem sie ihr Mahl beendet hatten, habe sein Bruder ihn darüber aufgeklärt, dass es sich nicht um koscheres Essen gehandelt habe. Moses beschreibt in der Autobiografie, wie er sich erst unwohl ob dieser Tatsache fühlte, dann aber feststellte, dass ihm das *treife*

129 Siehe oben, Kap. 2.2.

Abb. 7: Die Hochzeit von Moses und Auguste Lissiansky im Jahr 1901. PFL

(Jiddisch für nicht koscher) Essen nicht geschadet und es daher weiterhin zu sich genommen habe.[130]

Die Übertretung der jüdischen Speisegebote führte aber nicht zur gänzlichen Abwendung vom Judentum. Vielmehr strukturierte der jüdische Kalender weiterhin Moses' Leben,[131] seine Heirat 1901 wurde nach jüdischem Ritus vollzogen (vgl. Abb. 7),[132] seine Söhne wurden beschnitten[133] und erhielten Hebräischunterricht von einem Privatlehrer.[134] Zudem legten Moses und Auguste großen Wert darauf, dass ihre Kinder jüdische Partner ehelichen.[135] Auch anhand einer Geschäftsreise nach Frankfurt am Main im Jahr 1913 lässt sich Moses' Verständnis des eigenen Judentums illustrieren. In seinen Memoiren hielt er es den Frankfurter Juden zugute, zwar sehr genau die rituellen Verpflichtungen zu befolgen, sich gleichzeitig jedoch ob ihrer angepassten Kleidung in der Öffentlichkeit nicht von den anderen Bewohnern der Stadt zu unterscheiden.

130 *Lissiansky:* My Life. PFL, 13.

131 Ebd. 10.

132 Ebd. 58. Allerdings bestellt Lissiansky für die musikalische Unterhaltung kein Klezmer-Ensemble, sondern eine Militärkapelle.

133 *Lissiansky:* My Life. PFL, 61 f.

134 Ebd. 121.

135 Brief von Auguste Lissiansky an Arnold Lissance vom 10.6.1937. PFL.

Daher habe er sogar in Erwägung gezogen, Frankfurt zu seinem Altersruhesitz zu wählen. Lissianskys Einstellung zum Judentum bewegte sich also im Spannungsverhältnis von Tradition und Erneuerung.

Ob und wenn ja welchen Einfluss Lissianskys frühe Sozialisation in traditionellen jüdischen Schulen, seine spätere Abwendung von einer strengen Auslegung der Religionsgesetze bei gleichzeitiger Orientierung an traditionellen Festen und familiären Ritualen auf seine ökonomischen Vertrauensbeziehungen hatte, wird in der Analyse im letzten Abschnitt geklärt werden. Zudem stellt sich die Frage, ob die Entwicklungen in Fragen der religiösen Zugehörigkeit Lissianskys Netzwerke in einem ähnlichen Sinne beeinflussten, wie es bei dem Lodzer Unternehmer Silberstein der Fall war, wo ein Zusammenhang zwischen veränderten Einstellungen in weltanschaulichen Fragen und neuen wirtschaftlichen Strategien festgestellt werden konnte.[136]

Lissianskys Erfahrungen mit Antisemitismus und antijüdischen Gesetzen im Zarenreich

In Moses Lissianskys Autobiografie finden sich wiederkehrende Erfahrungen mit antisemitischer Gewalt und Diskriminierungen beschrieben. So schildert er, wie sich seine Familie während der Pogromwelle 1881 im Keller eines christlichen Nachbarn verstecken musste, um Schutz vor den judenfeindlichen Angriffen zu finden. Auch das Odessaer Pogrom vom Oktober 1905, bei dem wie oben bereits erwähnt über 300 Juden getötet wurden, findet ausführliche Darstellung. Lissiansky beschreibt die Gräueltaten, denen die jüdische Bevölkerung ausgesetzt war, und berichtet von seinen Bemühungen, den Widerstand in seinem Wohnhaus zu organisieren. Als alle Verteidigungsversuche fehlschlugen, rettete sich die Familie schließlich in den Keller seines Bruders, dessen Hausmeisterin allerdings antisemitische Schläger über das Versteck informierte. In der Erwartung des sicheren Todes verbrachten die Lissianskys sowie andere jüdische Bewohner hier eine Nacht. Doch der erwartete Angriff blieb aus, denn just ab dieser Nacht begann das zarische Militär, die Unruhen niederzuschlagen und die Ordnung in der Stadt wiederherzustellen.[137]

Gleichwohl waren es nicht nur einzelne gewalttätige Ereignisse wie die geschilderten Pogrome, die Lissianskys Erfahrungen mit dem Antisemitismus in Russland prägten. Während seines Wehrdienstes (vgl. Abb. 8) von 1893 bis 1898 war er einerseits den üblichen Beschränkungen für jüdische Soldaten ausgesetzt,[138] andererseits schilderte er darüber hinausgehende Schikanen. In der

136 Siehe oben, Kap. 3.3.

137 *Lissiansky:* My Life. PFL, 70.

138 Die Verwendungs- und Aufstiegsmöglichkeiten von Juden im zarischen Militär waren begrenzt. Vgl.: *Petrovsky-Shtern,* Yohanan: Jews in the Russian Army 1827–1917. Drafted into

Abb. 8: Moses Lissiansky in einer Uniform der zarischen Armee. PFL

Anfangszeit habe er seinen Militärdienst positiv wahrgenommen und Gefallen an den ihm zugeteilten Aufgaben gefunden. Doch 1895 sei er bei einer Bestrafung wegen eines Verstoßes gegen die militärische Disziplin aufgrund seiner jüdischen Herkunft besonders harsch behandelt worden. Weil es ihm bei einer Inspektion nicht gelungen war, lange genug stillzustehen, wurde er zu einer unverhältnismäßig harten Strafe von einem Monat Einzelarrest verurteilt. Die Haftbedingungen waren so schlecht, dass er versucht habe, sich das Leben zu nehmen.[139]

Modernity. Cambridge u. a. 2009. Für eine komparative Perspektive auf Juden und Muslime in der zarischen Armee vgl.: *Davies*, Franziska: Eine imperiale Armee – Juden und Muslime im Dienste des Zaren. In: Jahrbuch des Simon-Dubnow-Instituts 12 (2013) 151–172.

139 *Lissiansky:* My Life. PFL, 37.

Neben der großen Enge und der unzureichenden Versorgung mit Lebensmitteln bemängelte Lissiansky die Monotonie in der Zelle, wobei es bezeichnend ist, dass ihm als einziges Buch das Neue Testament ausgehändigt worden war.[140]

Moses Lissiansky wies im Zusammenhang mit seiner Zeit im Militärarrest auch auf den Fall des französischen Offiziers Alfred Dreyfus (1859–1935) hin, der 1894 wegen angeblichem Landesverrats verurteilt worden war. Zudem thematisierte er den virulenten Antisemitismus unter den Offizieren in der zarischen Armee, betonte aber zugleich, die gewöhnlichen Soldaten hätten dieses Ressentiment nicht geteilt.

Die antisemitische Realität im Zarenreich wirkte sich direkt auf Lissianskys Bewegungsfreiheit aus. Zwar konnte er sich aufgrund der Registrierung als Kaufmann der ersten Gilde[141] innerhalb des Zarenreichs relativ frei bewegen und beispielsweise legal in Moskau aufhalten, dennoch durfte er als Jude manche Städte nicht bereisen. Einer dieser Orte war Sewastopol, wo er sich nur aufhalten konnte, wenn er den Portier des Hotels bestach, aber die ganze Zeit fürchten musste, von der Polizei entdeckt zu werden.

Eigentlich war es ausgeschlossen, dass seine Ehefrau Auguste ihn auf den Geschäftsreisen begleitete, da sich Moses' Reisegenehmigung nicht auf sie erstreckte. So entspann sich, als sie dessen ungeachtet im Herbst 1912 nach Moskau fuhren, um die Stadt das erste Mal gemeinsam zu besuchen (vgl. Abb. 9), eine kleine Affäre. Nach der Ankunft Luxushotel *Metropol'* versuchte Moses zunächst über seine Kontakte mit dem Sekretariat des Hauses zu verhindern, dass Augustes Anwesenheit den Behörden gemeldet würde. Er schildert in seinen Aufzeichnungen, wie eines Morgens dennoch ein Polizist im Hotel auftauchte, der Auguste umgehend der Stadt verwies. Er habe dann kurzerhand den Kommissar bestochen, woraufhin dieser davon abgesehen habe, die gesetzlichen Bestimmungen zu erzwingen. Diese Anekdote zeigt nicht nur, inwieweit Lissiansky und seine Angehörigen im Russländischen Reich in ihrer beruflichen und privaten Lebensgestaltung Einschränkungen unterworfen waren, sondern hat in den Memoiren auch die Funktion, die Entfremdung gegenüber der Zarenherrschaft zu illustrieren.

In der Episode zum Umzug nach Wien im Jahr 1905 hebt Moses Lissiansky besonders hervor, wie gut er sich vom Hausmeister behandelt fühlte, der für seine neue Wohnung zuständig war. So freundlich und zuvorkommend sei ihm in Russland kaum ein Nicht-Jude gegenübergetreten. In Österreich habe generell seine jüdische Zugehörigkeit weit seltener als seine russische Herkunft als Anlass für Diskriminierungen gedient.

140 Ebd.

141 Für eine grundlegende Darstellung des Ständesystems im Zarenreich der zweiten Hälfte des 19. Jahrhunderts vgl.: *Schmidt*, Christoph: Ständerecht und Standeswechsel in Rußland 1851–1897. Wiesbaden 1994.

Eine Konsequenz seiner Diskriminierungserfahrungen aber auch der Dreyfus-Affäre war Lissianskys frühes Bekenntnis zur zionistischen Bewegung, die er laut seinen Memoiren bereits seit ihren Anfängen unterstützte. Weiter schreibt Lissiansky gar, dass die Anliegen dieser Bewegung ihm heilig gewesen seien.[142] Anlässlich eines Besuchs von Herzls Grab im Jahr 1906 auf dem Döblinger Friedhof in Wien hielt er folgende Einschätzung fest: »It is owing to that man that I became, and have remained, a Jew conscious of membership in a distinct nation.«[143] Zudem trat Lissiansky ab Mitte der 1930er Jahre für den revisionistischen Flügel der zionistischen Bewegung um den in Odessa geborenen Wladimir Zeev Jabotinsky (1880–1940) ein,[144] was zumindest für die Phase zum Ende seines Lebens darauf schließen lässt, dass er die Auflösung der jüdischen Diaspora in Europa und eine umfassende Abgrenzung der Juden von ihrer christlichen Umgebung unterstützte.

Es ist naheligend, dass die Erfahrungen mit antisemitischer Gewalt und der Omnipräsenz antijüdischer Einstellungen und Gesetze im Zarenreich auch in Lissianskys wirtschaftlichen Beziehungen eine Rolle spielten. Dies ist eine der Fragen, denen ich im nächsten Abschnitt nachgehe.

4.3 Religion und Ethnizität in Lissianskys Wirtschaftsbeziehungen

Die Memoiren von Moses Lissiansky zeigen an einer Vielzahl von Stellen, wie wichtig die soziale Einbettung der wirtschaftlichen Vertrauensbeziehungen für die Anbahnung und Aufrechterhaltung seiner Geschäftskontakte war. Alle drei eingangs dieser Arbeit charakterisierten Formen der Einbettung lassen sich im Material nachweisen. Die zeitliche Einbettung war für den Fortbestand der Geschäftsbeziehungen von größter Relevanz, während die strukturelle Einbettung, also die Mitgliedschaft in Netzwerken, für die Anbahnung von Handelskontakten unerlässlich blieb. Im Sinne der Fragestellung der vorliegenden Untersuchung wird im folgenden Abschnitt aber der Schwerpunkt auf die Bedeutung von Lissianskys ethno-religiöser Zugehörigkeit für den Aufbau ökonomischer Vertrauensbeziehungen gelegt.

Verwandtschaftliche Beziehungen als spezifische Form der strukturellen Einbettung

Zunächst ist ein Spezialfall der sozialen Einbettung von Wirtschaftskontakten von Interesse – die Verwandtschaftsbeziehung. Ihre Bedeutung wird in der

142 *Lissiansky:* My Life. PFL, 41.
143 Ebd. 82.
144 Brief von Moses Lissiansky an Arnold Lissance vom 3.5.1936. PFL.

Autobiografie besonders deutlich, wenn Lissiansky sich in einem neuen Kontext etablieren will. Als er 1885 nach Odessa kam, vermittelte ihm sein Bruder Isaak eine Anstellung: ein klassisches Beispiel für die strukturelle Einbettung über Verwandtschaftsbeziehungen. Ähnlich wie die Lodzer Geschäftsleute, die 1893 in einer Zeitungsanzeige die geschäftliche Reputation eines Handelshauses beleumundeten, verbürgte sich Isaak für die Zuverlässigkeit seines Bruders und sorgte dafür, dass die mangelnde zeitliche Einbettung dem Neuankömmling nicht hinderlich war. Denn das Einstehen für den Bruder erleichterte dem Arbeitgeber die Vertrauensbildung, obwohl er über keine Informationen aus erster Hand über Moses' Zuverlässigkeit verfügte. Isaak lebte bereits seit 1882 in Odessa und arbeitete in Textilhandlungen, wodurch seine geschäftliche Reputation zeitlich und strukturell eingebettet war. Moses, der 1885 in die Stadt gekommen war, weschselte den Arbeitgeber drei Mal, wobei er bei der Suche nach einer neuen Anstellung immer wieder auf Isaaks Hilfe zurückgiff. Seine eigene zeitliche und strukturelle Einbettung reichte offensichtlich zu diesem Zeitpunkt noch nicht aus, um das nötige Vertrauen zu generieren.

Dies änderte sich erst, als er einige Jahre in der Textilgroßhandlung Gurljand tätig gewesen war. Als 1898 das Ende seines Militärdienstes absehbar wurde, versuchte der Geschäftsführer der Gurljand-Filiale, Moses zur Rückkehr in das Unternehmen zu bewegen. Zu diesem Zeitpunkt verhandelte Moses allerdings schon mit seinem Cousin Volodja Volinec, der eine Kommissionsagentur betrieb, über eine Anstellung. Die besondere Form der Einbettung aufgrund gemeinsamer Zugehörigkeit zu einer Familie tritt hier noch deutlicher zutage. Durch die Kombination von zeitlicher, struktureller und informeller institutioneller Einbettung ist die Verwandtschaftsbeziehung eine starke Bindung, die im ökonomischen Bereich Vorteile, aber auch Nachteile haben kann.

Als Moses etwa 1898 zu lange bei den Verhandlungen mit der Firma Gurljand und seinem Cousin taktierte, hatten beide potenziellen Arbeitgeber letztendlich andere Personen angestellt. In dieser misslichen Lage konnte sich Moses gleichwohl auf die besondere Belastbarkeit familiärer Strukturen verlassen: Aus Mitleid[145] habe ihn sein Cousin trotzdem in seiner Agentur eingestellt, auch wenn er statt der zuvor versprochenen 50 Rubel nur einen niedrigen Monatslohn von 20 Rubel erhielt. In der Folgezeit gelang es Moses, sich in der Firma zu etablieren, sodass sein Cousin ihm letztendlich auf Kosten eines anderen Mitarbeiters eine volle Stelle übertrug.

145 Zur Beschreibung dieses Sachverhalts verwendet Lissiansky das jiddische Wort *rachmones*. Die Benutzung jiddischer bzw. hebräischer Wörter ist in seinen Memoiren sonst nur im Kontext religiöser Zeremonien der Fall, was darauf verweist, dass einerseits verwandtschaftlichen Beziehungen ein besonderer emotionaler Gehalt zukam, der auch einen gewissen Grad an Solidarität mit sich brachte, und andererseits in der Familie Lissiansky Jiddisch die Umgangssprache war.

Abb. 9: Zusammenkunft während des Moskau-Besuchs im Jahr 1912: Auguste Lissiansky (l.), Moses Lissiansky (m.), Volodja Volinec (r.). PFL

Im Jahr 1899 drängte Moses' Schwester Vel'ja, er möge ihrem Sohn Aleksandr in der Kommissionsagentur von Volodja Volinec eine Beschäftigung verschaffen. Aleksandr hatte seine vorherige Anstellung wegen Diebstählen verloren. Moses erklärte sich bereit und verschwieg Volinec gegenüber die Missetaten seines Neffen. Er berichtet in den Memoiren aber, dass es bereits kurze Zeit nach Aleksandrs Anstellung in der Agentur erneut zu Verfehlungen gekommen sei und sich ein handfester Konflikt zwischen ihnen entwickelt habe, was letztlich zum Zerwürfnis zwischen Moses und seiner Schwester Vel'ja führte. Volinec erfuhr schließlich von den Streitigkeiten und stellte Moses zur Rede. Erst jetzt erzählte Moses von den Problemen mit seinem Neffen. Auf die Frage, warum er ihn nicht früher über den schwierigen Charakter Aleksandrs in Kenntnis gesetzt habe, antwortete Moses, er habe Aleksandr vor einer Entlassung schützen wollen, woraufhin Volinec gestand, er hätte an Moses' Stelle genauso gehandelt. Dieses Beispiel illustriert sowohl die Nachteile starker Bindungen als auch ihre moralische Kohäsionskraft. Auch wenn Volodja Volinec von Moses Lissiansky nicht unmittelbar die ganze Wahrheit erfuhr, lastete er ihm diesen Vertrauensbruch nicht an, sondern hielt das Vorgehen vielmehr für moralisch geboten. Dennoch entließ er Moses' Neffen Aleksandr umgehend.

Doch führte dieses problematische Erlebnis keineswegs dazu, dass Moses Lissiansky in Zukunft seine Verwandtschaft aus geschäftlichen Angelegenheiten herausgehalten hätte. Bände spricht diesbezüglich die spätere Zusammenarbeit mit seinem Bruder Abraham, zudem beschäftigte er in den folgenden Jahren Cousins, Söhne und Schwiegersöhne in der gemeinsamen Firma. Die Schuhfabrik der Brüder Lissiansky blieb bis zu ihrer Abwicklung im Sommer 1931 ein klassisches Familienunternehmen.

Moses war es ein großes Anliegen, sich intensiv in die Auswahl seiner Schwiegersöhne und -töchter einzubringen.[146] Zufünftige Ehepartner der Kinder sollten unbedingt Jüdinnen und Juden sein, Heiraten über religiöse Grenzen hinweg lehnten die Lissianskys strikt ab. Diese Überlagerung familiärer und religiöser Zugehörigkeit übertrug sich auch ins Geschäftliche. Am Familienunternehmen der Brüder Lissiansky waren ausschließlich Juden beteiligt. Inwiefern diese Form sozialer Schließung mit Moses' Prägung durch ein traditionelles jüdisches Milieu in seiner Heimatstadt Elisavetgrad oder den Erlebnissen antisemitischer Gewalt zusammenhing, geht aus den Memoiren nicht eindeutig hervor. Dennoch ist es naheliegend, dass die Erfahrungen von Ablehnung und Ausschluss, die er aufgrund seiner jüdischen Zugehörigkeit erlebte, die Bereitschaft, christliche Geschäftspartner am Unternehmen zu beteiligen, nicht erhöhte.[147] Gleichzeitig reichte ein jüdischer Familienhintergrund selbstverständlich nicht aus, um von Lissiansky als heiratsfähig erachtet und in die Firma aufgenommen zu werden. Vielmehr wurden die potenziellen Kandidaten einer eingehenden Prüfung unterzogen und umfangreiche Informationen über sie eingeholt.

Misstrauen als Hindernis für wirtschaftliche Aktivitäten: Der Umzug nach Wien

Auch wenn die vorliegende Studie sich auf die Verhältnisse im Zarenreich konzentriert, sind die Erfahrungen der Brüder Lissiansky in Wien von Bedeutung, da mitunter erst das Fehlen bestimmter Selbstverständlichkeiten ihre Wichtigkeit erweist. Der Blick auf die Probleme, die Abraham und Moses bei der Firmenneugründung bewältigen mussten, erlauben daher Erkenntnisse bezüglich der Vorteile ihrer strukturellen Einbettung in Odessa.

Denn in Wien waren diese Bedingungen nicht gegeben. Misstrauen schlug ihnen entgegen und anders als gemeinhin üblich, wurde den Brüdern beim Ankauf von Leder oder anderen Materialien kein Zahlungsaufschub gewährt. Gleichzeitig war es ihnen aber nicht möglich, die von ihren Kunden erhaltenen Wechsel vor dem Ablauf der vereinbarten Zahlungsfrist bei einer Bank einzutauschen.

146 *Lissiansky:* My Life. PFL, 159 f.

147 Auch die Unterstützung des revisionistischen Flügels der zionistischen Bewegung spricht für eine solche Ablehnung enger Kontakte mit Christen.

In Odessa waren die Brüder Lissiansky in Vertrauensnetzwerken eingebunden, die Geschäftsoperationen erleichtert hatten. Wenn sie dort etwa Waren im Wert von 5.000 Rubel an einen Schuhhändler verkauft hatten, einigten sich beide Seiten auf die jeweiligen Zahlungsmodalitäten, wobei die Frist zur Begleichung von Rechnungen meist zwischen drei und neun Monaten lag. Um nicht bis zum Ablauf des Wechsels auf den Geldeingang warten zu müssen, konnten die Lissianskys ihn bei einer Bank einreichen. Diese zog einen festgelegten Prozentsatz von der auszuzahlenden Summe ab, der gewöhnlich 5 Prozent betrug. In Kombination mit dem landläufigen Zahlungsaufschub beim Bezug von Rohstoffen, der ebenfalls zwischen drei und neun Monaten lag, hatte sich auf diese Weise ein Spielraum für Investitionen ergeben.

Es ist offensichtlich, dass diese Verfahrensweise in großem Maße von der Vertrauenswürdigkeit der involvierten Parteien abhängig war. Zwar verlangte die Bank für die Übernahme des Risikos bei der Eintreibung der ausstehenden Summe die erwähnte Gebühr, aber im Falle einers flächendeckenden Zahlungsausfalls wäre sie in große Schwierigkeiten geraten. Daher bildete das Vertrauen in die geschäftliche Reputation durch die zeitliche, strukturelle und institutionelle Einbettung aller Beteiligten die unerlässliche Grundlage der Vertragsbeziehungen.

In Wien waren die Lissianskys zunächst von einem solchen Vertrauenssystem ausgeschlossen, was erhebliche wirtschaftliche Nachteile mit sich brachte. So hatten sie im Gegensatz zu Odessa keinen finanziellen Spielraum, sondern mussten dauerhaft in Vorleistung gehen und dabei Rücklagen einsetzen. Neben der mangelnden zeitlichen und strukturellen Einbettung erwies es sich als besonders problematisch, dass ihre Wiener Konkurrenten um den russischen Markt schädigende Gerüchte über sie verbreiteten. So hieß es, sie hätten das Zarenreich verlassen, weil sie dort wegen verschiedener Betrügereien von der Polizei gesucht würden. Überhaupt handele es sich bei ihnen um die größten Gauner.

Wie es dennoch gelang, in dem feindlich gesinnten Umfeld im Laufe der folgenden Jahre bei ihren Zulieferern als kreditwürdig anerkannt zu werden, ist ein Lehrstück zur Bedeutung zeitlicher Einbettung und führt in die Tiefen der Wirtschaftspsychologie. Der ebenfalls jüdische Wiener Lederhändler Leopold Waller[148] (1856–1937) hatte die Lissianskys im Sommer 1907 mit Waren versorgt und ihnen für die Zahlung eine Frist von drei Monaten eingeräumt.[149] Doch bereits wenige Tage nach Lieferung seines Leders tauchte Waller in der Fa-

148 Waller gehörte der reformorientierten jüdischen Gemeinde des »Tempelvereins für die Bezirke Mariahilf und Neubau« an, mit der Moses Lissiansky in späteren Jahren ebenfalls Berührungspunkte hatte. Es ist durchaus möglich, dass die geschäftliche Verbindung der beiden diese Entscheidung beeinflusste.

149 *Lissiansky:* My Life. PFL, 92–94.

brik der Brüder auf und forderte die sofortige Bezahlung. Sehr widerwillig und mit großer Wut erklärte sich Moses schließlich bereit, die Rechnung umgehend bar zu begleichen. Bei folgenden Besuchen von Waller in der Fabrik behandelte Moses ihn zwar freundlich, bestellte aber nur ein einziges Mal eine sehr kleine Menge Leder, die im Vergleich zum Bezug bei anderen Händlern sehr gering war. Weiter berichtete Lissiansky in seinen Memoiren, dass Waller eines Tages wutentbrannt in der Firma erschien und fragte, warum sie ihn beim Kauf von Leder übergehen würden. Moses erklärte sich: Er bezweifele ob des früheren Verhaltens, dass sich Waller an geschlossene Vereinbarungen halte, woraufhin dieser die Fabrik umgehend verlassen habe. Einige Wochen später sei er jedoch erneut ins Geschäft gekommen und habe sich ausdrücklich bereit erklärt, Wechsel, die die Brüder Lissiansky für die Lieferung von Schuhen erhalten hatten, einzulösen, auch wenn ihm bewusst war, dass er selbst bis zu ihrem Fälligkeitszeitpunkt warten musste. Waller schloss mit dieser Versöhnungsgeste in diesem Moment, ohne es zu wissen, eine enorme Liquiditätslücke der Brüder Lissiansky.

Allmählich entwickelte sich Waller zu einem engen Geschäftsfreund von Moses Lissiansky und unterstützte die Fabrik auch in der Zeit nach dem Ersten Weltkrieg. Bei Gelegenheit erklärte er Lissiansky, warum er anlässlich ihres ersten Geschäftskontakts auf eine sofortige Zahlung bestanden hatte: Sein Prokurist hatte ihm kurz nach der Lieferung des Leders berichtet, die Lissianskys seien russische Hochstapler, denen man nicht trauen könne. Moses' Verbindlichkeit und die prompte Zahlung bei einer folgenden Bestellung hätten ihn aber von ihrer Ehrlichkeit überzeugt. Verbunden mit der Hoffnung auf zukünftige Transaktionen habe er daher die Wiederaufnahme der Geschäftsbeziehungen initiiert und deshalb ihre Wechsel in Zahlung genommen.

Dieses Beispiel illustriert einerseits die negative Wirkung der strukturellen Einbettung der Brüder Lissiansky (ihnen wurde nachgesagt, Betrüger zu sein), und andererseits die Doppelgestalt der zeitlichen Einbettung. So erlebte Waller zum einen, dass sich die Lissianskys fair in Geschäftsbeziehungen verhielten (Schatten der Vergangenheit), andererseits erhoffte er sich auf Grundlage dieser Beobachtungen zukünftig gute Geschäfte (Schatten der Zukunft).[150] Auf diese Weise gelang es den Brüdern Lissiansky, nicht nur bei Waller, sondern auch bei anderen Zulieferern Kredit zu erhalten, was ihnen mehr finanziellen Spielraum verschaffte.

Doch auch Wallers Bereitschaft, von Zeit zu Zeit Wechsel der Lissianskys anzunehmen, konnte ihre finanziellen Engpässe nicht gänzlich beseitigen. Deshalb war es unverzichtbar, eine Bank zu finden, die bereit war, ihre Wechsel einzulösen und eine Kreditlinie zu gewähren. Während es bei den Zulieferern

150 Vgl. zu den Begriffen Schatten der Vergangenheit bzw. Schatten der Zukunft grundlegend: *Axelrod*, Robert M.: The Evolution of Cooperation. New York 1984.

nur ein oder zwei Jahre dauerte, bis sie Vertrauen zur Firma Lissiansky gefasst hatten, kam erst im Jahr 1911 ein Kreditinstitut auf sie zu, das bereit war, ihre Wechsel zu diskontieren. Doch nach der Intervention ihres größten Konkurrenten, dem Fabrikanten Neider, der im Kreditkomitee der Bank saß, zog sie ihr Angebot zurück. Lissiansky schildert in seinen Memoiren, wie er in Erfahrung brachte, dass sie von Neider im Kreditkomitee als Lügner und Betrüger bezeichnet worden waren, die das Zarenreich als flüchtige Bankrotteure verlassen hatten. Erst im Frühjahr 1913, also fast sechs Jahre nach Neugründung ihrer Fabrik in Wien, bewilligte die Anglobank einen Kreditrahmen, verbunden mit der zuverlässigen Diskontierung von Wechseln. Die fehlende strukturelle und zeitliche Einbettung hatte den Lissianskys also langfristig handfeste wirtschaftliche Nachteile beschert. Besonders die Banken waren bezüglich der Vertrauensbildung behäbig, was die Etablierung der Brüder in Wien erheblich erschwerte.

Diese Geschehnisse ermöglichen zugleich Rückschlüsse auf die Verhältnisse in Odessa. Von dort hatte Moses zu keinem Moment über Probleme berichtet, Kredit zu erhalten oder Wechsel diskontieren zu lassen. Dies ist insofern überraschend, als Odessa ein schlechter Ruf betreffs fauler Kredite nachhing.[151] Doch waren sichere und jederzeit verfügbare Kreditgeschäfte als Rahmenbedingungen wirtschaftlichen Handels für die Brüder Lissiansky in der Schwarzmeerstadt aufgrund ihrer dortigen zeitlichen und strukturellen Einbettung allem Anschein nach selbstverständlich. Erst die Kontrastierung mit den Wiener Gegebenheiten macht diese betriebswirtschaftlich so wichtige Trivialität sichtbar.

Bot die Mitgliedschaft in der jüdischen Gemeinde eine strukturelle Einbettung?

Anhand der Situation in Wien lässt sich zudem überprüfen, inwieweit die jüdische Zugehörigkeit es den Lissianskys erleichterte, in einem neuen Umfeld Vertrauensbeziehungen zu knüpfen. Stellte die Zugehörigkeit zu einer Diasporagemeinschaft automatisch eine Form der strukturellen Einbettung dar?[152] Ein solcher Mechanismus hätte bei der Überwindung der Startschwierigkeiten helfen können.

Wie der oben erwähnte Fall des Lederhändlers Waller schon andeutete, bot die jüdische Zugehörigkeit den Brüdern Lissiansky in geschäftlichen Angelegenheiten in Wien zunächst keine strukturelle Einbettung. Neben Waller lässt sich aber noch ein weiterer Fall berichten: Als Moses Lissiansky im Sommer 1907 von der Firma Grison Leder & Co, die von dem jüdischen Unternehmer Jerusalem geleitet wurde, Ziegenleder bestellte, wurde ihm klargemacht, er habe die Ware sofort bei Empfang zu bezahlen. Als der Bote schließlich mit dem Ziegenleder in der Fabrik von Abraham und Moses Lissiansky erschien, gab er die

151 *Beable*, William Henry: Commercial Russia. London 1918, 65.
152 Siehe oben, Einleitung, insbesondere 9 f.

Ware erst aus der Hand, nachdem er die fällige Zahlung erhalten hatte. Den neuen Marktteilnehmern wurde großes Misstrauen entgegengebracht, dass die gemeinsame Zugehörigkeit zur jüdischen Gemeinde Wiens keineswegs abzumildern vermochte.

Der geteilte religiöse Hintergrund konnte also die mangelnde zeitliche und strukturelle Einbettung der Brüder Lissiansky in Wien zunächst nicht aufwiegen. Ein Grund mag der fehlende Informationsfluss zwischen den jüdischen Gemeinden von Odessa und Wien bezüglich der geschäftlichen Reputation ihrer Mitglieder gewesen sein. Im Zarenreich funktionierte dieser Austausch innerhalb der lokalen jüdischen Gemeinden offenbar besser.[153]

Ein Anhaltspunkt dafür ist, dass nahezu alle Arbeitgeber und Geschäftspartner von Moses Lissiansky während seiner Zeit im Russländischen Reich Juden waren. Hierbei wird in erster Linie eine Kombination aus struktureller und informeller institutioneller Einbettung wirkmächtig gewesen sein. Neben dem schon erwähnten Informationsfluss bezüglich der geschäftlichen Reputation der Mitglieder, spielte gewiss die Übereinstimmung in Sitten, Gebräuchen und Einstellungen eine vertrauensstiftende Rolle. Doch war im Zarenreich nicht ausschließlich die informelle institutionelle Einbettung von Bedeutung. Vielmehr konnte letztere nur im Verbund mit der zeitlichen oder strukturellen Einbettung ihre Wirksamkeit entfalten. Erst nach längerer Betätigung in einem ungewohnten Umfeld oder aufgrund des Informationsflusses bezüglich der geschäftlichen Zuverlässigkeit eines neuen Marktteilnehmers kam die informelle institutionelle Einbettung auch dort zum Tragen.

Informelle institutionelle Einbettung: Zugehörigkeit und Vertrauen

Welche Formen nahm die informelle institutionelle Einbettung in Geschäftsbeziehungen an? Vier Beispiele, in denen sich Lissianskys Zugehörigkeit förderlich oder behindernd auf ökonomische Kontakte auswirkte, sollen dies deutlich machen.

Der erste Fall steht im Zusammenhang mit dem Versuch der geschäftlichen Konsolidierung der Brüder Lissiansky in Wien: Als ihre russischen Kunden von den Schwierigkeiten erfuhren, denen sie bei der Einlösung von Wechseln ausgesetzt waren, entschlossen sich viele von ihnen, Rechnungen nicht mehr mit eben jenen Wechseln, sondern bar zu begleichen.[154] Diese Form der Unterstützung half den Brüdern Lissiansky beim Aufbau ihrer Produktion in Wien sehr. Eine Kombination verschiedener Motive mag die Geschäftspartner zu diesem Schritt bewogen haben. So können die Waren der Brüder Lissiansky für die Schuhhändler einerseits ein wichtiges Absatzgut dargestellt haben, sodass

153 Siehe oben Kap. 3.3, insbesondere 124 f.
154 *Lissiansky:* My Life. PFL, 98.

sie im Falle des Verschwindens der Marke um ihre eigenen Kunden fürchteten. Andererseits mögen sie sich auf Dauer eigene Vorteile von der Hilfeleistung versprochen haben oder aus einem Gefühl der Verpflichtung gehandelt haben. Die Einbettung ihrer wirtschaftlichen Beziehungen in zeitlicher, struktureller und informell institutioneller Weise begünstigte also die Unterstützung. Es zeigt sich, welch große Bedeutung die langjährigen Kontakte zu Geschäftspartnern im Russländischen Reich für das wirtschaftliche Überleben der Schuhfabrikanten in Wien hatte. Diese hielten zu ihnen, zumindest solange die gelieferten Waren ihren Qualitätsansprüchen genügten.

Doch diese Form der informellen institutionellen Einbettung konnte für Moses Lissiansky als jüdischen Unternehmer auch negative Folgen zeitigen: Nachdem sich das Unternehmen als Zulieferer von Luxusschuhläden in Sankt Petersburg etabliert hatte, wurde ihm anlässlich eines Besuchs der Stadt im Jahr 1911 zugetragen, dass auch die Konsumentenvereinigung der Leibgarde des Zaren an ihren Schuhen interessiert sei. Als Moses sich schließlich bei deren Chef, einem General, vorstellte und den Namen Lissiansky nannte, fragte der Offizier, ob es sich um eine jüdische Firma handele.[155] Lissiansky verneinte dies und gab zur Antwort, das Unternehmen sei polnisch und konnte auf diese Weise eine umfangreiche Bestellung entgegennehmen. Diese Form der informellen institutionellen Einbettung basierte auf dem Ausschluss von jüdischen Unternehmern, da der General klar äußerte, mit Juden keine Geschäfte machen zu wollen. Nur durch die Leugnung seiner jüdischen Zugehörigkeit konnte Lissiansky diese diskriminierende Praxis umgehen. Dies war ihm nur möglich, weil die Bedingung nicht mit jüdischen Unternehmern Geschäfte machen zu wollen, hier explizit geäußert wurde. In Fällen, in denen womöglich bereits Lissianskys Vorname Moses den Ausschlag gegen die Aufnahme einer Geschäftsbeziehung gab, stand ihm diese Option nicht offen.

Eine andere Form des Misstrauens aufgrund seiner Zugehörigkeit war ihm in seiner frühen beruflichen Laufbahn begegnet. Als Lissiansky 1891 als Verkäufer von Textilwaren in einer Filiale des Großhändlers Gurljand in Cherson arbeitete, kam es immer wieder zu Konflikten mit einigen anderen Angestellten.[156] Lissianskys Kontrahenten gingen soweit, ihn beim Besitzer der Firma zu verleumden und er behielt seine Anstellung nur mit Glück. In seinen Memoiren schreibt er, der Konflikt sei unterschiedlichen Auffassungen vom Judentum geschuldet gewesen. Seine Kollegen hätten ihm übelgenommen, dass er nicht wie sie ein traditionsorientierter Jude war und sich nicht an ihren regelmäßigen Gebeten beteiligte. Die Ablehnung sei intensiv gewesen und sie hätten sich geweigert, länger mit ihm zusammenzuarbeiten. Dieses Beispiel zeigt, dass eine mangelnde informelle institutionelle Einbettung beruflicher Kontakte eine ganze

155 Ebd. 116.
156 Ebd. 24.

Bandbreite an Ursachen haben konnte. Hier war es Lissianskys religiöse Praxis, die seine Kollegen derartig gegen ihn aufbrachte. Es ist davon auszugehen, dass diese Erfahrung einen faden Beigeschmack hinterließ und zu einer ablehnenden Haltung gegenüber traditionsorientierten Juden beitrug. Mehrfach äußerte Lissiansky sich in den Memoiren negativ über Juden, die traditionelle ostjüdische Kleidung trugen, wobei er betonte, sich selbst in Abgrenzung zu ihnen bewusst modisch zu kleiden. Die Binnendifferenzierungen im Judentum erwiesen sich in diesem Fall als hinderlich für den Aufbau von Vertrauensbeziehungen. Es ist gut möglich, dass Lissiansky neben dieser niedergeschriebenen Episode weitere ähnliche Erlebnisse erinnerte. Doch schon seine Kleidung, die Synagoge,[157] in der er verkehrte, und die jüdischen Organisationen,[158] an die er spendete, ermöglichten es aufmerksamen Beobachtern, ihn einem bestimmten jüdischen Spektrum zuzuordnen. Dementsprechend war Akteuren sehr wahrscheinlich noch vor der Aufnahme einer Geschäftsbeziehung klar, welcher Strömung im Judentum das Gegenüber angehörte.

Die bereits erwähnte Geschäftsreise Lissianskys nach Frankfurt am Main im Sommer 1913 kann illustrieren, wie gemeinsame Auffassungen bezüglich des Judentums vertrauensstiftend wirken konnten. Die Suche nach neuen Lederzulieferern führte ihn nach Deutschland, wo er schließlich bei der Firma Stern & Marksohn fündig wurde. Lissiansky bestellte kurzerhand den gesamten Vorrat an Ziegenleder des Unternehmens, woraufhin ihn der Besitzer der Firma zu einer Besichtigung Frankfurts einlud. Er präsentierte ihm den Palmengarten, eine »stattliche Synagoge«,[159] die Villen reicher jüdischer Unternehmer, die Lissiansky sehr beeindruckten, und vermittelte einen Eindruck davon, wie die Frankfurter Juden ihr Leben zwischen Religion und Moderne gestalteten. Diese Stadtführung kann als Episode der informellen institutionellen Einbettung einer Geschäftsbeziehung gelten. Denn auch wenn beiden Beteiligten die gemeinsame Zugehörigkeit zum Judentum bewusst war, erfuhr sie durch die Be-

157 In Lissianskys Memoiren ist erwähnt, dass seine Nichte 1915 im Wiener Schmalzhoftempel des »Tempelvereins für die Bezirke Mariahilf und Neubau« heiratete, der der reformorientierten Strömung zuzurechnen war. Vgl. *Lissiansky:* My Life. PFL, 151. Zum Schmalzhoftempel vgl.: *Adunka*, Evelyn: Tempel, Bethäuser und Rabbiner. In: *Stern*, Frank/*Eichinger*, Barbara (Hg.): Wien und die jüdische Erfahrung 1900–1938. Akkulturation – Antisemitismus – Zionismus. Wien u. a. 2009, 131–142, insbesondere 132 f.

158 Spenderlisten wurden in jüdischen Zeitungen veröffentlicht. Für Moses Lissiansky sind Spenden zugunsten von jüdischen Flüchtlingen während des Ersten Weltkriegs (*O. V.:* Sammlung der »Neuen Freien Presse« für die Hilfsaktion der Frau Anita Müller für die Flüchtlinge aus Galizien und der Bukowina. In: Neue Freie Presse, Nr. 18235 vom 30.5.1915, 11) und für den Jüdischen Nationalfond (*O. V.:* Mitteilungen des Keren Kajemeth. In: Die Stimme. Jüdische Zeitung, Nr. 617 vom 5.2.1937, 8) überliefert.

159 *Lissiansky:* My Life. PFL, 134. Leider bleibt unklar, um welche Frankfurter Synagoge es sich genau handelte.

sichtigung des jüdischen Frankfurt eine Bekräftigung und wurde zum expliziten Teil ihrer ökonomischen Partnerschaft.

Diese vier gegenläufigen Beispiele illustrieren den Zusammenhang zwischen der Zugehörigkeit der Geschäftspartner und Mechanismen der Vertrauensbildung. Besonders auffällig ist, dass Moses Lissiansky drei unterschiedliche Zugehörigkeiten zugeschrieben wurden. Unterstützten ihn seine russischen Kunden als einen russischen Geschäftspartner, der im Ausland aufgrund seiner Zugehörigkeit Diskriminierungen ausgesetzt war, markierte im Kontext der Begegnung mit dem Chef der Konsumentenvereinigung der Wachoffiziere die Frage »Jude oder Christ?« die Scheidelinie. In Cherson hatte man ihn in jungen Jahren als reformorientierten Juden abgelehnt, wohingegen in Frankfurt diese Haltung auf positive Resonanz stieß. Gerade diese mannigfaltigen Erscheinungsformen der Bedeutung informeller institutioneller Einbettung machen ihren Nachweis im Regelfall so schwierig. Die Memoiren von Moses Lissiansky bieten, wie gezeigt, eine reiche Quelle zur Rekonstruktion dieser in vielen Geschäftsbeziehungen untergründig wirksamen Sympathien und Antipathien.

Strukturelle, formelle institutionelle und informelle institutionelle Einbettung im Konfliktfall

Geschäftliche Streitigkeiten bieten die Möglichkeit, die zugrunde liegenden Einbettungsformen offenzulegen, da die von den Beteiligten gewählten Wege zur Problemlösung viel über die in der Vertrauensbeziehung wirksamen Mechanismen aussagen. Moses Lissiansky schilderte in seinen Memoiren mehrere Begebenheiten, in denen ein jüdischer Mitarbeiter oder Arbeitgeber sein Vertrauen enttäuschte. An diesen Vorfällen kann erkundet werden, ob Lissiansky Mittel anwandte, die sich aus der formellen oder informellen institutionellen Einbettung der jeweiligen Vertrauensbeziehung ergaben, um seine Forderungen durchzusetzen. Anders formuliert: Bemühte Lissiansky eher staatliche Gerichte, traditionelle Rechtsfindungsorgane der jüdischen Gemeinde wie Rabbinatsgerichte oder versuchte er, Wiedergutmachung innerhalb seiner Geschäftsnetzwerke selbst zu erlangen? In diesem Zusammenhang ist auch relevant, welche Wege Lissiansky fand, um mögliche Konflikte von vornherein auszuschließen.

Ein Beispiel für einen Konflikt in der ökonomischen Sphäre findet sich in Lissianskys Memoiren für das Jahr 1899. Während seiner Zeit in der Kommissionsagentur seines Cousins Volinec deckte er ein elaboriertes Betrugsvorhaben des dortigen Buchhalters auf.[160] Dieser hatte versucht, mithilfe eines gestohlenen Frachtbriefs Waren der Agentur zu entwenden. Über Mittelsmänner wollte der Buchhalter sie wieder an die Kommissionsagentur zurückverkaufen,

160 *Lissiansky:* My Life. PFL, 48.

um so den Gewinn einzustreichen. Bei Lissianskys Aufklärung der Verschwörung ist das Changieren zwischen formellen und informellen Institutionen zur Bestrafung der Betrüger aufschlussreich. Zu Beginn der Affäre stellte er Anzeige bei der Polizei in Odessa, was eine Hausdurchsuchung nach sich zog, die den Druck auf die Täter erhöhte. Auch in der direkten Konfrontation mit den Beteiligten drohte Lissiansky immer wieder mit der Verhaftung durch die Behörden. Doch nachdem es ihm gelungen war, die Betrüger gegeneinander auszuspielen und die Ware zurückzuerhalten, wählte er einen anderen Weg. Während er von einem beteiligten Kleinhändler eine Geldsumme als Kompensation dafür verlangte, dass er ihn nicht wegen Hehlerei anzeigte, folgte für den Buchhalter als unmittelbare Konsequenz nur seine Entlassung. Gleichzeitig war durch diese Eskapade der Ruf des Buchhalters und der anderen Beteiligten innerhalb der jüdischen Gemeinschaft nachhaltig beschädigt. Es ist davon auszugehen, dass ihre wirtschaftlichen Aktivitäten darunter massiv litten. Lissiansky bediente sich also zunächst staatlicher Institutionen, um den Diebstahl in der Kommissionsagentur aufzuklären. In letzter Konsequenz setzte er aber auf die Bestrafungsmechanismen innerhalb der jüdischen Gemeinschaft, wo der beschädigte Ruf der Betrüger zu ihrem Ausschluss aus ökonomischen Netzwerken führen konnte.

Ein andere Episode stammt aus Lissianskys Zeit beim Großhändler Guttmann aus Charkow.[161] Zu Beginn seines Beschäftigungsverhältnisses wurde ihm ein gutes Grundgehalt und eine Umsatzbeteiligung versprochen, sodass er sich mit viel Enthusiasmus den neuen Aufgaben widmete. Doch nach wenigen Wochen hörte er von verschiedenen Geschäftspartnern, dass es um die Zahlungsfähigkeit von Guttmann nicht gut bestellt sei. Dies schien sich zu bestätigen: Lissiansky erhielt sein Gehalt niemals pünktlich und Guttmann schuldete ihm bereits nach fünf Monaten 500 Rubel. Angesichts dieser Tatsache und andauernder Gerüchte bezüglich eines bevorstehenden Konkurses Guttmanns kündigte Lissiansky kurze Zeit später das Arbeitsverhältnis. Anschließend versuchte er, die ausstehenden Zahlungen gerichtlich einzuklagen. Doch es erwies sich als unmöglich, die Forderungen mithilfe dieser Institution der formellen Einbettung durchzusetzen, denn es existierte kein schriftlicher Vertrag, der seine Ansprüche hätte belegen können.[162]

Bei der Begründung des Arbeitsverhältnisses war es Lissiansky also nicht notwendig erschienen, die vereinbarten Rahmenbedingungen schriftlich zu fixieren, was ihn letztendlich die ausstehende Entlohnung kostete. Ein Grund dafür mag gewesen sein, dass die ökonomische Beziehung zu Guttmann strukturell und informell institutionell eingebettet war. Diese Mechanismen versag-

161 Ebd. 52.
162 Ebd.

ten allerdings, denn weder wusste Lissiansky vor Beginn seiner Beschäftigung von den Geldproblemen Guttmanns, noch fühlte sich dieser aus moralischen Erwägungen verpflichtet, Lissiansky den Fehlbetrag zu ersetzen oder wurde durch die Netzwerke, in denen er sich befand, dazu gedrängt. Gleichzeitig war eine Eintreibung der Außenstände auf dem formellen Weg nicht möglich. Offenbar galten schriftliche Vereinbarungen bei Transaktionen zwischen jüdischen Geschäftspartnern in Odessa als unüblich. Das Bestehen auf eine formelle Regelung mochte als Ausdruck mangelnden Vertrauens gedeutet werden, was womöglich das Zustandekommen des gesamten Geschäfts verhindern konnte.[163] In den Odessaer Archiven finden sich Akten zu weiteren Gerichtsverfahren zwischen jüdischen Unternehmern, die alle eingestellt wurden, weil die Rahmenbedingungen der Transaktion nicht oder nur unzureichend schriftlich festgehalten waren.[164] Auch die Brüder Lissiansky verzichteten im Exportgeschäft meist auf schriftliche Verträge, was immer wieder zu Problemen führte.[165]

Die wirtschaftlichen Kontakte zwischen den Lissianskys und anderen jüdischen Unternehmen im Zarenreich waren durch strukturelle und informelle institutionelle Einbettung anders abgesichert als ihre Geschäftsbeziehungen über ethnische Grenzen hinweg. Zugleich stellte die mangelnde formelle Einbettung ein Risiko dar, das im Zweifelsfall das Eintreiben von Forderungen verhinderte. Trotz dieser Schwierigkeiten und Enttäuschungen vertraute Moses Lissiansky auch in Wien in besonderem Maße auf ökonomische Beziehungen zu Juden aus Odessa. Er beschäftigte sie bevorzugt als Bürokräfte, Übersetzer oder Vertreter. Zudem hob er ihre Herkunft in seinen Memoiren quasi als Ausweis besonderer Eignung deutlich hervor.[166] Es war für Moses Lissiansky in Wien offenbar leichter, mit Menschen aus Odessa ökonomische Vertrauensverhältnisse aufzubauen als mit anderen Personen. Obwohl sie gelegentlich versagte, kam also der strukturellen und informellen institutionellen Einbettung die größte Bedeutung zu. Zugleich passte Lissiansky in Konfliktsituationen sein Handeln situativ an die Gegebenheiten an, die sich aus der informellen und formellen institutionellen Einbettung ergaben. Er war geübt darin, in verschiedenen Kontexten wirtschaftlich tätig zu sein, was sich in der großen Diversität seiner Ge-

163 Das Phänomen der Vorherrschaft mündlicher Absprachen bei Geschäftsabschlüssen führt im Konfliktfall häufig zu einer Benachteiligung des schwächeren Partners, der nicht in der Lage ist, seine Ansprüche durchzusetzen. Dies betraf natürlich nicht nur die jüdische Bevölkerung im Zarenreich, sondern trat auch in anderen Ländern, wie etwa in Japan, auf. Vgl.: *Dore:* Goodwill and the, insbesondere 465.

164 Für einen erhalten gebliebenenVorgang vgl.: O žalobe Ovidiopol'skogo kupečeskago synov Samoila Fišeroviča na Odesskago kupca Mojseja Zil'pera zaneplatel' voznagradenija za službu prikaščika po zakupke zernowago chleba. Gosudarstvennyj Archiv Odesskoj Oblasti, Fond 18, Opis' 1, Delo 963.

165 *Lissiansky:* My Life. PFL, 127.

166 Ebd. 93, 96.

schäftsbeziehungen – von Offizieren der Leibgarde des Zaren über christliche Unternehmer in Wien bis hin zu kleinen jüdischen Schuhhändlern in der russischen Provinz – widerspiegelt.

Soziale und geschäftliche Kontakte in Odessa und Wien im Vergleich

Das Beispiel des Lodzer Unternehmers Markus Silberstein hatte gezeigt, dass die Änderung seiner wirtschaftlichen Strategien hin zur Einbindung christlicher Unternehmer mit Veränderungen seines gesellschaftlichen und sozialen Lebens einherging. Bei Moses Lissiansky hingegen scheinen sich die Verhältnisse in umgekehrter Weise entwickelt zu haben. Im Anschluss an seinen Umzug nach Wien intensivierten sich zwar die geschäftlichen Kontakte zu christlichen Partnern, sein Sozialleben blieb in Österreich hingegen auf wenige und ausschließlich jüdische Freunde begrenzt. In Odessa war es umgekehrt gewesen: nur wenige Geschäftsbeziehungen zu Christen, aber ein reges supraethnisches Sozialleben. Dies deutet daraufhin, dass er nicht nur in der Elite der Schwarzmeerstadt einen intensiven sozialen Umgang über ethnische Grenzen hinweg pflegte, sondern auch die dortige Mittelschicht offensichtlich an solchen Begegnungen prinzipiell interessiert war. Zugleich erstreckte sich dieses offene gesellschaftliche Klima kaum auf den wirtschaftlichen Bereich, hier verblieb man eher innerhalb der ethnischen Gruppen.

Die Arbeitgeber und Geschäftspartner Lissianskys in Odessa waren fast ausschließlich Juden. Was seine Kunden anging, hielten sich Juden und Christen die Waage. Durch die langjährige berufliche Tätigkeit in Odessa und Cherson sowie den Militärdienst hatte Moses Lissiansky darüber hinaus im Zarenreich viele soziale Kontakte zu Nicht-Juden. Er speiste in nicht-koscheren Restaurants,[167] und besuchte häufig das Theater,[168] also Orte, die nicht eindeutig der jüdischen Sphäre zuzuordnen waren und ein Zusammentreffen mit Christen erlaubten. Noch während seiner Zeit im zarischen Militär hatte er Verbindungen zu christlichen Wehrdienstleistenden geknüpft, die er, ganz im Gegensatz zu den Offizieren, für nicht antisemitisch hielt.[169]

Gleichwohl überlappten sich Moses' soziale und berufliche Kontakte mitunter. Er unterhielt freundschaftliche Beziehungen zu leitenden Angestellten wichtiger Schuhläden, was nicht zuletzt dem Absatz seines Unternehmens förderlich war. Sein berufliches Umfeld in Odessa war insgesamt also mehrheitlich von Juden geprägt, sein soziales Nahfeld umfasste aber auch viele Christen. Eine wichtige Rolle kam unter anderem dem Odessaer Polizeikommissar Černjavskij

167 Ebd. 13.
168 Ebd. 15.
169 Ebd. 35.

zu, der Moses 1906 eindringlich vor einem bevorstehenden Attentat warnte und ihm riet, die Stadt zu verlassen.[170]

Mit ihrer Übersiedlung nach Wien veränderten sich die Lebensumstände der Familie grundlegend. In seinen Memoiren äußert sich Moses Lissiansky euphorisch, den diskriminierenden Gesetzen des Zarenreichs nicht mehr unterworfen zu sein: »For the first time in my life I felt free, without anxiety, both as a human being and as a Jew.«[171] So scheint in seinen geschäftlichen Aktivitäten die Religionszugehörigkeit fortan eine geringere Rolle gespielt zu haben. Denn auch wenn Konkurrenten sie verleumdeten, als Lügner und Betrüger bezeichneten und aufgrund ihrer Herkunft herabsetzten, wurden sie doch, so Lissiansky, immer als Russen attackiert, nicht aber als Juden.

Zudem unterhielten die Lissianskys in Wien mehr enge Kontakte zu christlichen Geschäftspartnern als in Odessa. Allerdings wandelte sich zugleich ihr Sozialleben mit der Emigration aus dem Zarenreich. Moses und Auguste gingen zwar in Wien weiterhin ins Theater, schlossen aber kaum Freundschaften, vielmehr beschränkten sich ihre Sozialkontakte auf die Familie von Abraham Lissiansky. Erst einige Jahre später stellte sich zu dem jüdischen Ehepaar Kruh[172] eine engere freundschaftliche Verbindung ein.

Worin bestanden die Ursachen für die gesellschaftliche Isolierung der Lissianskys in Wien? Eine Anekdote aus Moses' Memoiren kann eventuell Aufschluss bieten: Während der Sommerfrische in Weidlingau traf sich Lissiansky mit dem ebenfalls jüdischen Schuhfabrikanten Max Kohut (ca. 1874–1938) in einem Lokal und wollte für alle am Tisch Weinschorle bestellen. Kohut aber ging auf das Angebot nicht ein und orderte seine eigene Weinschorle. Moses vermutete, Kohut habe befürchtet, am Ende die Rechnung für alle Getränke begleichen zu müssen und daher lieber eine eigene Bestellung aufgegeben. Er attestierte Kohut, kleinkariert zu sein, ein Urteil, das er anschließend auf alle Wiener Geschäftsleute übertrug. Der von Lissiansky empfundene Mentalitätsunterschied wird sicherlich auf beiden Seiten für Irritationen gesorgt haben. Es ist ebenso möglich, dass Kohut die Bestellung der Runde durch Lissiansky als überbordend empfand. Anlässe wie dieser könnten die informelle institutionelle Einbettung von Vertrauensbeziehungen der Lissianskys in Wien gestört haben und das große Misstrauen erklären, dem sie anfänglich in Österreich begegneten – abgesehen von der mangelnden zeitlichen und strukturellen Einbettung.

170 Ebd. 83.
171 Ebd. 81.
172 Fritz (1883– ?) und Lyba (1887– ?) Kruh flohen nach der Besetzung Wiens durch die deutschen Truppen nach England, wo sie die Zeit des Zweiten Weltkriegs überstanden und 1948 die britische Staatsbürgerschaft annahmen. Für Fritz Kuhns Einbürgerung vgl.: TNA, HO 334/221/47721. Für die Registrierung des Ehepaars als »feindliche Ausländer« im November 1939 vgl.: TNA, HO 396/49/458, 1101 f., 1107 f.

Auch wenn Lissiansky im Geschäftsbereich in den folgenden Jahren wohl eine Anpassung an die in Wien herrschenden Sitten vollzog, blieb im privaten Bereich weiterhin eine Fremdheit der neuen Umgebung gegenüber bestehen. Vielleicht war es die gemeinsame Herkunft aus Osteuropa, die das Ehepaar Lissiansky mit den Kruhs verband, die aus Czernowitz[173] beziehungsweise Kolomea[174] stammten. Vor diesem Hintergrund ist es auch nicht überraschend, dass Lissiansky unmittelbar nach den Russischen Revolutionen des Jahres 1917 plante, in sein Heimatland zurückzukehren und dort eine neue Schuhfabrik zu eröffnen. Dieses Vorhaben zerschellte letztendlich an den politischen Entwicklungen in Russland.

Zugleich mögen die traumatischen Erfahrungen während des Odessaer Pogroms im Jahr 1905 und die psychologischen Folgen das Sozialleben von Moses Lissiansky und seiner Familie negativ beeinflusst haben. Zwar betont Moses in der Autobiografie, wieviel freier er sich in Österreich-Ungarn im Vergleich zum Zarenreich gefühlt habe, doch sind die langfristen Konsequenzen der massiven Gewaltübung von Nachbarn und anderen Mitbürgern auf die privaten Kontakte der Familie Lissiansky auch außerhalb des Zarenreichs nicht zu unterschätzen. Auffällig ist, dass Moses' wirtschaftliche Beziehungen mit Christen trotz der Erfahrungen mit antisemitischer Gewalt an Frequenz und Intensität eher zunahmen, was sich gewiss Lissianskys Bereitschaft verdankte, dem wirtschaftlichen Erfolg vieles unterzuordnen. Eine Begegnung mit einem antisemitischen Kunden, dem gegenüber Lissiansky seine jüdische Herkunft verbarg, kommentierte er mit folgenden Worten: »It made me feel very bad to have told this lie, but what won't you do when you must do business?«[175]

4.4 Zugehörigkeit und Vertrauen zwischen Odessa und Wien

Auf Grundlage der Auswertung von Moses Lissianskys Memoiren lassen sich eine Reihe Schlüsse über die Bedeutung der ethno-religiösen Zugehörigkeit des Unternehmers für seine wirtschaftlichen Aktivitäten ziehen. Die Verankerung in ethnischen Netzwerken stellte in Odessa eine verlässliche Form struktureller Einbettung dar. Die Akteure nutzen sie intensiv, um die Vertrauenswürdigkeit von Geschäftspartnern zu bestimmen. Die hohe Zahl und große Fluktuation der jüdischen Bevölkerung Odessas war offensichtlich kein Hindernis bei der Einschätzung der geschäftlichen Reputation potenzieller Kunden. Innerethnische Geschäftskontakte wurden bevorzugt, weil hier die Infor-

173 Die heute geläufige Form des Ortsnamens lautet Černivci (Ukraine).
174 Die heute geläufige Form des Ortsnamens lautet Kolomyja (Ukraine).
175 *Lissiansky:* My Life. PFL, 116.

mationsbeschaffung einfacher schien. Ethnische Diversität, wie sie in Odessa vorherrschte, führte deshalb nicht automatisch zu intensiven interethnischen Verflechtugen in der Ökonomie. Eine Überlagerung der verschiedenen Diaspora-Handelsnetzwerke konnte nicht festgestellt werden.

Aber auch innerhalb der ethnischen Netzwerke funktionierte der Informationsfluss bezüglich der Reputation von Mitgliedern nicht immer reibungslos, wobei in Konfliktfällen sowohl auf formale Rechtsorgane zurückgegriffen wurde als auch netzwerkeigene (informelle) Sanktionen Anwendung fanden. Traditionelle jüdische Autoritäten scheinen, im Gegensatz zu Wilna, in Odessa bei geschäftlichen Streitigkeiten keine Rolle gespielt zu haben.

Weiterhin konnte gezeigt werden, dass Gemeinsamkeiten betreffs Sitten, Normen und Einstellungen für ökonomische Kontakte im Zarenreich von großer Relevanz waren. Moses Lissiansky sah sich sowohl mit Formen negativer wie auch positiver Diskriminierung konfrontiert. Unterstützten ihn seine russischen Kunden in einer schwierigen geschäftlichen Phase, begegneten ihm doch häufiger Vorbehalte aufgrund seiner weltanschaulichen und religiösen Zugehörigkeit. Das galt für wirtschaftliche Kontakte mit Juden und Nicht-Juden. So bestanden etwa in Odessa, ähnlich wie in Lodz, exklusive Geschäftsnetzwerke innerhalb gleichgesinnter jüdischer Kreise. Darüber hinaus traf Lissiansky immer wieder auf Geschäftsleute, die mit Juden keine wirtschaftlichen Beziehungen eingehen mochten. Nicht zuletzt stellten die diskriminierenden Gesetze des Zarenreichs ein Hindernis für Lissianskys Unternehmen dar, wobei er vielerlei Wege fand, dennoch erfolgreich zu wirtschaften.

Das Beispiel der problematischen Anfangsphase in Wien entkräftet die These, dass in Diasporagemeinschaften automatisch eine strukturelle Einbettung vorliegt. Vielmehr mussten die Brüder Lissiansky den jüdischen Geschäftspartnern durch Redlichkeit und Zuverlässigkeit zunächst ihre Vertrauenswürdigkeit beweisen. Zuvor stellte das Misstrauen, mit dem sie konfrontiert waren, ein großes Hindernis für erfolgreiche wirtschaftliche Aktivitäten dar.

Was das Zusammenleben der verschiedenen ethnischen Gruppen in Odessa angeht, wurde anhand der Memoiren deutlich, dass in der Mittelschicht intensive soziale Kontakte über ethnische und religiöse Grenzen hinweg existierten. In der wirtschaftlichen Sphäre scheint die interethnische Zusammenarbeit weniger häufig gewesen zu sein als beispielsweise in Lodz, gleichzeitig war sie aber deutlich enger als in Wilna. Zwar intensivierten sich Lissianskys Geschäftskontakte zu Christen im Zeitverlauf, auf der persönlichen Ebene nahmen die Beziehungen zu ihnen aber ab. Insbesondere die antijüdische Gewalt und das allgemeine Chaos des Jahres 1905 erschütterten das Wirtschaftsleben Odessas, was letztendlich die Abwanderung der Brüder Lissiansky nach Wien zur Folge hatte.

Der *Frontier*-Charakter von Odessa als neuer Stadt in einem neuen Land drückte dem Wirtschaftsleben der Hafenstadt seinen Stempel auf. In Ermangelung lokaler oder regionaler Traditionen der ökonomischen Kooperation über ethnische Grenzen hinweg, stellten ethnische Gruppen einen wichtigen Bezugspunkt in der Organisation wirtschaftlicher Transaktionen dar. Die Abwesenheit zuverlässiger staatlicher Rechtsfindungsinstitutionen führte zur Absicherung von Geschäften auf Grundlage vermeintlich geteilter Werte und Normen, auch wenn diese keinen wirklich belastbaren Rahmen boten. Bezeichnend ist, dass die traditionellen Organe der jüdischen Rechtsprechung in Odessa keinerlei Bedeutung hatten. Vielmehr etablierte sich eine Form der Bestrafung opportunistischen Verhaltens mittels Netzwerkeffekten: Wer sich, wie der oben erwähnte Buchhalter, eines Betrugs schuldig machte, musste mit einer dauerhaften Beschädigung seiner Reputation und letztlich dem Ausschluss aus den jüdischen Geschäftsnetzwerken rechnen.

5. Schlussbetrachtungen

Hauptziel der vorliegenden Studie war es zu verstehen, wie Vertrauen in den Wirtschaftsbeziehungen der ausgewählten jüdischen Unternehmer im späten Zarenreich generiert beziehungsweise erhalten wurde und welche Rolle in diesem Zusammenhang ethnische und religiöse Zugehörigkeiten spielten. Analysiert wurden die ökonomischen Kontakte jüdischer Fabrikanten in Wilna, Lodz und Odessa. Ausgehend von einem vielfältigen Quellenkorpus konnte für alle drei Städte gezeigt werden, dass die ethnische und religiöse Zugehörigkeit der Akteure ihre Wirtschaftsbeziehungen nachhaltig prägte. Gleichzeitig konnten die Auswirkungen des radikalen sozioökonomischen Wandels am Ende des 19. Jahrhunderts auf die geschäftlichen Kontakte der jüdischen Unternehmer deutlich gemacht werden. Doch unterschied sich die konkrete Beschaffenheit der Netzwerke und Wirtschaftsbeziehungen sowie ihre Entwicklung in den einzelnen Städten deutlich. Diese Differenzen waren maßgeblich von der jeweiligen Beziehung zur traditionellen jüdischen Lebenswelt Osteuropas geprägt, die in Wilna, Lodz und Odessa unterschiedlich ausfiel.

Drei Städte, drei Welten

Die Auswahl von Lodz, Wilna und Odessa hat sich als produktiv erwiesen. Durch die Kontrastierung der lokalen Kontexte ist es gelungen, die Konfrontation verschiedener jüdischer Milieus mit den gesellschaftlichen und wirtschaftlichen Veränderungen infolge der Industrialisierung nachzuzeichnen. Dabei hat sich die Annahme bestätigt, dass Wilna die größte Nähe zur traditionellen Lebenswelt der osteuropäischen Juden aufwies. Die anfangs vorgenommene, weitere Abstufung zwischen Lodz und Odessa erwies sich allerdings nicht in ihrer gesamten Tragweite als gerechtfertigt. Der Industriestadt im Königreich Polen war als *neuer Stadt im alten Land* eine Mittelstellung zwischen Tradition und Moderne attestiert worden, während die Handelsstadt am Schwarzen Meer als *neue Stadt im neuen Land* emblematisch für die Moderne stehen sollte. Diese Zuschreibung war an die These geknüpft, in Odessa habe die größte Nähe zwischen Christen und Juden bestanden. Doch scheint – zumindest für die behandelten Unternehmen – die interethnische Kooperation auf wirtschaftlichem Gebiet in Lodz wesentlich ausgeprägter gewesen zu sein als in Odessa, wo wiederum die sozialen Kontakte über ethnische Grenzen vielfältiger waren. Eine mögliche Erklärung für diesen Unterschied bietet der Umstand, dass Odessa – trotz aller kulturellen und politischen Innovation, die von dem Ort ausging – ein Handelszentrum und keine Industriestadt blieb. Der Handel war in der Schwarzmeerregion in traditionelle ethnische Netzwerke eingebettet und bot nicht dasselbe Innovationspotenzial wie die aufkommende industrielle Fertigung, welche die Transformation der gesamten Gesellschaftsordnung nach sich zog. Insgesamt konnte anhand der Auswahl der Untersuchungsorte ein breites Panorama jüdischen Lebens und Wirtschaftens entworfen werden, dass unterschiedliche Reaktionen auf die Veränderungen des 19. Jahrhunderts zugänglich machte.

Die Beschaffenheit der Geschäftsnetzwerke

Für die Handelsbeziehungen des Lodzer Textilunternehmers Markus Silberstein spielte die ethnische Zugehörigkeit seiner Geschäftspartner auf lokaler Ebene kaum eine Rolle. In Lodz stand er gleichermaßen mit christlichen und jüdischen Unternehmern in wirtschaftlichem Austausch. Was sein Handelsnetzwerk im restlichen Zarenreich anbelangt, bevorzugte Silberstein hingegen jüdische Geschäftspartner, was mit dem Fehlen supraethnischer Kaufmannsvereinigungen und eines verlässlichen rechtlichen Rahmens – im Russländischen Reich existierte kein kodifiziertes Zivilrecht – erklärbar ist. Der Informationsfluss bezüglich der geschäftlichen Reputation ihrer Mitglieder und die effektiven Sanktionsmechanismen in jüdischen Handelsnetzwerken wogen diese Nachteile auf. Diese Faktoren waren zunächst auch in Silbersteins Fernhandelsaktivitäten wirksam, doch zeigte sich zu Beginn der 1880er Jahre ein bemerkenswerter Umschwung. Jüdische Zulieferer verloren für ihn zunehmend an Bedeutung und wurden durch christliche Geschäftspartner ersetzt. Die enge Zusammenarbeit mit christlichen Unternehmern auf lokaler Ebene hatte Silberstein offensichtlich ermutigt, auch seine internationalen Geschäftsnetzwerke auf Nicht-Juden auszuweiten.

Die Tabakfabrik der Gebrüder Edelstein verfügte hingegen fast ausschließlich über jüdische Geschäftspartner. Dies traf sowohl auf die Wirtschaftsbeziehungen in Wilna, jene im restlichen Zarenreich als auch auf die wenigen Geschäftskontakte im Ausland zu. Den Grund stellte die zentrale Rolle dar, die Juden im Ansiedlungsrayon im Tabakanbau, in der Tabakverarbeitung und im Tabakverkauf spielten, weshalb der direkte Vergleich mit den Gegebenheiten in Lodz nur eingeschränkt möglich war.

Moses Lissiansky schließlich bewegte sich sowohl in jüdischen als auch in nicht-jüdischen Netzwerken. Für die Schuhfabrik, die er gemeinsam mit seinem Bruder in Odessa betrieb, war das Umfeld, das die anderen jüdischen Unternehmer der Stadt schufen, von großer Bedeutung, vor allem für die problemlose Abwicklung von Finanztransaktionen. Gleichzeitig stand Lissiansky als Hauptvertreter der Firma in Kontakt mit den überwiegend christlichen Kunden.

Diese Kombination, enge Kontakte im lokalen jüdischen Umfeld und die Einbindung christlicher Schuhhändler als Abnehmer der Waren, war der Schlüssel zum Erfolg der Lissianskys. Die Übersiedlung nach Wien stellte sie vor ungeahnte Herausforderungen: Besonders die Diskontierung erhaltener Wechsel bereitet ihnen erhebliche Probleme, was ihre Geschäfte aufgrund Kapitalmangels erschwerte. Erst im Laufe einiger Jahre gelang es den Brüdern, ein ähnlich verlässliches und funktionales Geschäftsnetzwerk aufzubauen wie in Odessa. Auch jüdische Geschäftsleute gewährten den Lissianskys in Wien keinen bedingungslosen Vertrauensvorschuss, was zeigt, dass die religiöse Zugehörigkeit der Schuhfabrikanten bei ihren Glaubensgenossen keine wie auch immer geartete automatische Diaspora-Solidarität aktivierte.

Zur Bedeutung weltanschaulicher Einstellungen bei der Vertrauensbildung

Die Bildung wirtschaftlicher Netzwerke basierte nicht allein auf ökonomischen Voraussetzungen. Vielmehr erwiesen sich weltanschauliche Gemeinsamkeiten oder ähnliche Auffassungen in religiösen Fragen als sehr bedeutsam für den Aufbau dauerhafter und belastbarer Geschäftsbeziehungen. Umgekehrt konnten bestimmte Marker ökonomischen Austausch von vornherein ausschließen. Diese Mechanismen strukturierten die informelle institutionelle Einbettung von Vertrauensbeziehung. Erwartete Übereinstimmung in Normen und Gebräuchen stabilisierten also wirtschaftliche Partnerschaften.

Die Memoiren des Odessaer Kaufmanns und Schuhfabrikanten Moses Lissiansky boten reichliches Material zur Illustration des Einflusses weltanschaulicher Komponenten auf die ökonomischen Beziehungen. Ob er als reformorientierter Jude von orthodoxen Glaubensgenossen aus einer Anstellung gedrängt werden sollte, als jüdischer Unternehmer einen Umgang mit antisemitischen Kunden finden musste oder als zugewanderter Fabrikant von seinen Wiener Konkurrenten denunziert wurde – außer-ökonomische Faktoren hatten erhebliche Wirkungen auf seine Geschäftskontakte. Auch das positive Wirken geteilter Einstellungen konnte Lissiansky berichten: Erinnert sei an den jüdischen Lederzulieferer aus Frankfurt am Main. Lissiansky äußerte sich sehr beeindruckt angesichts der gelungenen Kombination traditioneller und moderner Lebensweisen der Frankfurter Juden. Dieses Lob schloss seinen neuen Geschäftspartner ein, ihre Wirtschaftsbeziehung gewann ob der Einmütigkeit in religiösen Fragen an Stabilität.

Auch der Lodzer Textilunternehmer Markus Silberstein vertraute in der Netzwerkbildung auf Gleichgesinnte. Er und viele seiner wichtigen Geschäftspartner beteiligten sich Ende der 1870er Jahren finanziell an der Errichtung einer Grabstätte für einen Vorkämpfer der polnisch-jüdischen Annäherung, was auf eine geteilte Nähe zur reformorientierten Bewegung im Judentum schließen lässt. Zudem waren viele seiner jüdischen Kunden in Warschau wie er

Anhänger des reformorientierten Judentums. Umgekehrt war Silberstein offensichtlich nicht an wirtschaftlichen Beziehungen zu chassidischen oder anderen traditionsorientierten jüdischen Geschäftsleuten interessiert, eine Einstellung, die sehr wahrscheinlich auf Gegenseitigkeit beruhte.

Moral, Religion und Ethnizität: Starke Bindungen als Wettbewerbsnachteil

Welche vielfältigen und durchaus widersprüchlichen Auswirkungen die geteilte Zugehörigkeit zum Judentum auf Wirtschaftsbeziehungen hatte, konnte in erster Linie am Beispiel der Wilnaer Tabakfabrik Edelstein gezeigt werden. Hier entwickelte sich im Laufe der 1890er Jahre ein Konflikt zwischen Arbeitern und Arbeitgebern, der in den Konkurs der Firma mündete. Ursache war die Ablösung des traditionell-religiösen Systems, das die gegenseitigen Verpflichtungen und Rechte von Beschäftigten und Unternehmern strukturierte, durch neue, von Industrialisierung und aufkommendem Kapitalismus geprägte Sozialbeziehungen. Dies führte zu eskalierenden Konflikten und in der Konsequenz zur Pleite der Firma. Dieses drastische Beispiel eines Vertrauensverlusts demonstriert, wie wichtig geteilte Normen und Gebräuche zur Aufrechterhaltung von Wirtschaftsbeziehungen sind. Weil die impliziten Grenzen des Erlaubten überschritten und Tabus verletzt wurden, waren die Folgen für alle beteiligten Akteure schwerwiegend.

Der Konflikt in der Wilnaer Tabakfabrik ist aber auch geeignet, um das Konkurrieren unterschiedlicher Rechts- und Moralvorstellungen zu illustrieren. So stützten sich die Arbeiter auf ein System von Normen und Gebräuchen, das auf den jüdischen Religionsgesetzen, der Halacha, basierte. Die Gebrüder Edelstein strebten hingegen danach, die Beziehung zu ihren Beschäftigten auf Grundlage der im Zarenreich gültigen staatlichen Gesetze zu gestalten. Dies war aber mit den jüdischen Arbeitern nicht möglich, weil im Verhältnis zu ihnen eine Vielzahl an Bindungen automatisch mit wirksam waren: Die gemeinsame Zugehörigkeit zur jüdischen Gemeinde der Stadt schränkte mithin ihre Handlungsoptionen gegenüber den Beschäftigten ein. Dies hing auch mit der spezifischen Beschaffenheit der jüdischen Bevölkerung von Wilna zusammen, da ihre relativ hohe Kohäsionskraft häufig eine Ahndung von Verstößen gegen die impliziten Normen und Gebräuche nach sich zog. Weil die traditionellen Regeln der jüdischen Gemeinschaft von Wilna die kapitalistische Nutzung der Arbeitskraft erschwerten, strebten die Gebrüder Edelstein daher den Austausch ihrer jüdischen Belegschaft durch christliche Zigarettenmacherinnen an.

Auch in den Kontakten zu den Kunden der Tabakfabrik spiegelte sich die Intensität der starken Bindungen unter jüdischen Akteuren wider. Als es zu einem längeren Lieferengpass kam, schrieb ein jüdischer Kleinkaufmann unter Evozierung religiöser Semantiken an die Edelsteins und flehte um Mitleid. Die Möglichkeit, sich auf einen größeren moralisch-religiösen Rahmen zu berufen unterschied die Geschäftsbeziehungen zwischen jüdischen Akteuren von Kontakten mit Nicht-Juden.

Doch boten diese starken Bindungen jüdischen Unternehmern keine wirtschaftlichen Vorteile, sondern stellten im Gegenteil eher eine Belastung dar, weil aus ihnen Verpflichtungen erwuchsen, die den ökonomischen Aktionsradius der Akteure einschränkten. Dies war angesichts der erheblichen wirtschaftlichen Konkurrenz innerhalb der jüdischen Bevölkerung und ihrem intensiven demografischen Wachstum ein klarer Wettbewerbsnachteil. Das bedeutete jedoch nicht, dass jüdische Unternehmer in Wirtschaftsbeziehungen zu Christen keinen moralischen Verpflichtungen unterlagen, doch waren diese anders strukturiert und nicht durch die gemeinsame Religionszugehörigkeit aufgeladen. Daher bildeten die geltenden staatlichen Gesetze die Grundlage der Geschäftskontakte zwischen Juden und Christen, was kapitalistische Wirtschaftsbeziehungen im Übergangzeitraum am Ende des 19. Jahrhunderts begünstigte.

Die traditionelle Lebenswelt der Juden in Osteuropa war von der Spezialisierung auf bestimmte Wirtschaftssektoren und der rechtlichen Autonomie geprägt. Eine eigene Sprache, typische Kleidung und eine spezielle Esskultur kennzeichneten sie als ethnische Gruppe. Zudem existierte noch keine Trennung zwischen säkularer und religiöser Sphäre, sodass die Halacha auch Gültigkeit für die Regelung wirtschaftlicher Streitigkeiten unter Juden beanspruchte. Diese Welt durchlief seit der Mitte des 19. Jahrhunderts einen Wandel: Hatten die starken Bindungen – in Abwesenheit verlässlicher formal-rechtlicher Strukturen in der Zeit vor der Industrialisierung – besonders im Fernhandel die Vertrauensbildung erleichtert, entpuppten sie sich im späteren 19. Jahrhundert teilweise als nachteilig.

Dies kann auch erklären, warum sich der Lodzer Textilunternehmer Markus Silberstein von seinen jüdischen Geschäftsnetzwerken im Fernhandel abwandte. Der Aufbau von Wirtschaftsbeziehungen mit christlichen Wollzulieferern in den 1880er Jahren versprach etwa das Erzielen besserer Preise. Doch boten die jüdischen Geschäftsnetzwerke im Zarenreich aufgrund des guten Informationsflusses und der Sanktionierung unzuverlässiger Akteure so große Vorteile, dass sie auch nach der Umorientierung im Fernhandel ihre zentrale Bedeutung für den Absatz von Silbersteins Produkten beibehielten.

Die Zusammensetzung der Arbeiterschaft der Textilfabrik Silberstein und der Schuhfabrik der Gebrüder Lissiansky deutet darauf hin, dass die Beschäftigung jüdischer Arbeiter eher vermieden wurde. So waren bei den Unternehmen in Lodz und Odessa im Gegensatz zur Tabakfabrik der Gebrüder Edelstein in Wilna fast ausschließlich christliche Arbeiter angestellt. Zwar kam es auch bei Silberstein und den Gebrüdern Lissiansky zu Konflikten mit den Beschäftigten und zu Streiks; im Jahr 1907 wurde einer der Söhne Silbersteins gar von einem Arbeiter der Fabrik ermordet. Dennoch waren die Auseinandersetzungen auf die Fabriken begrenzt und weniger durch moralisch-religiöse Grundsatzfragen aufgeladen als die Geschehnisse um das Tabakunternehmen in Wilna Mitte der 1890er Jahre.

Gleichzeitig konnte anhand der Geschäftspraktiken von Moses Lissiansky nachgewiesen werden, dass starke Bindungen in spezifischen Fällen weiter wirksam waren. Die Absicherung der Finanztransaktionen Lissianskys erfolgte etwa mittels jüdischer Vertrauensnetzwerke. Beim Umgang mit betrügerischen Machenschaften wandte Lissiansky eine gemischte Strategie an und bediente sich sowohl staatlicher Behörden als auch Sanktionsmechanismen der jüdischen Gemeinschaft.

Zudem lagen starke Bindungen allen drei Firmen zugrunde, insofern sie klassische Familienunternehmen waren. Letztendlich wurde Geschwistern, Kindern, Schwagern oder Cousins bei Kernaufgaben in den Betrieben leichter Vertrauen geschenkt als anderen Personen. Natürlich kam es trotzdem zu Konflikten, doch war die Zugehörigkeit zu einer Familie offensichtlich das beständigste Bindemittel. Eine weitere produktive Form der starken Bindung konnte im Falle der Lissianskys nach ihrer Übersiedlung nach Wien beobachtet werden. Bei der Auswahl von Büroangestellten bevorzugte Moses laut seinen Memoiren Personen, die ebenfalls jüdische Odessiten waren. Aufgrund der gemeinsamen Herkunft fiel es ihm allem Anschein nach besonders leicht, Vertrauen zu fassen. Dies deutet auf eine spezifische Diaspora-Konstellation hin, die sich nicht auf alle russischen Juden oder gar alle Juden erstreckte, sondern auf eine eng umgrenzte lokale Gruppe beschränkte. In Kombination mit schwachen Bindungen zu Kunden und Arbeitern waren Vertrauensbeziehungen zu Familienmitgliedern oder Personen aus dem gleichen Herkunftskontext für Markus Silberstein, die Gebrüder Lissiansky und die Gebrüder Edelstein weiterhin von großer Bedeutung.

Antisemitismus, Pogrome und diskriminierende Gesetze

Die wirtschaftlichen Praktiken der untersuchten jüdischen Fabrikanten wurden zudem von den politischen und gesellschaftlichen Bedingungen im Zarenreich nachhaltig beeinflusst. Zwar waren jüdische Unternehmer größtenteils von den Beschränkungen für die jüdische Bevölkerung im Russländischen Reich ausgenommen, dennoch wurden sie an vielen Punkten mit der antisemitischen Realität des Zarenreichs konfrontiert. Dies erstreckte sich von Betretungsverboten für bestimmte Orte über den Ausschluss aus Handelsnetzwerken bis hin zur Bedrohung ihrer körperlichen Unversehrtheit. Diese Faktoren spiegelten sich in erster Linie in den sozialen Beziehungen der Unternehmer wider. Obgleich Markus Silberstein ein hoch angesehener Bürger war, dem sogar eine Audienz beim Zaren gewährt wurde, verfügte er nur über spärliche Kontakte zu christlichen Unternehmern außerhalb der ökonomischen Sphäre. Dennoch übernahm er bestimmte Elemente der christlich-großbürgerlichen Lebensweise, wenn er sie auch in verwandelter Form in die jüdische Lebenswelt integrierte. Moses Lissiansky pflegte in Odessa enge soziale Beziehungen zu Christen, ehe er während des Pogroms von 1905 grausame Gewalttaten mitansehen musste und sich später in Wien kaum noch privat unter Christen bewegte. Die wirtschaftlichen Verbindungen zu Christen intensivierte er hingegen und war dafür sogar bereit, seine jüdische Zugehörigkeit zu verschleiern.

Auch wenn Silberstein und Lissiansky Ausgrenzung, Diskriminierung und Gewalt durch Christen erfuhren, suchten sie – den materiellen Notwendigkeiten folgend und nach wirtschaftlichem Erfolg strebend – die intensivere Zusammenarbeit mit christlichen Unternehmern. Dieser Pragmatismus ermöglichte ihnen trotz schwieriger Umstände die Führung erfolgreicher Firmen, die in ihren jeweiligen Sektoren von herausragender Bedeutung waren. Dies bestätigt einerseits die Annahme, dass aus interethnischen Wirtschaftsbeziehungen keine Freundschaften erwachsen müssen. Andererseits zeigt es, dass jüdische Unternehmer im Zarenreich nicht allein Objekte antijüdischer Gesetze oder diskriminierender gesellschaftlicher Praktiken waren, sondern als Subjekte aktiv ihre Umgebung gestalteten und Wege fanden, mit den Gegebenheiten umzugehen.

Abkürzungen

APŁ	Archiwum Państwowe w Łodzi (Lodzer Staatsarchiv)
Bund	Algemeyner Yidisher Arbeter Bund in Lite, Poyln un Rusland (Allgemeiner Jüdischer Arbeiterbund von Litauen, Polen und Russland)
CAHJP	Central Archives for the History of the Jewish People
Dtn	Deuteronomion
GAOO	Gosudarstvennyj Archiv Odesskoj Oblasti (Staatsarchiv des Oblast Odessa)
IISH	International Institut for Social History
Jes	Jesaja
LVIA	Lietuvos valstybės istorijos archyvas (Litauisches Historisches Staatsarchiv)
PFL	Privatarchiv der Familie Lissance
Ps	Buch der Psalmen
RGIA	Rossijskij Gosudarstvennyj Istoričeskij Archiv (Russländisches Historisches Staatsarchiv)
Sig.	Signatur
YIVO	YIVO Institute for Jewish Research

Quellen und Literatur

Ungedruckte Quellen

Archiwum Państwowe w Łodzi (Lodz, APŁ)

Społki Akcyjnej Wyrobow wełnianych i bawełnianych M. Silberstein w Łodzi, General-Memorial (1873–1899) (Sig. 117)

Społki Akcyjnej Wyrobow wełnianych i bawełnianych M. Silberstein w Łodzi, Saldo-Bilanz (1880–1887) (Sig. 11)

Społki Akcyjnej Wyrobow wełnianych i bawełnianych M. Silberstein w Łodzi, Memorial (1892–1899) (Sig. 118)

Central Archives for the History of the Jewish People (Jerusalem, CAHJP)

Petrokovskij gubernskij sovet. O darenii Markusom Ioachimovičem i Teresoju Moiseevnoju suprugami Zil'berštejn 3000r. v pol'zu Lodzinskoj evrejskoj bol'nicy (18.12.1892–16.12.1893) (HM7248c)

Gosudarstvennyj Archiv Odesskoj Oblasti (Odessa, GAOO)

O žalobe Ovidiopol'skogo kupečeskago synov Samoila Fišeroviča na Odesskago kupca Mojseja Zil'pera zaneplatel' voznagradenija za službu prikaščika po zakupke zernowago chleba (Fond 18, Opis' 1, Delo 963)

Lietuvos valstybės istorijos archyvas (Vilnius, LVIA)

Tovariščestvo tabačnoj fabriki G. i L. Ėdel'štejnov v g. Vil'no. Sčeta, vekselja i delovaja perepiska G. i L. Ėdel'štejnov s različnymi kupcami i predstaviteljami firm (Fond 602, Opis' 1, Delo 1–9)

Privatarchiv der Familie Lissance (Albuquerque, PFL)

My Life. Englischsprachige Übersetzung der Memoiren von Moses Lissiansky

Some experiences remembered. Memoiren von Arnold Lissance

Sammlung von Briefen und Postkarten der Familie

Rossijskij Gosudarstvennyj Istoričeskij Archiv (Sankt Petersburg, RGIA)

Delo o vremennom sochronenii zdanija sinagogom Odesskogo evrejskogo remeslennogo obščestva (Fond 821, Opis' 8, Delo 7)

Evrei v Odesse (Fond 821, Opis' 8, Delo 2)

The National Archives (London, TNA)

Will of Nathan Pintus Nathan of Hamburg, Germany (18.3.1857) (PROB 11/2248/232)

Gedruckte Quellen

Zeitungs- und Zeitschriftenartikel

D.n.: Tymczasowa lista nagród [Vorläufige Liste der Auszeichnungen]. In: Gazeta Handlowa, Nr. 219 vom 20.9.(2.10.)1882, 2.
Elkan: Z życia [Aus dem Leben]. In: Izraelita, Nr. 29 vom 14.(26.)7.1889, 232–234.
Emes: Z Łodzi [Aus Lodz]. In: Izraelita, Nr. 21 vom 19.(31.)5.1895, 174.
Fyn: Łódzkie instytucje filantropijne [Philanthropische Institutionen in Lodz]. In: Izraelita, Nr. 21 vom 17.(29.) 5.1896, 181–182.
N: Nowa synagoga i jej otwarcie [Die neue Synagoge und ihre Eröffnung]. In: Izraelita, Nr. 37 vom 11.(23.)09.1887, 295–297.
NK: Łódź, we wrześniu [Lodz im September]. In: Izraelita, Nr. 37 vom 5.(17.)9.1897, 354–355.
–: Łódź, w sierpniu [Lodz im August]. In:Izraelita, Nr. 32 vom 7.(19.)8.1898, 337–338.
–: Łódź w grudniu [Lodz im Dezember]. In: Izraelita, Nr. 49 vom 11.(23.)12.1898, 519–520.
O. V.: Ueber Bankerotte. Ein sehr beherzigungswertes Wort zu seiner Zeit. In: Neues Journal für Fabriken, Manufacturen, Handlung, Kunst und Mode 1/7 (1809) 3–19.
O. V.: Kronika Krajowa [Landeschronik]. In: Gazeta Handlowa, Nr. 258 vom 9.(21.)11.1871, 3.
O. V.: Na sporządzenie grobowca [Zur Graberrichtung]. In: Izraelita, Nr. 16 vom 13.(25.)4.1879, 135.
O. V.: Lista [Liste]. In: Kurjer Warszawski, Nr. 82 vom 2.(14.)4.1880, 2–3.
O. V.: Fremden-Liste. In: Ischler Cur-Liste, Nr. 31 vom 9.9.1880, ohne Paginierung.
O. V.: Kronika Krajowa [Landeschronik]. In: Gazeta Handlowa, Nr. 178 vom 28.7.(9.8.)1886, 3.
O. V.: Wielki przemyśł [Die Großindustrie]. In: Kurjer Warszawski, Nr. 29 vom 17.(29.)1.1888, 1–4.
O. V.: Wspomnienia pośmiertne [Posthume Erinnerungen]. In: Izraelita, Nr. 6 vom 25.1.(6.2.)1891, 58.
O. V.: Na rzecz [Zur Sache]. In: Kurjer Warszawski, Nr. 142 vom 13.(25.)5.1891, 5.
O. V.: Na zasadzie … [Auf Grundlage …]. In: Kurjer Warszawski, Nr. 105 vom 2.(14.)4.1892, 5.
O. V.: W Łodzi [In Lodz]. In: Kurjer Warszawski, Nr. 126 vom 25.4.(7.5.)1892, 3.
O. V.: Łódż. 10-go maja [Lodz. 10. Mai]. In: Kurjer Warszawski, Nr. 129 vom 29.4.(11.5.)1893, 7.
O. V.: Kronika handlowa [Nachrichten aus dem Handel]. In: Gazeta Handlowa, Nr. 118 vom 13.(25.)5.1893, 3.
O. V.: Na przytulisko [In der Zufluchtsstätte]. In: Kurjer Warszawski, Nr. 130 vom 30.4.(12.5.)1894, 5.
O. V.: Zarząd łódzkich kolonij letnich [Vorstand der Lodzer Sommerlager]. In: Izraelita, Nr. 39 vom 22.9.(4.10.)1895, 324.
O. V.: Ein siegreicher Streik der Zigarettenstopfer. In: Arbeiter-Zeitung, Nr. 278 vom 10.10.1895, 6.
O. V.: Kronika handlowa [Nachrichten aus dem Handel]. In: Gazeta Handlowa, Nr. 152 vom 24.6.(6.7.)1896, 2–3.
O. V.: Z wycieczki do Łodzi [Von einem Ausflug nach Lodz]. In: Izraelita, Nr. 18 vom 26.4.(8.5.)1896, 156.
O. V.: Echa łódzkie [Echo Lodz]. In: Kurjer Warszawski, Nr. 85 vom 14.(26.)3.1896, 5.
O. V.: Nagrody [Auszeichnungen]. In: Słowo, Nr. 216 vom 10.(22.)9.1896, 3–4.
O. V.: Aus Sosnowice. In: Evangelisch-Lutherisches Kirchenblatt, Nr. 18 vom 18.(30.)9.1896, 142–143.
O. V.: Der kampf fun di arbeyter af edelshteynis fabrik [Der Kampf der Arbeiter in Edelsteins Fabrik]. In: Der yidisher arbeyter 2/4/5 (1897) 23–26.

O. V.: Milioner i malarze [Der Millionär und die Maler]. In: Gazeta Narodowa (Dodatek), Nr. 95 vom 4.(16.)4.1897, 1.
O. V.: Z prowincji [Aus der Provinz]. In: Izraelita, Nr. 12 vom 13.(25.)3.1898, 129.
O. V.: Obituary. Sir Gustavus Nathan. In: Jewish Chronicle, Nr. 1733 vom 20.6.1902, 13.
O. V.: Un médium aristocratique. La Princesse Karadja. In: Revue des Études Psychiques 2/3/4 (1902) 83–89.
O. V.: Sammlung der »Neuen Freien Presse« für die Hilfsaktion der Frau Anita Müller für die Flüchtlinge aus Galizien und der Bukowina. In: Neue Freie Presse, Nr. 18235 vom 30.5.1915, 11.
O. V.: Mitteilungen des Keren Kajemeth. In: Die Stimme. Jüdische Zeitung, Nr. 617 vom 5.2.1937, 8.
Osser, H.: Z miasta i kraju [Aus Stadt und Land]. In: Izraelita, Nr. 15 vom 31.3.(12.4.)1889, 123.
Sp: Z żałobnej karty [Aus der Beleidsbekundung]. In: Izraelita, Nr. 10 vom 26.2.(10.3.)1899, 101–102.
V.: Ueber Fabrik-Anlagen, mit besonderer Rücksicht auf Schlesien. In: Neues Journal für Fabriken, Manufacturen, Handlung, Kunst und Mode 1/11 (1809) 411–422.

Memoiren

Abramowicz, Hirsz: Profiles of a Lost World. Memoirs of East European Jewish Life before World War II. Detroit 1999.
Bernshtayn, Leon: Ershte shprotsungen: zikhroynes [Erste Triebe: Erinnerungen]. Buenos-Aires 1956.
Dvorzetsky, Mark Meir: Yerusholayim de-Lita in kamf un umkum. Zikhroynes fun vilner geto [Das Jerusalem Litauens in Kampf und Untergang. Erinnerungen an das Wilnaer Ghetto]. Paris 1948.
Gožanskij, Šmul: Evrejskoe rabočee dviženie načala 90-ch godov [Die jüdische Arbeiterbewegung zum Beginn der 90er Jahre]. In: *Sekcija po izučeniju revoljucionnogo dviženija sredi evreev pri obščestve politkatoržan i ssyl'no-poselencev* (Hg.): Revoljucionnoe dviženie sredi evreev. Sbornik pervyj [Die revolutionäre Bewegung unter den Juden. Erster Sammelband]. Moskva 1930, 81–93.
Martov, Julij: Zapiski social-demokrata. Kniga pervaja [Erinnerungen eines Sozialdemokraten. Erstes Buch]. Berlin u. a. 1922.
Mayer, Bernhard: Interessante Zeitgenossen. Lebenserinnerungen eines jüdischen Kaufmanns und Weltbürgers. Konstanz 1998.
Mayer, Sigmund: Ein jüdischer Kaufmann 1831 bis 1911. Lebenserinnerungen. Leipzig 1911.
Mill, John: Pionern un boyer. Memuarn. Bd. 1 [Pioniere und Erbauer. Memoiren. Bd. 1]. New York 1946.

Sonstige gedruckte Quellen

Filature de laine peignée Germain & Co (Hg.): Notice historique sur la Filature de Laine Peignée de Malmerspach. Dédiée par la gérance à Messieurs les Actionnaires. Mulhouse 1884.
Gožanskij, Šmul: Der shtadt-magid. E-n erstsehlung fun yidishen leben. [Der Stadt-Maggid. Eine Erzählung vom jüdischen Leben]. Vil'na [Lemberg] 1897.
Heyden, Wilhelm: Die Mitglieder der Hamburger Bürgerschaft 1859–1862. Hamburg 1909.
Janžul, Ivan I.: Otčet I. I. Janžula po izsledovaniju fabričnozavodskoj promyšlennosti v carstve pol'skom [Bericht von I. I. Janžul über die Untersuchung der Fabrikindustrie im Königreich Polen]. Sankt-Peterburg 1888.

Kahan, Lazar: Lazar Kahan's ilustirerter yohrbukh far industrie, handel un finansen [Lazar Kahans illustriertes Jahrbuch für Industrie, Handel und Finanzen]. Lodz, Varsha 1925.

Landau, Saul R.: Unter jüdischen Proletariern. Reiseschilderungen aus Ostgalizien und Russland. Wien 1898.

Martov, Julij: Evrejskie rabočie protiv evrejskich kapitalistov [Jüdische Arbeiter gegen jüdische Kapitalisten]. In: Rabotnik 1/1/2 (1896) 81–88 (2. Teil).

O. V.: Atti dell'XI Congresso Medico Internazionale. Roma, 29 Marzo–5 Aprile 1894. Vol. IV. Psichiatria, neuropatologia ed antropologia criminale, e chirurgia ed ortopedia. Torino 1895.

O. V.: Kronologie fun der yidisher arbeyter bavegung in die yohren 1876–1922 [Chronologie der jüdischen Arbeiterbewegung in den Jahren 1876–1922]. In: *Yeshurin,* Yefim (Hg.): Vilne: a zamelbukh gevidmet der shtot Vilne. [Wilna: Ein Sammelband gewidmet der Stadt Wilna]. Nyu York 1935, 245–263.

Orlov, Petr Aleksandrovič: Ukazatel' fabrik i zavodov evropejskoj Rossii s carstvom pol'skim i vel. kn. Finljandskim. Materialy dlja fabrično-zavodskoj statistiki. [Verzeichnis der Fabriken und Betriebe des europäischen Russlands mit dem Königreich Polen und dem Großfürstentum Finnland. Materialien für die Fabrik- und Betriebsstatistik]. Sankt-Peterburg 1881.

–: Ukazatel' fabrik i zavodov evropejskoj Rossii i carstva pol'skago. Materialy dlja fabrično-zavodskoj statistiki. [Verzeichnis der Fabriken und Betriebe des europäischen Russlands und des Königreichs Polen. Materialien für die Fabrik- und Betriebsstatistik]. Sankt-Peterburg 1887.

–: Ukazatel' fabrik i zavodov evropejskoj Rossii. Materialy dlja fabrično-zavodskoj statistiki. [Verzeichnis der Fabriken und Betriebe des europäischen Russlands. Materialien für die Fabrik- und Betriebsstatistik]. Sankt-Peterburg 1894.

–: Ukazatel' fabrik i zavodov okrain Rossii: Carstva Pol'skago, Kavkaza, Sibiri i Sredne-Aziatskich Vladnij. Materialy dlja fabrično-zavodskoj statistiki. [Verzeichnis der Fabriken und Betriebe der Randgebiete Rußlands: Königreich Polen, Kaukasus, Sibirien und Zentralasiens. Materialien für die Fabrik- und Betriebsstatistik]. Sankt-Peterburg 1895.

Pinsker, Leon: Autoemancipation! Mahnruf an seine Stammesgenossen von einem russischen Juden. Berlin 1882.

Rülf, Isaac: Drei Tage in Jüdisch-Russland. Ein Cultur- und Sittenbild. Frankfurt am Main 1882.

Silberstein, Mieczyslaw: Über ein neues Isomeres des Rosindulins. Lausanne 1901.

Subbotin, Andre P.: V čerte evrejskoj osedlosti. Otryvki iz ėkonimičeskich izsledovanij v zapadnoj i jugo-zapadnoj Rossii za leto 1887 g. Minsk, Vil'na, Kovna i ich raiony [Im jüdischen Ansiedlungsrayon. Auszüge aus ökonomischen Studien zum westlichen und südwestlichen Russland aus dem Sommer 1887. Minsk, Wilna, Kowno und ihre Bezirke]. Sankt-Peterburg 1888.

Voigt, Christian Friedrich Traugott: Deutsches Handwörterbuch für die Geschäftsführung, den Umgang und die Lectüre. In zwei Bänden. Zweiten Bandes zweite Abtheilung R–Z. Leipzig 1807.

Warsaw. In: The Encyclopædia Britannica. A Dictionary of Arts, Sciences, and General Literature. The R. S. Pale Imprint. Vol. XXIV. Chicago 1890, 375–377.

Zinov'ev, Nikolaj Vasil'evič: Vil'na, po perepisi 18 Aprelja 1875 goda, proizvedennoj pod rukovodstvom severozapadnago otdela imperatorskago russkago geografičeskago obščestva [Wilna nach dem Zensus vom 18. April 1875, durchgeführt unter der Leitung der nordwestlichen Abteilung der zarischen russischen geografischen Gesellschaft]. Vil'na 1881.

Literatur

Abraham, Martin: Die Rolle von Vertrag, Macht und sozialer Einbettung bei wirtschaftlichen Transaktionen. In: Kölner Zeitschrift für Soziologie und Sozialpsychologie 53/1 (2001) 28–49.

Adunka, Evelyn: Tempel, Bethäuser und Rabbiner. In: *Stern*, Frank/*Eichinger*, Barbara (Hg.): Wien und die jüdische Erfahrung 1900–1938. Akkulturation – Antisemitismus – Zionismus. Wien u.a. 2009, 131–142.

Agranovskij, Genrich: Oni zdes' žili ... Zametki o evrejskom nasledii Vil'njusa [Sie lebten hier ... Notizen zum jüdischen Erbe von Vilnius]. Vilnius 2014.

Alperin, Aron: Żydzi w Łodzi [Die Juden in Lodz]. Łódź 1928.

Anan'ič, Boris Vasil'evič/*Dal'mann*, Ditmar/*Petrov*, Jurij A. (Hg.): Častnoe predprinimatel'stvo v dorevoljucionnoj Rossii: Ėtnokonfessional'naja struktura i regional'noe razvitie, XIX – načalo XX v. [Privatunternehmen im vorrevolutionären Russland. Ethnokonfessionelle Struktur und regionale Entwicklung im 19. und frühen 20. Jahrhundert]. Moskva 2010.

Ananich, Boris: The Russian Economy and Banking System. In: *Lieven*, Dominic (Hg.): Cambridge History of Russia. Imperial Russia, 1689–1917. Vol. II. Cambridge 2006, 394–425.

Arad, Yitzhak: Ghetto in Flames. The Struggle and Destruction of the Jews in Vilna in the Holocaust. Jerusalem 1980.

Aust, Cornelia: Merchants, Army Suppliers, Bankers: Transnational Connections and the Rise of Warsaw's Jewish Mercantile Elite (1770–1820). In: *Dynner*, Glenn/*Guesnet*, François (Hg.): Warsaw. The Jewish Metropolis. Essays in Honor of the 75th Birthday of Professor Antony Polonsky. Leiden, Boston 2015, 42–69.

Aust, Martin/*Schenk*, Frithjof Benjamin (Hg.): Imperial Subjects. Autobiographische Praxis in den Vielvölkerreichen der Romanovs, Habsburger und Osmanen im 19. und frühen 20. Jahrhundert. Köln u.a. 2015.

Axelrod, Robert M.: The Evolution of Cooperation. New York 1984.

Baberowski, Jörg (Hg.): Moderne Zeiten? Krieg, Revolution und Gewalt im 20. Jahrhundert. Bonn 2006.

Baberowski, Jörg/*Feest*, David/*Gumb*, Christoph (Hg.): Imperiale Herrschaft in der Provinz. Repräsentationen politischer Macht im späten Zarenreich. Frankfurt am Main 2008.

Badziak, Kazimierz: Great Capitalist Fortunes in the Polish Lands Before 1939 (The Case of the Poznański Family). In: *Polonsky*, Antony (Hg.): Jews in Łódź. Oxford 1991, 57–87.

Badziak, Kazimierz/*Chylak*, Karol/*Łapa*, Małgorzata: Łódź wielowyznaniowa. Dzieje wspólnot religijnych do 1914 roku [Das multireligiöse Lodz. Die Geschichte der Religionsgemeinschaften bis 1914]. Łódź 2014.

Bali, Rıfat N. (Hg.): Portraits from a Bygone Istanbul. Georg Mayer and Simon Brod. Istanbul 2010.

Balkelis, Tomas: Opening Gates to the West: Lithuanian and Jewish Migrations from the Lithuanian Provinces, 1867–1914. In: Etniškumo Studijos/Ethnicity Studies 8/1–2 (2010) 41–66.

Baron, Salo W./*Marx*, Alexander (Hg.): Jewish Studies in Memory of George A. Kohut. New York 1935.

Bartal, Israel: The Jews of Eastern Europe, 1772–1881. Philadelphia 2005.

Beable, William Henry: Commercial Russia. London 1918.

Beckenbach, Niels/*van Treeck*, Werner (Hg.): Umbrüche gesellschaftlicher Arbeit. Göttingen 1994.

Beckert, Sven: Empire of Cotton. A Global History. New York 2014.

Bedoire, Fredric: The Jewish Contribution to Modern Architecture, 1830–1930. Jersey City 2004.

Ben-Porath, Yoram: The F-Connection: Families, Friends, and Firms and the Organization of Exchange. In: Population and Development Review 6/1 (1980) 1–30.

Berg, Nicolas: Luftmenschen. Zur Geschichte einer Metapher. Göttingen 2008.

Berghoff, Hartmut: Die Zähmung des entfesselten Prometheus? Die Generierung von Vertrauenskapital und die Konstruktion des Marktes im Industrialisierungs- und Globalisierungsprozess. In: *Ders./Vogel*, Jakob (Hg.): Wirtschaftsgeschichte als Kulturgeschichte. Dimensionen eines Perspektivenwechsels. Frankfurt am Main u. a. 2004, 143–168.

–: Zwischen Kleinstadt und Weltmarkt. Hohner und die Harmonika 1857–1961. Unternehmensgeschichte als Gesellschaftsgeschichte. Paderborn u. a. 1997.

Berghoff, Hartmut/*Vogel*, Jakob (Hg.): Wirtschaftsgeschichte als Kulturgeschichte. Dimensionen eines Perspektivenwechsels. Frankfurt am Main u. a. 2004.

Bernstein, Lina: Merchant »Correspondence« and Russian Letter-Writing Manuals. Petr Ivanovich Bogdanovich and His Pis'movnik for Merchants. In: The Slavic and East European Journal 46/4 (2002) 659–682.

Beyrau, Dietrich: Aus der Subalternität in die Sphären der Macht. Die Juden im Zarenreich und Sowjetrussland (1860–1930). In: *Baberowski*, Jörg (Hg.): Moderne Zeiten? Krieg, Revolution und Gewalt im 20. Jahrhundert. Bonn 2006, 61–93.

Beyrau, Dietrich/*Kahan*, Arcadius (Hg.): Ost- und Südosteuropa 1850–1914. Stuttgart 1980.

Bielschowsky, Frida: Die Textilindustrie des Lodzer Rayons. Ihr Werden und ihre Bedeutung. Leipzig 1912.

Bokarev, Iurii P.: Tobacco Production in Russia. The Transition to Communism. In: *Romaniello*, Matthew P./*Starks*, Tricia (Hg.): Tobacco in Russian History and Culture. From the Seventeenth Century to the Present. New York, London 2009, 148–157.

Boyer, Christoph: Netzwerk und Geschichte: Netzwerktheorien und Geschichtswissenschaften. In: *Unfried*, Berthold (Hg.): Transnationale Netzwerke im 20. Jahrhundert. Historische Erkundungen zu Ideen und Praktiken, Individuen und Organisationen. Leipzig 2008, 47–58.

Braudel, Fernand: Sozialgeschichte des 15.–18. Jahrhunderts. Bd. 2: Der Handel. München 1990.

Brechelmacher, Angelika: Post 41. Berichte aus dem Getto Litzmannstadt. Ein Gedenkbuch. Wien 2015.

Brenner, Michael: Geschichte des Zionismus. München 2002.

Briedis, Laimonas: Vilnius. City of Strangers. Vilnius 2008.

Bühler, Hildegund: Das Arnold-Lissance-Archiv an der Universität Wien. Gedanken zum Konzept eines Translator's Dictionary. In: *Magay*, Tamás/*Zigány*, Judit (Hg.): BudaLEX '88 Proceedings. Papers from the EURALEX Third International Congress. Budapest 1990, 411–419.

Burgin, Herts: Di geshikhte fun der yidisher arbayter bevegung in amerika, rusland un england [Die Geschichte der jüdischen Arbeiterbwegung in Amerika, Russland und England]. Nyu-York 1915.

Chapman, Stanley: Merchant Enterprise in Britain. From the Industrial Revolution to World War I. Cambridge 1992.

Clowes, Edith W./*Kassow*, Samuel D./*West*, James L. (Hg.): Between Tsar and People. Educated Society and the Quest for Public Identity in Late Imperial Russia. Princeton 1991.

Cohen, Abner: Cultural Strategies in the Organization of Trading Diasporas. In: *Meillassoux*, Claude (Hg.): The Development of Indigenous Trade and Markets in West Africa. London 1971, 266–281.

Cohen, Israel: Vilna. Philadelphia 1943.

Cohen, Richard I.: Jewish Icons. Art and Society in Modern Europe. Berkeley u. a. 1998.

Crago, Laura A.: The »Polishness« of Production: Factory Politics and the Reinvention of Working-Class National and Political Identities in Russian Poland's Textile Industry, 1880–1910. In: Slavic Review 59/1 (2000) 16–41.

Curtin, Philip D.: Cross-Cultural Trade in World History. Cambridge 1984.

Dahlmann, Dittmar/*Heller,* Klaus/*Petrov,* Jurij A. (Hg.): Protestanten und Altgläubige – Juden und Muslime. Die ethno-konfessionelle Struktur der russländischen Unternehmerschaft vor 1914. Essen 2015.

Dalferth, Ingolf U./*Hunziker,* Andreas (Hg.): Mitleid. Konkretionen eines strittigen Konzepts. Tübingen 2007.

Davies, Franziska: Eine imperiale Armee – Juden und Muslime im Dienste des Zaren. In: Jahrbuch des Simon-Dubnow-Instituts 12 (2013) 151–172.

Davis, Natalie Zemon: Women on the Margins: Three Seventeenth-century Lives. Cambridge/Massachusetts, London 1995.

Deiss, Richard: Elbflorenz und Spree-Athen: 555 Städtebeinamen und Stadtklischees von Blechbudenhausen bis Schlicktown. Norderstedt 2013.

Denzel, Markus A./*Hocquet,* Jean Claude/*Witthöft,* Harald (Hg.): Kaufmannsbücher und Handelspraktiken vom Spätmittelalter bis zum beginnenden 20. Jahrhundert. Merchant's Books and Mercantile Pratiche from the Late Middle Ages to the Beginning of the 20th Century. Stuttgart 2002.

Depkat, Volker: Autobiographie und die soziale Konstruktion von Wirklichkeit. In: Geschichte und Gesellschaft 29 (2003) 441–476.

Dmitrieva, Marina/*Petersen,* Heidemarie (Hg.): Jüdische Kultur(en) im Neuen Europa: Wilna 1918–1939. Wiesbaden 2004.

Dohrn, Verena: Das Rabbinerseminar in Wilna (1847–1873). Zur Geschichte der ersten staatlichen höheren Schule für Juden im Russischen Reich. In: Jahrbücher für Geschichte Osteuropas 45 (NF)/3 (1997) 379–400.

Dore, Ronald: Goodwill and the Spirit of Market Capitalism. In: The British Journal of Sociology 34/4 (1983) 459–482.

Dotson, John: Fourteenth Century Merchant Manuals and Merchant Culture. In: *Denzel,* Markus A./*Hocquet,* Jean Claude/*Witthöft,* Harald (Hg.): Kaufmannsbücher und Handelspraktiken vom Spätmittelalter bis zum beginnenden 20. Jahrhundert. Merchant's Books and Mercantile Pratiche from the Late Middle Ages to the Beginning of the 20th Century. Stuttgart 2002, 75–88.

Dubnov, Simon M.: Kniga žizni. Vospominanija i razmyšlenija. Materialy dlja istorii moego vremeni. Tom pervyj [Buch des Lebens. Erinnerungen und Betrachtungen. Materialien zur Geschichte meiner Zeit. Erster Band]. Riga 1934.

Dynner, Glenn: Men of Silk. The Hasidic Conquest of Polish Jewish Society. Oxford 2006.

Dynner, Glenn/*Guesnet,* François (Hg.): Warsaw. The Jewish Metropolis. Essays in Honor of the 75th Birthday of Professor Antony Polonsky. Leiden, Boston 2015.

Dyroff, Stefan/*Radziszewska,* Krystyna/*Röskau-Rydel,* Isabel: Lodz jenseits von »Fabriken, Wildwest und Provinz«. Kulturwissenschaftliche Studien über die Deutschen in und aus den polnischen Gebieten. München 2009.

Edwards, Jeremy/*Ogilvie,* Sheilagh: Contract Enforcement, Institutions, and Social Capital: the Maghribi Traders Reappraised. In: Economic History Review 65/2 (2012) 421–444.

Effenberger, Edmund: Das Lodzerdeutsch. Die Umgangssprache der Deutschen im Lodzer Raum bis 1945. Mönchengladbach 2010.

Eklof, Ben/*Bushnell,* John/*Zakharova,* Larissa (Hg.): Russia's Great Reforms, 1855–1881. Bloomington, Indianapolis 1994.

Elon, Menahem: Jewish Law. History, Sources, Principles. Ha-Mishpat Ha-Ivri. Vol. 1. Philadelphia, Jerusalem 1994.

Elwert, Georg: Sanktionen, Ehre und Gabenökonomie. Kulturelle Mechanismen der Einbettung von Märkten. In: *Berghoff,* Hartmut/*Vogel,* Jakob (Hg.): Wirtschaftsgeschichte als Kulturgeschichte. Dimensionen eines Perspektivenwechsels. Frankfurt am Main u. a. 2004, 117–142.

Engelstein, Laura: Morality and the Wooden Spoon: Russian Doctors View Syphilis, Social Class, and Sexual Behavior, 1890–1905. In: Representations 14 (1986) 169–208.

Etkes, Immanuel: The Gaon of Vilna. The Man and His Image. Berkeley u. a. 2002.

Fairbank, John King/*Henderson Coolidge,* Martha/*Smith,* Richard J.: H. B. Morse. Customs Commissioner and Historian of China. Lexington 1995.

Feuchert, Sascha/*Leibfried,* Erwin/*Riecke,* Jörg (Hg.): Die Chronik des Gettos Lodz/Litzmannstadt. 5 Bde. Göttingen 2007.

Finkelstein, Louis (Hg.): The Jews: Their History, Culture and Religion. Vol. 2. London 1961.

Fishman, David E.: Introduction. In: *Abramowicz,* Hirsz: Profiles of a Lost World. Memoirs of East European Jewish Life before World War II. Detroit 1999, 9–17.

Frevert, Ute (Hg.): Vertrauen. Historische Annährungen. Göttingen 2003.

Frick, David: Kith, Kin, and Neighbors. Communities and Confessions in Seventeenth-Century Wilno. Ithaca, London 2013.

Fridman, Filip: Di industrializatsye un proletarizatsye fun die lodzsher yidn in die yorn 1860–1914 [Die Industrialisierung und Proletarisierung der Lodzer Juden in den Jahren 1860–1914]. In: *Visnshaftlekher krayz* (Hg.): Lodzsher visnshaftlekhe shriftn [Lodzer wissenschaftliche Schriften]. Lodzsch 1938, 63–132.

Friedland, Roger/*Robertson,* Alexander F. (Hg.): Beyond the Marketplace. Rethinking Economy and Society. New York 1990.

Friedman, Filip: Dzieje Żydów w Łodzi od podczątków osadnictwa do r. 1863 [Die Geschichte der Juden in Lodz von den Anfängen der Besiedlung bis zum Jahr 1863]. Łódź 1935.

–: Ludność żydowska Łodzi do roku 1863 w świetle cyfr [Die jüdische Bevölkerung von Lodz bis 1863 im Licht der Zahlen]. In: Kwartalnik Statystyczny [Statistische Vierteljahresschrift] 10/4 (1933) 461–495.

–: Rola Żydów w rozwoju łódzkiego przemysłu włókienniczego [Die Rolle der Juden in der Entwicklung der Lodzer Textilindustrie]. In: Miesięcznik Żydowski [Jüdische Monatsschrift] 1/1 (1930/31) 431–450.

Friedman, Filip/*Gliksman,* Pinchas Z.: Życiorysy. Biografje osób pochowanych na starym cmentarzu Łódzkim [Lebensläufe. Biografien von Personen, die auf dem alten Lodzer Friedhof begraben wurden]. In: *Gminy Wyznaniowej Żydowskiej m. Łodzi* (Hg.): Stary cmentarz żydowski. Dzieje i zabytki [Der alte jüdische Friedhof. Geschichte und Denkmäler]. Łódź 1938, 166–305.

Friedmann, Philipp: Wirtschaftliche Umschichtungsprozesse und Industrialisierung in der polnischen Judenschaft 1800–1870. In: *Baron,* Salo W./*Marx,* Alexander (Hg.): Jewish Studies in Memory of George A. Kohut. New York 1935, 178–247.

Fukuyama, Francis: Trust. The Social Virtues and the Creation of Prosperity. New York 1995.

Furger, Carmen: Briefsteller. Das Medium »Brief« im 17. und frühen 18. Jahrhundert. Köln u. a. 2010.

Gatrell, Peter: The Meaning of the Great Reforms in Russian Economic History. In: *Eklof,* Ben/*Bushnell,* John/*Zakharova,* Larissa (Hg.): Russia's Great Reforms, 1855–1881. Bloomington, Indianapolis 1994, 84–101.

Gebhard, Jörg/*Lindner,* Rainer: Unternehmer in Russland und im Königreich Polen vor 1914. Historischer Raum, soziale Gestalt, kulturelle Dimension. In: *Dies.*/*Pietrow-Ennker,* Bianka (Hg.): Unternehmer im Russischen Reich. Sozialprofil, Symbolwelten, Integrationsstrategien im 19. und frühen 20. Jahrhundert. Osnabrück 2006, 13–44.

Gebhard, Jörg/*Lindner,* Rainer/*Pietrow-Ennker,* Bianka (Hg.): Unternehmer im Russischen Reich. Sozialprofil, Symbolwelten, Integrationsstrategien im 19. und frühen 20. Jahrhundert. Osnabrück 2006.

Geertz, Clifford: Dichte Beschreibung. Beiträge zum Verstehen kultureller Systeme. Frankfurt am Main 1983.

Gessen, Julij: Zakon i žizn. Kak sozidalis' ograničitel'nye zakony o žitel'stve evreev v Rossii [Gesetz und Leben. Zur Entstehung der beschränkenden Gesetze bezüglich der Ansiedlung der Juden in Russland]. Sankt-Peterburg 1911.

Geyer, Helena Anna: Z mojego życia. Wspomnienia z lat 1855–1914. Aus meinem Leben. Erinnerungen aus den Jahren 1855–1914. Pod redakcją Krzystofa Pawła Woźniaka z komentarzem językoznawczym Jörga Riecke. Unter Redaktion von Krzystof Paweł Woźniak mit dem sprachwissenschaftlichen Kommentar von Jörg Riecke. Łódź 2002.

Giddens, Anthony: Konsequenzen der Moderne. 2. Aufl. Frankfurt am Main 1997.

Gitelman, Zvi: A Century of Ambivalence. The Jews of Russia and the Soviet Union, 1881 to the Present. 2. Aufl. Bloomington 2001.

Gminy Wyznaniowej Żydowskiej m. Łodzi (Hg.): Stary cmentarz żydowski. Dzieje i zabytki [Der alte jüdische Friedhof. Geschichte und Denkmäler]. Łódź 1938.

Goehrke, Carsten: Russland. Eine Strukturgeschichte. Paderborn u. a. 2010.

Granovetter, Mark: Economic Action and Social Structure: The Problem of Embeddedness. In: American Journal of Sociology 91/3 (1985) 481–510.

–: The Old and the New Economic Sociology: A History and an Agenda. In: *Friedland,* Roger/*Robertson,* A. F. (Hg.): Beyond the Marketplace. Rethinking Economy and Society. New York 1990, 89–112.

–: The Strength of Weak Ties. In: American Journal of Sociology 78/6 (1973) 1360–1380.

Greenspoon, Leonard Jay (Hg.): The Jews of Eastern Europe. Omaha 2005.

Greif, Avner: Institutions and the Path to Modern Economy. Lessons from Medieval Trade. Cambridge 2006.

Grill, Tobias: Das Wirken deutscher Rabbiner und deutsch-jüdischer Pädagogen in den jüdischen Gemeinden Osteuropas (1839–1939). Ein Beitrag zur Kulturtransferforschung. Dissertation. München 2009.

Gross, Nachum (Hg.): Economic History of the Jews. Jerusalem 1975.

Guesnet, François: »Die beiden Bekenntnisse leben weit entfernt voneinander, sie kennen und schätzen sich gegenseitig nicht«. Das Verhältnis von Juden und Deutschen im Spiegel ihrer Organisation im Lodz des 19. Jahrhunderts. In: *Hensel,* Jürgen (Hg.): Polen, Deutsche und Juden in Lodz 1820–1939. Eine schwierige Nachbarschaft. Osnabrück 1999, 139–170.

–: Lodzer Juden im 19. Jahrhundert. Ihr Ort in einer multikulturellen Gesellschaft. Baalsdorf 1997.

–: Polnische Juden im 19. Jahrhundert. Lebensbedingungen, Rechtsnormen und Organisation im Wandel. Köln u. a. 1998.

–: Żydowskie i niemieckie organizacje w Łodzi XIX wieku: typy i stosunki [Jüdische und deutsche Organisationen im Lodz des 19. Jahrhundert: Typen und Beziehungen]. In: *Samuś,* Paweł (Hg.): Polacy – Niemcy – Żydzi w Łodzi w XIX–XX w. Sąsiedzi dalecy i bliscy [Polen, Deutsche, Juden im Lodz des 19. und 20. Jahrhunderts. Nahe und ferne Nachbarn]. Łódź 1997, 162–191.

Habermas, Jürgen: Eine genealogische Betrachtung zum kognitiven Gehalt der Moral. In: *Ders.:* Die Einbeziehung des Anderen. Studien zur politischen Theorie. Frankfurt am Main 1996, 11–64.

Häfner, Lutz: Gesellschaft als lokale Veranstaltung. Die Wolgastädte Kazan' und Saratov (1870–1914). Köln u. a. 2004.

Halevi, Leor: Religion and Cross-Cultural Trade. A Framework for Interdisciplinary Inquiry. In: *Trivellato,* Francesca/*Halevi,* Leor/*Antunes,* Catia (Hg.): Religion and Trade. Cross-Cultural Exchanges in World History, 1000–1900. Oxford 2014, 24–61.

Hausmann, Guido: Die wohlhabenden Odessaer Kaufleute und Unternehmer. Zur Herausbildung bürgerlicher Identitäten im ausgehenden Zarenreich. In: Jahrbücher für Geschichte Osteuropas 48 (NF) (2000) 41–65.

–: Universität und städtische Gesellschaft in Odessa, 1865–1917. Soziale und nationale Selbstorganisation an der Peripherie des Zarenreichs. Stuttgart 1998.

Heike, Otto: Aufbau und Entwicklung der Lodzer Textilindustrie: eine Arbeit deutscher Einwanderer in Polen für Europa. Mönchengladbach 1971.

Hensel, Jürgen (Hg.): Polen, Deutsche und Juden in Lodz 1820–1939. Eine schwierige Nachbarschaft. Osnabrück 1999.

Herlihy, Patricia: Odessa. A History, 1794–1914. Cambridge/Massachusetts 1986.

–: Russian Grain and Mediterranean Markets, 1774–1861. Ann Arbor 1978.

–: Staple Trade and Urbanization in New Russia. In: Jahrbücher für Geschichte Osteuropas 21 (NF)/2 (1973) 184–195.

Heyde, Jürgen: »Jüdische Freiheit« oder: Integration und Autonomie in Polen im 15. und 16. Jahrhundert. In: Zeitschrift für Ostmitteleuropa-Forschung 57/1 (2008) 34–51.

–: Transkulturelle Kommunikation und Verflechtung. Die jüdischen Wirtschaftseliten in Polen vom 14. bis zum 16. Jahrhundert. Wiesbaden 2014.

Hoffman, Stefani/*Mendelsohn*, Ezra (Hg.): The Revolution of 1905 and Russia's Jews. Philadelphia 2008.

Hofmeister, Alexis: Selbstorganisation und Bürgerlichkeit. Jüdisches Vereinswesen in Odessa um 1900. Göttingen 2007.

Horwitz, Gordon J.: Ghettostadt. Łódź and the Making of a Nazi City. Cambridge/Massachusetts, London 2008.

Ḥoveve Ẓiyon. In: *Diner*, Dan (Hg.): Enzyklopädie jüdischer Geschichte und Kultur. Bd. 3: He–Lu. Stuttgart 2012, 99–100.

Hundert, Gershon David: The Jews in a Polish Private Town. The Case of Opatów in the Eighteenth Century. Baltimore 1992.

Indelak, Jacek: Die Stadt der vier Kulturen und andere Mythen. In: Bauwelt 88/48 (1997) 2716–2721.

Isaac, Benjamin: The Greek Settlements in Thrace until the Macedonian Conquest. Leiden 1986.

Israel, Jonathan I.: Diasporas Within a Diaspora. Jews, Crypto-Jews and the World Maritime Empires (1540–1740). Leiden u. a. 2002.

Jacobs, Louis: A Tree of Life. Diversity, Flexibility, and Creativity in Jewish Law. 2. Aufl. Oxford, Portland 2007.

Jakóbczyk, Maja/*Nowakowska*, Monika: Dziedzictwo dwóch kultur. Kolekcja rodziny Poznańskich z Muzeum Polskiego w Rapperswilu [Das Erbe zweier Kulturen. Die Kunstsammlung der Familie Poznański aus dem Polenmuseum im Rapperswil]. Łódź 2015.

Jankevičienė, Algė: Vilniaus Didžioji sinagoga. The Great Synagogue of Vilnius. Vilnius 1996.

Kahan, Arcadius: Essays in Jewish Social and Economic History. Chicago, London 1986.

–: Notes on Jewish Entrepreneuership in Tsarist Russia. In: *Ders.*: Essays in Jewish Social and Economic History. Chicago, London 1986, 82–100.

–: The Impact of Industrialization in Tsarist Russia on the Socioeconomic Conditions of the Jewish Population. In: *Ders.*: Essays in Jewish Social and Economic History. Chicago, London 1986, 1–69.

–: Vilna: The Sociocultural Anatomy of a Jewish Community in Interwar Poland. In: *Ders.*: Essays in Jewish Social and Economic History. Chicago, London 1986, 149–160.

–: Wirtschafts- und Sozialgeschichte Rußlands und Kongreßpolens 1860–1914. In: *Beyrau*, Dietrich/*Kahan*, Arcadius (Hg.): Ost- und Südosteuropa 1850–1914. Stuttgart 1980, 7–95.

Kappeler, Andreas: Rußland als Vielvölkerreich. Entstehung, Geschichte, Zerfall. 2. Aufl. München 2008.

Kempa, Andrzej/*Szukalak*, Marek: Żydzi dawnej łodzi. Słownik biograficzny Żydów łódzkich oraz z łodzią związanych [Juden im alten Lodz. Biografisches Wörterbuch der Lodzer und mit Lodz in Verbindung stehenden Juden]. Łódź 2001.

Kempa, Andrzej/*Szukalak*, Marek: The Biographical Dictionary of the Jews in Lodz. Łódź 2006.

Kersz, Izaak: Szkice z dziejów Gminy Żydowskiej oraz cmentarza w Łodzi [Skizzen aus der Geschichte der Lodzer jüdischen Gemeinde und des Lodzer Friedhofs]. Łódź 1996.

King, Charles: Odessa. Genius and Death in a City of Dreams. New York 2011.

Klausner, Israel: Toldot ha-kehilah ha-ivrit be-vilnah [Die Geschichte der jüdischen Gemeinde in Wilna]. Vilna 1938.

–: Vilnah, Yerushalayim de-Lita. Dorot aharonim 1881–1939 [Wilna, Jerusalem Litauens. Die jüngste Epoche 1881–1939]. Tel Aviv 1983.

Kleinmann, Yvonne: An zwei Meeren und doch an Land. Eine vergleichende Skizze des soziokulturellen Profils der jüdischen Bevölkerung St. Petersburgs und Odessas im 19. Jahrhundert. In: Nordost-Archiv 12 (NF)/1 (2003) 135–166.

–: Neue Orte – neue Menschen. Jüdische Lebensformen in St. Petersburg und Moskau im 19. Jahrhundert. Göttingen 2006.

Klier, John Doyle: Imperial Russia's Jewish Question 1855–1881. Cambridge u. a. 1995.

Kobrin, Rebecca/*Teller*, Adam (Hg.): Purchasing Power. The Economics of Modern Jewish History. Philadelphia 2015.

Kocka, Jürgen: Familie, Unternehmer und Kapitalismus. An Beispielen aus der frühen deutschen Industrialisierung. In: Zeitschrift für Unternehmensgeschichte 24/3 (1979) 99–135.

–: Bürgertum im 19. Jahrhundert. Deutschland im europäischen Vergleich. Bd. 2. München 1988.

Krinsky, Carol Herselle: Europas Synagogen. Architektur, Geschichte und Bedeutung. Stuttgart 1988.

Kruk, Herman/*Harshav*, Benjamin: The Last Days of the Jerusalem of Lithuania. Chronicles from the Vilna Ghetto and the Camps, 1939–1944. New Haven, London 2002.

Kusiński, Jacek/*Bonisławski*, Ryszard/*Janik*, Maciej: Księga fabryk Łodzi [Buch der Fabriken von Lodz]. Łódź 2009.

Kuzmany, Börries: Brody. Eine galizische Grenzstadt im langen 19. Jahrhundert. Wien u. a. 2011.

Kuznets, Simon: Economic Structure and Life of the Jews. In: *Finkelstein*, Louis (Hg.): The Jews: Their History, Culture and Religion. Vol. 2. London 1961, 1597–1666.

Lederhendler, Eli: Classless: On the Social Status of Jews in Russia and Eastern Europe in the Late Nineteenth Century. In: Comparative Studies in Society and History 50/2 (2008) 509–534.

Lestschinski, Jakob: Wilna, der Niedergang einer jüdischen Stadt. In: Jüdische Wohlfahrtspflege und Sozialpolitik 2 (NF)/1 (1931) 21–33.

Lestschinsky, Jakob: Die Umsiedlung und Umschichtung des jüdischen Volkes im Lauf des letzten Jahrhunderts. In: Weltwirtschaftliches Archiv 30/1 (1929) 123–156.

Lieven, Dominic (Hg.): Cambridge History of Russia. Imperial Russia, 1689–1917. Vol. II. Cambridge 2006.

Lincoln, W. Bruce: The Great Reforms. Autocracy, Bureaucracy, and the Politics of Change in Imperial Russia. Dekalb 1990.

Lipphardt, Anna: Vilne. Die Juden aus Vilnius nach dem Holocaust. Eine transnationale Beziehungsgeschichte. Paderborn 2010.

Lipshits, Neta Halevi: Lebens-geshikhte fun velt-goen Rabi Yitshak Elhonen un fun zayn zun ha-goen Tsvi Hirsch Rabinovits. [Die Lebensgeschichte des Welt-Gaons Rabbiner Yitzchak Elchanan und seines Sohns dem Gaon Zvi Hirsh Rabinowitz]. Vilijampole 1939.

Liszewski, Stanisław/*Puś*, Wiesław (Hg.): Dzieje Żydów w Łodzi 1820–1944. Wybrane problemy. [Geschichte der Juden in Lodz. Ausgewählte Fragestellungen.]. Łódź 1991.

Łódź. In: *Diner*, Dan (Hg.): Enzyklopädie jüdischer Geschichte und Kultur. Bd. 3: He–Lu. Stuttgart 2012, 555–561.

Lönnroth, Erik/*Molin*, Karl/*Björk*, Ragnar (Hg.): Conceptions of National History. Proceedings of Nobel Symposium 78. Berlin, New York 1994.
Löw, Andrea: Juden im Getto Litzmannstadt. Lebensbedingungen, Selbstwahrnehmung, Verhalten. Göttingen 2006.
Luhmann, Niklas: Vertrauen. Ein Mechanismus der Reduktion sozialer Komplexität. Stuttgart 1968.
Macaulay, Stewart: Non-Contractual Relations in Business: A Preliminary Study. In: American Sociological Review 28/1 (1963) 55–67.
Magay, Tamás/*Zigány*, Judit (Hg.): BudaLEX '88 Proceedings. Papers from the EURALEX Third International Congress. Budapest 1990.
Maggid-Steinschneider, Hillel Noah: 'Ir Vilna [Die Stadt Wilna]. Vilne 1900.
Mahnkopf, Birgit: Markt, Hierarchie und soziale Beziehungen. Zur Bedeutung reziproker Beziehungsnetzwerke in modernen Marktgesellschaften. In: *Beckenbach*, Niels/*van Treeck*, Werner (Hg.): Umbrüche gesellschaftlicher Arbeit. Göttingen 1994, 65–84.
Malinin, Andrej Ves'mirovič: Tabačnaja istorija Rossii [Die Tabakgeschichte Russlands]. Moskva 2006.
Marten-Finnis, Susanne: Vilna as a Centre of the Modern Jewish Press, 1840–1928: Aspirations, Challenges, and Progress. Oxford 2004.
Marzagalli, Silvia: Trade across Religous and Confessional Boundaries in Early Modern France. In: *Trivellato*, Francesca/*Halevi*, Leor/*Antunes*, Catia (Hg.): Religion and Trade. Cross-Cultural Exchanges in World History, 1000–1900. Oxford 2014, 167–191.
Mazis, John Athanasios: The Greeks of Odessa. Diaspora Leadership in Late Imperial Russia. Boulder 2004.
Meillassoux, Claude (Hg.): The Development of Indigenous Trade and Markets in West Africa. London 1971.
Mendelsohn, Ezra: Class Struggle in the Pale. The Formative Years of the Jewish Workers' Movement in Tsarist Russia. Cambridge 1970.
Minczeles, Henri: Histoire générale du Bund. Un mouvement révolutionnaire juif. Paris 1995.
–: Vilna, Wilno, Vilnius. La Jérusalem de Lituanie. Paris 1993.
Mosse, Werner E.: Jews in the German Economy. The German-Jewish Economic Élite 1820–1935. Oxford 1987.
Nakhimovsky, Alice/*Newman*, Roberta: Dear Mendl, Dear Reyzl. Yiddish Letter Manuals from Russia and America. Bloomington, Indianapolis 2014.
Nathans, Benjamin I.: Beyond the Pale: The Jewish Encounter with Late Imperial Russia. Berkeley 2002.
–: The Jews. In: *Lieven*, Dominic (Hg.): Cambridge History of Russia. Imperial Russia, 1689–1917. Vol. II. Cambridge 2006, 184–201.
North, Douglass C.: Institutions, Institutional Change, and Economic Performance. Cambridge u. a. 1990.
Odessa. In: *Diner*, Dan (Hg.): Enzyklopädie jüdischer Geschichte und Kultur. Band 4: Ly–Po. Stuttgart, Weimar 2013, 391–397.
Odessa. In: *Hundert*, Gershon David (Hg.): The YIVO Encyclopedia of Jews in Eastern Europe. New Haven, London 2008, 1277–1282.
Owen, Thomas C.: Impediments to a Bourgeois Consciousness in Russia, 1880–1905: The Estate Structure, Ethnic Diversity, and Economic Regionalism. In: *Clowes*, Edith W./*Kassow*, Samuel D./*West*, James L. (Hg.): Between Tsar and People. Educated Society and the Quest for Public Identity in Late Imperial Russia. Princeton 1991, 75–92.
Peled, Yoav: Class and Ethnicity in the Pale. The Political Economy of Jewish Workers' Nationalism in Late Imperial Russia. New York 1989.
Peled, Yoav/*Sharif*, Gershon: Split Labor Market and the State: The Effect of Modernization

on Jewish Industrial Workers in Tsarist Russia. In: American Journal of Sociology 92/6 (1987) 1435–1460.

Penslar, Derek Jonathan: Shylock's Children. Economics and Jewish Identity in Modern Europe. Berkeley, London 2001.

Petrovsky-Shtern, Yohanan: Jews in the Russian Army 1827–1917. Drafted into Modernity. Cambridge u. a. 2009.

Pietrow-Ennker, Bianka: Auf dem Weg zur Bürgergesellschaft. Modernisierungsprozesse in Lodz (1820–1914). In: *Hensel,* Jürgen (Hg.): Polen, Deutsche und Juden in Lodz 1820–1939. Eine schwierige Nachbarschaft. Osnabrück 1999, 103–129.

–: Unternehmer im Russischen Reich. Kulturelle Dimensionen sozialer Integration. In: *Gebhard,* Jörg/*Lindner,* Rainer/*Pietrow-Ennker,* Bianka (Hg.): Unternehmer im Russischen Reich. Sozialprofil, Symbolwelten, Integrationsstrategien im 19. und frühen 20. Jahrhundert. Osnabrück 2006, 407–428.

–: Wirtschaftsbürger und Bürgerlichkeit im Königreich Polen: das Beispiel von Lodz, dem »Manchester des Ostens«. In: Geschichte und Gesellschaft 31/2 (2005) 169–202.

Poliščuk, Michail: Evrei Odessy i Novorossii. Social'no-političeskaja istorija evreev Odessy i drugich gorodov Novorussii 1881–1904. [Die Juden Odessas und Neurusslands. Soziale und politische Geschichte der Juden Odessas und der übrigen Städte Neurusslands 1881–1904]. Ierusalim, Moskva 2002.

Pollins, Harold: Economic History of the Jews in England. Rutherford u. a. 1982.

Polonsky, Antony (Hg.): Jews in Łódź. Oxford 1991.

Prousis, Theophilus C.: Dēmētrios S. Inglezēs: Greek Merchant and City Leader of Odessa. In: Slavic Review 50/3 (1991) 672–679.

Puś, Wiesław: The Development of the City of Łódź. In: *Polonsky,* Antony (Hg.): Jews in Łódź. Oxford 1991, 3–19.

–: Żydzi w Łodzi w latach zaborów 1793–1914 [Die Juden in Lodz während der Teilung 1793–1914]. Łódź 1998.

Puttkamer, Joachim von: Fabrikgesetzgebung in Russland vor 1905. Regierung und Unternehmerschaft beim Ausgleich ihrer Interessen in einer vorkonstitutionellen Ordnung. Köln u. a. 1996.

Pytlas, Stefan: Łódzka burżuazja przemysłowa w latach 1864–1914 [Die Lodzer Industrie-Bourgeoisie 1864–1914]. Łódź 1994.

–: The National Composition of Łódź Industrialists before 1914. In: *Polonsky,* Antony (Hg.): Jews in Łódź. Oxford 1991, 37–56.

Rautenberg, Hans-Werner (Hg.): Wanderungen und Kulturaustausch im östlichen Mitteleuropa. Forschungen zum ausgehenden Mittelalter und zur jüngeren Neuzeit. München 2006.

Redlich, Fritz: Der Unternehmer. Wirtschafts- und sozialgeschichtliche Studien. Göttingen 1964.

Reuveni, Gideon/*Wobick-Segev,* Sarah: The Economy in Jewish History. New Perspectives on the Interrelationship between Ethnicity and Economic Life. New York 2011.

Rieber, Alfred J.: Merchants and Entrepreneurs in Imperial Russia. Chapel Hill 1982.

Romaniello, Matthew P./*Starks,* Tricia (Hg.): Tobacco in Russian History and Culture. From the Seventeenth Century to the Present. New York, London 2009.

Rooks, Gerrit/*Raub,* Werner/*Selten,* Robert/*Tazelaar,* Frits: How Inter-Firm Co-operation Depends on Social Embeddedness: A Vignette Study. In: Acta Sociologica 43/2 (2000) 123–137.

Rosin, Ryszard (Hg.): Łódź. Dzieje miasta [Lodz. Stadtgeschichte]. Łódź 1980.

Rosman, Moshe: The Role of non-Jewish Authorities in Resolving Conflicts within Jewish Communities in the Early Modern Period. In: Jewish Political Studies Review 12/3–4 (2000) 53–65.

Rossija [Russland]. In: *Oren*, Icchak/*Prat*, Naftali (Hg.): Kratkaja evrejskaja ėnciklopedija. Tom 7 [Kleine jüdische Enzyklopädie. Bd. 7]. Ierusalim 1994, 286–402.

Rubinstein, William D. (Hg.): The Palgrave Dictionary of Anglo-Jewish History. Houndmills 2011.

Rynkowska, Anna: Ulica Piotrkowska [Die Piotrkowska-Straße]. Łódź 1970.

Saldern, Adelheid von: Netzwerkökonomie im frühen 19. Jahrhundert. Das Beispiel der Schoeller-Häuser. Stuttgart 2009.

Samuś, Paweł: The Jewish Community in the Political Life of Łódź in the Years 1865–1914. In: *Polonsky*, Antony (Hg.): Jews in Łódź. Oxford 1991, 88–104.

Samuś, Paweł (Hg.): Polacy – Niemcy – Żydzi w Łodzi w XIX–XX w. Sąsiedzi dalecy i bliscy [Polen, Deutsche, Juden im Lodz des 19. und 20. Jahrhunderts. Nahe und ferne Nachbarn]. Łódź 1997.

Sandel, Josef: Shmuel Hirshenberg [Samuel Hirszenberg]. Varshe 1952.

Sartor, Wolfgang: Das Haus Mahs. Eine internationale Unternehmerfamilie im Russischen Reich 1750–1918. Sankt-Peterburg 2009.

Schiper, Ignacy: Dzieje handlu żydowskiego na ziemiach polskich [Die Geschichte der Handelstätigkeit der Juden in den polnischen Landen]. Warszawa 1937.

–: Onhoyb fun kapitalizm bay yuden in Mayrev-Eyrope [Beginn des Kapitalismus bei den Juden in Westeuropa]. Varshe 1920.

–: Yidishe geshikhte: virtshaftsgeshikhte [Jüdische Geschichte: Wirtschaftsgeschichte]. Varshe 1930.

Schipper, Ignaz: Anfänge des Kapitalismus bei den abendländischen Juden im früheren Mittelalter (bis zum Ausgang des XII. Jahrhunderts). Sonder-Abdruck aus der Zeitschrift für Volkswirtschaft, Sozialpolitik und Verwaltung. Wien, Leipzig 1907.

Schmid, Ulrich: Die subjektbildende Kraft des Imperiums. Autobiographien in der späten Zarenzeit. In: *Aust*, Martin/*Schenk*, Frithjof Benjamin (Hg.): Imperial Subjects. Autobiographische Praxis in den Vielvölkerreichen der Romanovs, Habsburger und Osmanen im 19. und frühen 20. Jahrhundert. Köln u. a. 2015, 159–174.

Schmidt, Christoph: Ständerecht und Standeswechsel in Rußland 1851–1897. Wiesbaden 1994.

Schmiz, Antonie: Transnationalität als Ressource? Netzwerke vietnamesischer Migratinnen und Migranten zwischen Berlin und Vietnam. Bielefeld 2011.

Schreiber, Karin: Vergebung und Erbarmen. In: *Dalferth*, Ingolf U./*Hunziker*, Andreas (Hg.): Mitleid. Konkretionen eines strittigen Konzepts. Tübingen 2007, 219–238.

Schroeter, Gertrud: Worte aus einer zerstörten Welt. Das Ghetto in Wilna. St. Ingbert 2008.

Schulze Wessel, Martin/*Götz*, Irene/*Makhotina*, Ekaterina (Hg.): Vilnius. Geschichte und Gedächtnis einer Stadt zwischen den Kulturen. Frankfurt am Main, New York 2010.

Shatzky, Jacob: A tsushtayer tsu der biografye fun Daniel Neufeld [Ein Beitrag zu der Biografie von Daniel Neufeld]. In: YIVO-Bleter 7/1 (1934) 110–116.

Shaw, Peter W.: The Odessa Jewish Community, 1855–1900. An Institutional History. Dissertation. Jerusalem 1988.

Shindler, Colin: The Rise of the Israeli Right. From Odessa to Hebron. New York 2015.

Shneidman, Norman N.: Jerusalem of Lithuania. The Rise and Fall of Jewish Vilnius: A Personal Perspective. Oakville, Buffalo 1998.

Siegelbaum, Lewis: The Odessa Grain Trade: A Case Study in Urban Growth and Development in Tsarist Russia. In: The Journal of European Economic History 9/1 (1980) 113–151.

Singer, Israel J.: Die Brüder Aschkenasi. Berlin 2005.

Smith, Michael Stephen: The Emergence of Modern Business Enterprise in France, 1800–1930. Cambridge/Massachusetts 2006.

Sosis, Richard/*Ruffle*, Bradley J.: Religious Ritual and Cooperation: Testing for a Relationship on Israeli Religious and Secular Kibbutzim. In: Current Anthropology 44/5 (2003) 713–722.

Staliūnas, Darius: Enemies for a Day. Antisemitism and Anti-Jewish Violence in Lithuania under the Tsars. Budapest, New York 2015.

Stein, Sarah Abrevaya: Plumes. Ostrich Feathers, Jews, and a Lost World of Global Commerce. New Haven 2008.

Steinlauf, Michael C.: Whose Poland? Returning to Aleksander Hertz. In: Gal-Ed 12/1 (1991) 131–142.

Stern, Frank/*Eichinger,* Barbara (Hg.): Wien und die jüdische Erfahrung 1900–1938. Akkulturation – Antisemitismus – Zionismus. Wien u. a. 2009.

Strobel, Georg W.: Das multinationale Lodz, die Textilmetropole Polens, als Produkt von Migration und Kapitalwanderung. In: *Rautenberg,* Hans-Werner (Hg.): Wanderungen und Kulturaustausch im östlichen Mitteleuropa. Forschungen zum ausgehenden Mittelalter und zur jüngeren Neuzeit. München 2006, 163–224.

Sylvester, Roshanna P.: Tales of Old Odessa. Crime and Civility in a City of Thieves. Dekalb 2005.

Tanny, Jarrod: City of Rogues and Schnorrers. Russia's Jews and the Myth of Old Odessa. Bloomington 2011.

Thompson, Edward P.: The Moral Economy of the English Crowd in the Eighteenth Century. In: Past & Present 50/1 (1971) 76–136.

Tilly, Richard: Unternehmermoral und -verhalten im 19. Jahrhundert. Indizien deutscher Bürgerlichkeit. In: *Kocka,* Jürgen (Hg.): Bürgertum im 19. Jahrhundert. Deutschland im europäischen Vergleich. Bd. 2. München 1988, 35–64.

Tobias, Henry Jack: The Jewish Bund in Russia. From its Origins to 1905. Stanford 1972.

Trivellato, Francesca: The Familiarity of Strangers. The Sephardic Diaspora, Livorno, and Cross-Cultural Trade in the Early Modern Period. New Haven, London 2009.

Trivellato, Francesca/*Halevi,* Leor/*Antunes,* Catia (Hg.): Religion and Trade. Cross-Cultural Exchanges in World History, 1000–1900. Oxford 2014.

Trueb, Isabel: Studien zum frühen russischen Buchdruck. Zürich 2008.

Trunk, Isaiah: Łódź Ghetto. A History. Bloomington, Indianapolis 2006.

Tsherikover, Elye.: Di onheybn der uymlegaler literatur in yidish [Die Anfänge der illegalen Literatur auf Jiddisch]. In: *YIVO* (Hg.): Di yidishe sotsyalistishe bavegung bis der grindung fun »bund«. Forshungen, zikhroynes, materyaln [Die jüdische sozialistische Bewegung bis zur Gründung des Bund. Forschungen, Erinnerungen, Materialien]. Vilne, Pariz 1939, 577–603.

Ul'janova, Galina N.: Die Gesetzgebung über das jüdische Unternehmertum im Russischen Reich vom 19. bis zum Beginn des 20. Jahrhunderts. In: *Dahlmann,* Dittmar/*Heller,* Klaus/*Petrov,* Jurij A. (Hg.): Protestanten und Altgläubige – Juden und Muslime. Die ethnokonfessionelle Struktur der russländischen Unternehmerschaft vor 1914. Essen 2015, 117–143.

Unfried, Berthold (Hg.): Transnationale Netzwerke im 20. Jahrhundert. Historische Erkundungen zu Ideen und Praktiken, Individuen und Organisationen. Leipzig 2008.

Unger, Michal: The Last Ghetto. Life in the Lodz Ghetto, 1940–1944. Jerusalem 1995.

Venclova, Tomas: Vilnius. Eine Stadt in Europa. Frankfurt am Main 2006.

Visnshaftlekher krayz (Hg.): Lodzsher visnshaftlekhe shriftn [Lodzer wissenschaftliche Schriften]. Lodzsch 1938.

Volkov, Shulamit: Antisemitismus als kultureller Code. Zehn Essays. 2. Aufl. München 2000.

Walicki, Jacek: Synagogi i domy modlitwy w Łodzi. Do 1939 r [Synagogen und Bethäuser in Lodz. Bis 1939]. Łódź 2000.

Wasserman, Henry: Tobacco Trade and Industries. In: *Gross,* Nachum (Hg.): Economic History of the Jews. Jerusalem 1975, 206–208.

Weeks, Theodore R.: Repräsentationen russischer Herrschaft in Vil'na; Rhetorik, Denkmäler und städtischer Wandel in einer Provinzhauptstadt (1864–1914). In: *Baberowski,* Jörg/*Feest,*

David/*Gumb*, Christoph (Hg.): Imperiale Herrschaft in der Provinz. Repräsentationen politischer Macht im späten Zarenreich. Frankfurt am Main 2008, 121–144.

–: The Transformation of Jewish Vilna, 1881–1939. In: *Greenspoon*, Leonard Jay (Hg.): The Jews of Eastern Europe. Omaha 2005, 143–164.

–: Vilnius Between Nations 1795–2000. DeKalb 2015.

Wehler, Hans-Ulrich: What is the »History of Society«? In: *Lönnroth*, Erik/*Molin*, Karl/*Björk*, Ragnar (Hg.): Conceptions of National History. Proceedings of Nobel Symposium 78. Berlin, New York 1994, 270–284.

Weik, Lea: Jüdische Künstler und das Bild des Ewigen Juden. Vom antijüdischen Stereotyp zur jüdischen Identifikationsfigur. Heidelberg 2015.

Weinberg, Robert: Worker Organizations and Politics in the Revolution of 1905 in Odessa. Berkeley 1985.

–: The Revolution of 1905 in Odessa. Blood on the Steps. Bloomington 1993.

Weinreich, Max: History of the Yiddish Language. New Haven, London 2008.

Weinryb, Bernard D.: Neueste Wirtschaftsgeschichte der Juden in Rußland und Polen. Von der 1. polnischen Teilung bis zum Tode Alexanders II. (1772–1881). 2. überarb. u. erw. Aufl., Nachdr. d. Ausg. Breslau 1934. Hildesheim, New York 1972.

–: The Jews of Poland. A Social and Economic History of the Jewish Community in Poland from 1100–1800. Philadelphia 1973.

Weisfeld, Israel H.: Labor Legislation in the Bible and Talmud. New York 1974.

Weyer, Johannes (Hg.): Soziale Netzwerke. Konzepte und Methoden der sozialwissenschaftlichen Netzwerkforschung. 2. überarb. u. aktual. Aufl. München 2011.

–: Zum Stand der Netzwerkforschung in den Sozialwissenschaften. In: *Ders.* (Hg.): Soziale Netzwerke. Konzepte und Methoden der sozialwissenschaftlichen Netzwerkforschung. 2. überarb. u. aktual. Aufl. München 2011, 39–69.

Williams, Bill: The Making of Manchester Jewry. 1740–1875. Manchester 1976.

Wodziński, Marcin: Haskalah and Hasidism in the Kingdom of Poland. A History of Conflict. Oxford, Portland 2005.

Woźniak, Krzysztof: Niesłusznie zapomniani: Silbersteinowie – przemysłowcy, filantropi, artyści [Zu Unrecht vergessen: Die Silbersteins – Unternehmer, Philanthropen, Künstler]. In: Kronika Miasta Łodzi 9/1 (2010) 125–136.

Yeykelis, Igor: Artur Anatra: Odessan Entrepreneur, 1914–1919. In: The Historian 61/2 (1999) 311–326.

Yinger, J. Milton: Toward a Theory of Assimilation and Dissimilation. In: Ethnic and Racial Studies 4/3 (1981) 249–264.

YIVO (Hg.): Di yidishe sotsyalistishe bavegung bis der grindung fun »bund«. Forshungen, zikhroynes, materyaln [Die jüdische sozialistische Bewegung bis zur Gründung des Bund. Forschungen, Erinnerungen, Materialien]. The socialist movement among the Jews up to 1897. Vilne, Pariz 1939.

Zadoff, Mirjam: Nächstes Jahr in Marienbad. Gegenwelten jüdischer Kulturen der Moderne. Göttingen 2007.

Zelizer, Viviana A.: Beyond the Polemics on the Market. Establishing a Theoretical and Empirical Agenda. In: *Dies.*: Economic Lives. How Culture Shapes the Economy. Princeton, Oxford 2011, 363–382.

Zipperstein, Steven J.: Elusive Prophet: Ahad Ha'am and the Origins of Zionism. Berkeley 1993.

–: Imagining Russian Jewry. Memory, History, Identity. Seattle 1999.

–: The Jews of Odessa. A Cultural History, 1794–1881. Stanford 1986.

Personenregister